Wege in die Antike

Paul Bahn · Mary Beard · John Henderson

Wege in die Antike

Kleine Einführung in die Archäologie und die Altertumswissenschaft

Aus dem Englischen von Reinhard Brenneke und Barbara von Reibnitz

Verlag J. B. Metzler
Stuttgart · Weimar

Dieses Buch enthält die Übersetzung von *Mary Beard/John Henderson: Classics. A Very Short Introduction* (Originalpublikation 1995 in Englisch) und *Paul Bahn: Archaeology. A Very Short Introduction* (Originalpublikation 1996 in Englisch) und wird in Zusammenarbeit mit Oxford University Press veröffentlicht.
This translation of *Classics. A Very Short Introduction* originally pubished in English in 1995 and *Archaeology. A Very Short Introduction* published in English 1996 is published by arrangement with Oxford University Press.
© Mary Beard and John Henderson, 1995
© Paul Bahn, 1996

Die Deutsche Bibliothek – CIP-Einheitsaufnahme

Bahn, Paul G.:
Wege in die Antike : kleine Einführung in die Archäologie und die Altertumswissenschaft / Paul Bahn ; Mary Beard ; John Henderson. Aus dem Engl. von Reinhard Brenneke und Barbara von Reibnitz. – Stuttgart ; Weimar : Metzler, 1999
    Einheitssacht.: Classics <dt.>
    ISBN 978-3-476-01683-6
    ISBN 978-3-476-03783-1 (eBook)
    DOI 10.1007/978-3-476-03783-1

© 1999 Springer-Verlag GmbH Deutschland
Ursprünglich erschienen bei J.B. Metzlersche Verlagsbuchhandlung und Carl Ernst Poeschel Verlag GmbH in Stuttgart 1999

Inhalt

Inhalt

Kleine Einführung in die Archäologie

von Paul Bahn

(übersetzt von Reinhard Brenneke)

Mit Illustrationen von Bill Tidy

Vorwort

Vor genau vierzig Jahren veröffentlichte Vere Gordon Childe – einer der bedeutendsten Prähistoriker dieses Jahrhunderts – ein Buch mit dem Titel *A Short Introduction to Archaeology*. Der vorliegende Band beansprucht nicht, es mit seinem Vorgänger aufzunehmen, die Kürze ausgenommen.

Tatsächlich soll diese schmale Einführung lediglich den Appetit anregen, indem sie in die Anfangsgründe des Faches Archäologie einführt, in der Hoffnung, daß der Leser sich angeregt fühlt, tiefer in die umfangreiche Literatur des Faches einzutauchen, selbst Untersuchungen anzustellen bzw. Feldforschung zu betreiben, oder sich zu entscheiden, Archäologie an der Universität zu belegen. Am Ende eines solchen Studiums oder gar nach Abschluß einer Doktorarbeit wartet nicht unbedingt eine Anstellung, aber heutzutage, wo nicht einmal ›sichere‹ Berufsfelder wie etwa das Bankfach eine lebenslange Anstellung garantieren, kann man sich genausogut auch amüsieren, solange dazu Zeit bleibt; schließlich ist die Archäologie nichts wert, wenn sie nicht Spaß macht. Es läßt sich wohl kaum vermeiden, daß man eine Menge Erde bewegt und siebt, einige langweilige Daten auswendig lernt, seine Zunge an allerhand sinnlosen Jargon gewöhnt und versucht, sich mit den Sumo-Ringern auf dem Feld der Theorie herumzuschlagen. Gleichzeitig aber gelangt man in eine Welt der Kunst und der Artefakte, der Tempel und Werkzeuge, der Gräber und Schätze, der verschwundenen Städte und rätselhaften Schriften, der Mumien und Mammuts ... Und obwohl dergleichen von den Puristen als vulgär und kaum repräsentativ für die moderne Archäologie verspottet und abgetan wird, müßte es schon ein seltsamer Anfänger sein, der sich dem Fach nicht zuerst wegen seiner spannenden und spektakulären Aspekte zuwendet.

Würde man heute jemanden aus der gebildeten Öffentlichkeit eines beliebigen Landes nach dem Namen eines zeitgenössischen Archäologen fragen, so wäre wohl kaum einer in der Lage Namen zu nennen – außer dem des frei erfundenen *Indiana Jones*. So groß ist die Macht Hollywoods und so anonym die heutige Archäologie. Die großen Gestalten der Vergangenheit sind dahin – wahrscheinlich wird man ihresgleichen nie wieder sehen –, aber ein ganzes Heer von engagierten und leicht exzentrischen Fachleuten und Amateuren rund um die Welt bemüht sich, der Vergangenheit Sinn zu entlocken. Auch Sie könnten sich beteiligen, und vielleicht hilft Ihnen dieses Buch herauszufinden, ob Sie für diese Beschäftigung geeignet sind. Wenn Sie ein Fachmann werden wollen, gibt es im wesentlichen drei Wege: Sie schreiben sich in Archäologie ein, Sie engagieren sich bei einer regionalen ehrenamtlichen Denkmalpflegergruppe, oder Sie finden eine Anstellung bei einem regionalen Verband bzw. (in den USA) im *Cultural*

Resource Management, um praktische Erfahrung zu sammeln. Vielleicht werden Sie niemals ein bedeutender Archäologe, aber selbst wenn Sie etwas nicht perfekt beherrschen, können Sie doch lernen, Ihren Spaß zu haben.

Ach ja, und erwarten Sie bloß nicht, dabei reich zu werden.

Einführung

Es gibt wenige Hobbies, die einen so
gesund machen und philosophisch
stimmen, wie die prähistorische
Archäologie. (The Times, 18.1. 1924)

In *The Secret People*, einem seiner frühen, weniger bekannten
Romane, läßt John Wyndham eine seiner Figuren sagen:»Er ist
ein Arch ..., Arch ..., egal, er gräbt nach Sachen, die keinem was
nützen.« Das ist eine ebenso extreme wie weitverbreitete Auffassung dessen, was Archäologen tun. Das andere Extrem besteht
darin, lyrisch zu werden – wie Carsten Niebuhr:»Wer der Vergangenheit neues Leben verleiht, dem wird die Glückseligkeit des
Schöpfungsaktes zuteil.« Und sicherlich sind einige Archäologen
so stolz auf ihre ›Schöpfungen‹, daß sie sich in vieler Hinsicht
gottgleich fühlen.

Die Öffentlichkeit setzt gewöhnlich Archäologie mit Ausgraben gleich, als ob diejenigen, die diesen Beruf ausüben, nichts
anderes täten! In der britischen Satirezeitschrift *Private Eye* wird
der Archäologe stereotyp als »Mann mit Bart in Loch« beschrieben. In Karikaturen werden Archäologen gewöhnlich als
barsche alte Käuze abgebildet, von Spinnweben bedeckt und
besessen von alten Knochen und zerbrochenen Töpfen. Natürlich
ist das alles völlig richtig, und doch spiegelt es nur einen sehr
kleinen Teil des Faches wider. Es gibt Archäologen, die niemals
graben, und nur sehr wenige verbringen damit den größten Teil
ihrer Zeit.

Was genau *ist* also Archäologie? Das Wort stammt aus dem
Griechischen: *archaiologia*, Rede von alten Dingen. Heute bezeichnet es das Studium der menschlichen Vergangenheit anhand
der materiellen Spuren, die sich von ihr erhalten haben. Der
Begriff »*menschliche* Vergangenheit« muß betont werden, denn –
entgegen einer in der Öffentlichkeit dank der Familie Feuerstein

und Raquel Welch in ihrem denkwürdigen Fellbikini weitverbreiteten Meinung: Archäologen studieren eben *nicht* Dinosaurier oder Steine *als solche*. Das fällt in die Zuständigkeit der Paläontologen und Geologen. Dinosaurier waren bereits zig Millionen Jahre ausgestorben, als sich die ersten Menschen herausbildeten.

Archäologie beginnt in Wirklichkeit erst dort, wo erstmals Gebrauchsgegenstände (Werkzeuge) auftauchen – nach dem heutigen Kenntnisstand: vor etwa 2,5 Millionen Jahren in Ostafrika – und sie erstreckt sich bis in die unmittelbare Gegenwart. Was immer Sie gestern in den Müll geworfen haben – egal, wie nutzlos, ekelhaft oder vielleicht peinlich –, es ist jetzt bereits Teil des jüngsten archäologischen Bestandes. Obwohl die meisten Archäologen die ferne (Jahrhunderte oder Jahrtausende zurückliegende) Vergangenheit studieren, wendet man sich zunehmend näherliegenden geschichtlichen Zeiten und sogar ganz modernen Phänomenen zu: etwa dem nuklearen Testgelände in Nevada, den Hütten der Polarforscher; sogar Nazi-Bunker und die Berliner Mauer haben in jüngster Zeit die Aufmerksamkeit der Archäologen gefunden!

Im späten 16. Jahrhundert beschrieb William Camden, der erste große englische Altertumsforscher, das Studium der Altertümer als »rückwärtsgewandte Neugier«, als das Verlangen also, etwas über die Vergangenheit zu erfahren. Und viele der Beteiligten sind sicherlich neugierig auf alles. Das Fach scheint auf Sonderlinge wie ein Magnet zu wirken, und seine enorme Spannbreite bietet die Gewähr dafür, daß jeder das ihm Angemessene findet. Eingeschlossen in irgendeinem verstaubten Raum, vertieft in alte Münzen, Scherben von Töpfen oder Reste von Steinen, findet der scheue, einsame Introvertierte seine Befriedigung, während der draufgängerische Extrovertierte Wochen draußen auf der Grabung verbringen kann, umgeben von einem großen Team unglaublich kerniger Leute.

Eine der Freuden der Archäologie besteht darin, daß einem die ganze Welt zur Verfügung steht, vorausgesetzt, die Finanzierung ist gesichert. Sie können eine Nadel in den Globus stecken oder sich auf irgendeine Zeitperiode konzentrieren, es wird sich noch stets irgendein archäologisches Problem finden, das zu untersuchen sich lohnt – ob nun in dichten Dschungeln, tiefen Höhlen, glühendheißen Wüsten oder auf eiskalten Bergen. Sie brauchen sich auch keineswegs aufs Festland zu beschränken. Sie können auch Unterwasserarchäologe werden, wenn dies ihrer Neigung entspricht, oder sich auf Luftbildarchäologie spezialisieren. Da das Fach unsere gesamte Geschichte umfaßt, haben Sie die ganze Palette zur Auswahl: vom urzeitlichen Menschen bis zum Mittelalter oder der industriellen Ära; alles und jedes, vom Studium der krudesten Steinwerkzeuge, die sich noch kaum von natürlichen Steinen unterscheiden, bis hin zur Auswertung von Satellitenaufnahmen, um Daten archäologischer Fundstätten zu gewinnen.

Sie mögen sich für ausgiebige Grabungsarbeiten entscheiden oder ausgedehnte Oberflächenstudien betreiben, Ihre Zeit mit der Klassifizierung verschiedener Typen von Gegenständen verbringen oder mit abstraktestem Theoretisieren, indem Sie jedem erzählen, wo er schiefliegt und daß nichts läuft, wie es sollte. Sie können Ihre Zeit in einer Bibliothek oder in einem Labor verbringen. Sie mögen in einem Museum oder bei einem regionalen archäologischen Verband arbeiten, Ihr Leben der Lehre oder der echten Forschung widmen (einige wenige schaffen sogar beides), oder Sie können sich außerhalb der ›Profession‹ bewegen und sich ›Amateur‹ oder ›Archäologe im Nebenberuf‹ schimpfen lassen: ›Amateure‹ haben im Laufe der Jahre einen großen Beitrag zur Archäologie geleistet und tun dies jetzt immer noch, obwohl die Bewohner der akademischen Elfenbeintürme sie oft bevormunden und verspotten. Tatsächlich sind die ›Amateure‹ oft besser informiert als die Professionellen und verfügen oft über weit mehr Kenntnisse als diejenigen, die Archäologie bloß als Karriere bzw. Broterwerb betrachten anstatt als etwas, das ihre Leidenschaft entfacht und ihre Wochenenden, ja, jede Minute ihrer Freizeit verschlingt. Natürlich kann man dabei auch übertreiben, und es gibt nichts Schlimmeres und Ermüdenderes als diejenigen – Profis wie Amateure –, für die Archäologie eine alles verzehrende Obsession ist. Es ist nützlich, nicht die richtige Perspektive zu verlieren und sich daran zu erinnern, daß wir im wesentlichen in den Überresten Verstorbener herumschnüffeln und zu raten versuchen, wie sie ihr Leben gelebt haben.

Wenn Ihnen eine eher aktive oder exotische Herangehensweise liegt, Sie aber nicht ausgraben oder vermessen wollen (oder nicht über die Fähigkeit bzw. die Finanzmittel dazu verfügen), gibt es dennoch jede Menge Alternativen: z.B. die experimentelle Archäologie, die ›Ethnoarchäologie‹ (vgl. S. 33) oder Felskunstforschung. Sie können in Ihrem Studierzimmer bleiben oder die Welt bereisen und in beiden Fällen ihre Sprachkenntnisse üben. Vielleicht müssen Sie das Verhalten und die Gewohnheiten von wilden Tieren untersuchen oder die Anfangsgründe des Ackerbaus; es mag sich für Sie als nützlich erweisen, Fachleute in traditionellen Handwerken wie Stein- und Holzbearbeitung, Schiffsbau oder Töpferei zu konsultieren, oder solche, die sich in Navigation oder Astronomie auskennen. Archäologie treiben, das ist so, als besuchte man eine ganze Reihe von Abendkursen gleichzeitig.

Es gibt unendlich viele Möglichkeiten, weswegen denn auch dieses Büchlein keineswegs erschöpfend ist. Es kann lediglich auf einige Schwerpunkte der gegenwärtigen Archäologie eingehen, um Ihr Interesse zu wecken und Ihre eigene ›rückwärtsgewandte Neugier‹ anzuregen.

Eine der Eigenschaften, über die die meisten Archäologen – unbeschadet ihres jeweiligen Spezialgebietes – im Überfluß verfügen müssen, ist Optimismus, d.h. die Überzeugung, daß sie allein anhand der materiellen Überreste etwas Sinnvolles über die Vergangenheit aussagen können. Wie Robert Bednarik jüngst ausgeführt hat, besteht das Hauptproblem darin, daß »für 99,99% aller Dinge, die in der archäologischen Vergangenheit geschehen sind, keinerlei Quellenmaterial irgendwelcher Art übriggeblieben ist. Von den übrigen, immer noch unzähligen, Einzelvorgängen hat sich lediglich ein Millionstel Prozent des Beweismaterials länger als eine Sekunde erhalten. Davon konnte nur ein infinitesimal kleiner Teil archäologisch gesichert werden, wovon wiederum nur ein noch kleinerer Teil korrekt analysiert wurde.« Aber lassen Sie sich dadurch nicht entmutigen, im Gegenteil. Die meisten nutzen diese Situation zu ihrem eigenen Vorteil; einige, indem sie ihre Zeit darauf verwenden, die Leerstellen zwischen dem Quellenmaterial durch fortlaufende Linien zu überbrücken, um so Phasen- oder Typenabfolgen zu erstellen; andere, indem sie einfach ignorieren, wie schlecht und unrepräsentativ die Quellenlage ist und sie gleichwohl verwenden, um Geschichten über die Vergangenheit zu produzieren. Wie schrieb schon der Harvard-Biologe Stephen Jay Gould: »So vieles in der Wissenschaft schreitet durch das Erzählen von Geschichten voran – im guten Sinne zwar, aber gleichwohl sind es Geschichten. Man betrachte nur die traditionellen Szenarien der menschlichen Evolution – Geschichten von Jagd, Lagerfeuern, dunklen Höhlen, Ritualen und Werkzeugherstellung, von Altern, Kampf und Tod. Wieviel davon basiert auf Knochen und Gebrauchsgegenständen und wieviel gehorcht den Gesetzen der Literatur?«

Sie glauben vielleicht, bei der historischen (im Gegensatz zur prähistorischen) Archäologie befänden Sie sich auf festerem Boden, doch mitnichten. Natürlich wissen wir mehr über einige Aspekte dieser Kulturen, weil sie schriftliche Dokumente hinterließen, aber jeder Historiker weiß, daß Voreingenommenheit und Ungenauigkeit dennoch einzukalkulieren sind. So unterscheiden sich beispielsweise sämtliche überlieferten Texte und Augenzeugenberichte über Custers vernichtende Niederlage am Little Bighorn, die 1876 stattfand – nicht nur in bezug auf das Was und Wie des Geschehens, sondern sogar in bezug auf so grundlegende Fakten wie die Zahl der Beteiligten auf beiden Seiten. Geschichte ist kein Katalog, sondern eine bestimmte Darstellungsweise der Ereignisse, wie schon A. J. P. Taylor bemerkte.

Natürlich finden sich unter den Archäologen auch Pessimisten – Leute, die glauben, der von ihnen untersuchte Scherbenhaufen hätte keinerlei Nutzen, und dies träfe in gewissem Sinne auch auf sie selbst zu. Unbestreitbar ist die Archäologie ein Orchideenfach, das stets seine Existenz rechtfertigen muß (vgl. S. 102), es wird aber von der Öffentlichkeit mehrheitlich faszinierend und unter-

haltend gefunden, wie die hohen Einschaltquoten beim Fernsehen (besonders wenn es um Ägypten geht) beweisen, und es trägt unermeßlich viel zum Welttourismus bei (vgl S. 104).

Was den eher persönlichen Bereich angeht: Archäologie ist ein Fach, in dem man seine Arbeit ganz und gar genießen und viele freundliche und gleichgesinnte Leute auf dem gesamten Globus treffen und mit ihnen in engem Kontakt stehen kann, besonders auf Konferenzen. Umgekehrt ist das Ausmaß von Revierverhalten, Gehässigkeit, Dolchstößen und bösartigen internen Machtkämpfen aus irgendeinem Grund sehr viel größer, als es einem normalerweise in anderen Disziplinen begegnet. Wer dieses Fachgebiet betritt, braucht ein dickes Fell. Unvermeidlicherweise gibt es einige wenige Archäologen, die aufgeblasen, heuchlerisch, unehrlich, anmaßend, voller Selbstlob und ohne alle Prinzipien sind, was sie freilich nicht daran hindert, auf ihrem Berufsweg erfolgreich zu sein – ganz im Gegenteil. (Leider kann ich hier keine Beispiele nennen, so gerne ich es auch täte, aber die Betroffenen wissen schon, wer gemeint ist.)

Um zusammenzufassen: Die Archäologie verfügt über eine enorme Spannbreite, sie hat jedem etwas zu bieten und sie heißt jedermann willkommen – sogar oder besonders Außenseiter, Trottel und soziale Problemfälle, die hier weit mehr Befriedigung finden dürften als beim *Trainspotting* oder beim Surfen im Internet.

Da keiner *weiß*, was in der Vergangenheit geschah (die jüngste historische Vergangenheit inbegriffen), wird die archäologische Forschung niemals ein Ende finden. Theorien werden kommen und gehen, und neue Beweisstücke oder Entdeckungen werden die akzeptierte Fiktion verändern, aus der sich die jeweils herrschende Sicht der Vergangenheit bildet und durch allgemeine Wiederholung und weitverbreitete Zustimmung festigt. Schon Max Planck wußte: »Eine wissenschaftliche Wahrheit triumphiert nicht, indem sie ihre Gegner überzeugt und ihnen ein Licht aufgehen läßt, sondern weil ihre Gegner sterben und eine neue Generation heranwächst, die mit ihr vertraut ist.«

Archäologie ist ein unaufhörliches Suchen, nie wirklich ein Finden; eine ewige Reise ohne echte Ankunft. Alles ist vorläufig, nichts endgültig.

Sollte das oben Gesagte auch ein wenig negativ geklungen haben: Sie können sicher sein, daß die Archäologie trotz allem großen Spaß macht und so spannend sein kann, daß ein wirklich außergewöhnlicher Fund wie der Gletschermann »Ötzi« oder die chinesische Terrakotta-Armee das Interesse der ganzen Welt zu erregen vermag. Wenige andere Fachgebiete können das von sich behaupten.

1 Ursprünge und Entwicklung der Archäologie

Die Archäologie ist – wie die Nostalgie – auch nicht mehr das, was sie mal war. Woher stammt sie? Was ist die »Archäologie der Archäologie«?

Die meisten Menschen haben irgendein Interesse an der Vergangenheit. Wahrscheinlich ist dies neben dem Wissen um unsere Sterblichkeit und der Tatsache, daß nur wir allein imstande sind, unseren Planeten zu zerstören, eine der kennzeichnenden Eigenschaften der menschlichen Gattung. Es scheint so, als seien die Menschen schon immer neugierig auf die von ihren Vorfahren hinterlassenen Spuren gewesen. Wir werden nie wissen, wann dies begann, aber es gibt viele Fälle, in denen alte Kulturen noch ältere Gegenstände gesammelt oder sogar verehrt zu haben scheinen: So fand sich beispielsweise im Grab einer thrakischen Prinzessin auf dem Balkan im 5. Jahrhundert v. Chr. eine Sammlung von Steinzeitäxten. In Nordamerika enthalten irokesische Fundstätten des 15. und 16. Jahrhunderts Gegenstände, die Jahrtausende früher hergestellt wurden, während die Inka-Herrscher in Südamerika angeblich die atemberaubend obszönen Töpferwaren der Moche-Kultur sammelten, die bereits Hunderte von Jahren alt waren.

Der früheste uns bekannte »Archäologe« war Nabonid, König von Babylon. Im 6. Jahrhundert v. Chr. ließ er einen Tempelboden bis zu einem Grundstein freilegen, der dort Jahrtausende zuvor plaziert worden war. In dem großartigen Stummfilm *Intolerance* (1916) von D. W. Griffith lautet der Untertitel einer Szene folgendermaßen: »Belsazars Vater erlebt einen denkwürdigen Tag. Er gräbt den Grundstein des 3200 Jahre zuvor erbauten Tempels von Naram-Sin aus. Zufällig bemerkt er dann, daß der Perser Kyros, Babylons mächtiger Feind, sich der Stadt nähert.« Diese Episode legt den Gedanken nahe, daß schon die frühesten Pioniere der Archäologie von ihrem Steckenpferd besessen waren und zur Geistesabwesenheit neigten.

Nicht daß »Archäologen« immer schon so gewesen wären wie heute. Im Griechenland der ersten Jahrhunderte n. Chr. bezeichnete der Begriff eine Sorte von Schauspielern, die mittels dramatischer Pantomimen altertümliche Legenden auf der Bühne wiedererstehen ließen. Der Begriff Archäologie, wie man ihn heute versteht, wurde von dem Arzt und Antiquar Jaques Spon aus Lyon neu erfunden. Er schlug auch den Begriff »Archäographie« vor, stieß damit aber auf taube Ohren.

In römischer Zeit entdeckten Caesars Soldaten bei der Gründung von Kolonien in Italien und Griechenland viele Gräber aus sehr alter Zeit. Sie durchwühlten sie nach Töpfen und Bronzen, die beim Verkauf in Rom hohe Preise erzielten – ein frühes Beispiel für Grabräuberei und den Handel mit Altertümern. Sueton zufolge sammelte sogar Augustus »die gewaltigen Skelette von ausgestorbenen Land- und Seeungeheuern – allgemein bekannt als ›Riesenknochen‹ – und die Waffen von Helden der Vergangenheit.«

Im Mittelalter waren die Menschen von »magischen Gefäßen« fasziniert, Töpfen (wahrscheinlich Bestattungsurnen), die auf mysteriöse Weise durch Erosion oder durch das Buddeln von Tieren aus dem Erdreich hervortraten. Gleichzeitig tauchten bei der bäuerlichen Feldarbeit ständig von Menschen bearbeitete Feuersteine und geschliffene Steinäxte auf. Einem damals weitverbreiteten Glauben zufolge waren diese Gegenstände Elfenpfeile oder »Donnerkeile«, und tatsächlich wurden sie von Leuten, die in so entfernten Weltgegenden wie Afrika oder Indien lebten, verehrt und gesammelt, oft als Amulette oder Talismane. In Europa gelangten viele in »Kuriositätenkabinette«, Sammlungen natürlicher und künstlicher Gegenstände, die von frühen Altertumsforschern zusammengestellt wurden; aufgeklärteren Gei-

stern dämmerte langsam die Erkenntnis, daß diese »Donnerkeile« und »magischen Gefäße« in Wirklichkeit von Menschen-
hand hergestellt und Relikte alter Völker waren. Zur gleichen
Zeit inspirierten die Entdeckungen griechischer und römischer
Bildhauerkunst zeitgenössische Künstler zum Studium klassischer
Formen, während wohlhabende Familien klassische Antiquitäten
zu sammeln und zur Schau zu stellen begannen.

Im 16. Jahrhundert begannen einige Gelehrte in Nordwesteuropa die Behauptung Francis Bacons in Frage zu stellen, daß »die
ältesten Zeiten (mit Ausnahme der von ihnen erhaltenen Schriften) in Schweigen und Vergessenheit begraben sind«; sie begriffen, daß man aus dem Studium freistehender Baudenkmäler
Wissen über die antike Vergangenheit erlangen konnte. Eine
ganze Reihe von Altertumsforschern aus Großbritannien, Skandinavien und anderen Ländern begannen, Baudenkmäler zu besuchen und zu beschreiben. Im 17. und 18. Jahrhundert nahmen
diese Aktivitäten einen systematischeren Charakter an und waren
mit einer wachsenden Zahl von Ausgrabungen verbunden. Während die meisten Ausgrabungen lediglich darauf abzielten, Gegenstände aus dem Boden herauszuholen, betrieben einige wenige
Pioniere diese Arbeit als sorgfältige Untersuchung, indem sie
nämlich die Beziehung der Gebrauchsgegenstände zu verschiedenen Erdschichten aufzeichneten, weil sie erkannten, daß – im
großen und ganzen gesehen – die Gegenstände aus den oberen
Erdschichten jünger waren als die aus den darunter gelegenen.

Diese neue Herangehensweise, Boden und Landschaft wie ein
Dokument zu befragen und zu entziffern, führte zu einer wahren
Manie im Ausgraben von Hügelgräbern, vor allem in Nord-
westeuropa und Nordamerika. Es handelte sich dabei in erster
Linie um eine Freizeitbeschäftigung von vornehmen Herren,
Geistlichen, Ärzten, Geschäftsleuten, Schullehrern usw. Selbst
heute leisten diese Berufe noch einen stattlichen Beitrag zur
›Amateur‹-Archäologie.

Erst in der Mitte des 19. Jahrhunderts löste die wissenschaftliche Archäologie im Sinne einer systematischen Bestandsauf-
nahme der Überreste der Vergangenheit die mehr oder weniger

dilettantische Begeisterung für Altertümer ab. In dieser Zeit wurde durch die Entdeckung von Steinwerkzeugen in Verbindung mit heute ausgestorbenen Tierarten in Westeuropa erstmals das hohe Alter der Menschheit nachgewiesen und schließlich allgemein akzeptiert. Bereits gegen Ende des 19. Jahrhunderts florierte die fachmännisch betriebene Archäologie, und viele »Größen« waren emsig an der Arbeit: Petrie in Ägypten, Koldewey in Babylon, Schliemann in der Ägäis, Pitt-Rivers in Britannien. Für die meisten dieser Pioniere (vielleicht mit Ausnahme des gerissenen und nicht immer aufrichtigen Schliemann) ging es nicht mehr um Schatzsuche, sondern um das Aufspüren von Informationen und eine Methode, bestimmte Fragen zu beantworten.

Während des 20. Jahrhunderts hat sich die Archäologie dank der Anstrengungen einer Reihe herausragender Persönlichkeiten wie Wheeler in Britannien, Reisner und Woolley im Nahen Osten, Uhle und Kidder in Amerika, Bordes und Leroi-Gourhan in Frankreich in ein großes, multidisziplinäres Unternehmen verwandelt, das aus dem Fachwissen unzähliger Gebiete schöpft: von Geophysikern (die mit Hilfe verschiedenster Geräte herausfinden können, was unter der Oberfläche liegt) und Luftbildarchäologen bis hin zu Zoologen, Botanikern, Chemikern, Genetikern und einer ganzen Reihe von weiteren Wissenschaftlern, die aus dem archäologischen Material bzw. den Sedimenten, die solches enthalten, Daten erstellen (vgl. S. 22).

Im Laufe der Zeit haben sich zwei Haupttrends herauskristallisiert: Erstens sind Ausgrabungen viel langsamer und sorgfältiger geworden. Anstatt wie in der Vergangenheit den archäologischen Schichten mit Spitzhacken (oder sogar Sprengstoff!) zu Leibe zu rücken, wird nun jede Schicht sorgfältig abgetragen, abgeschabt oder abgefegt; zudem wird alles gesiebt, so daß nicht das geringste Stückchen Information, das die Erde enthält, verlorengeht. In der »Knochengrube« von Atapuerca (Spanien) zum Beispiel, einer tief in einer Höhle gelegenen Kammer, in der man eine große Zahl menschlicher Skelette gefunden hat, die mindestens 200.000 Jahre alt sind (tatsächlich scheint dies der älteste uns bekannte Bestattungsplatz zu sein – vgl. S. 49), tragen die

Ausgräber in jedem Juli nur ca. 25 cm des Erdreiches ab. Dieses gibt ca. 300 menschliche Knochen frei, und mehr können sie auch nicht bewältigen, da jeder gereinigt, gehärtet und konserviert werden muß. Die Arbeit ist unglaublich akribisch, und die übriggebliebenen Sedimente werden so sorgfältig gewaschen und gesiebt, daß selbst die winzigen Knochen des Innenohrs geborgen werden.

Der zweite Haupttrend besteht darin, daß wir ironischerweise nicht nur enorm gestiegene Mengen von Materialien aller Art in die Hand bekommen, sondern – dank der Entwicklung neuer Techniken und wissenschaftlicher Analyseverfahren – von jedem Gegenstand sehr viel mehr lernen können als früher. Nehmen wir als Beispiel eine einzelne Tonscherbe (Fragmente von Töpferwaren gehören zu den dauerhaftesten und deshalb am weitest verbreiteten Typen archäologischer Zeugnisse): In der Vergangenheit hätte man eine Scherbe einfach nach Gestalt, Material und, wenn vorhanden, Verzierung klassifiziert. Heutzutage aber läßt sich eine detaillierte Aufschlüsselung des verwendeten Rohmaterials erstellen, die eine Herkunftsbestimmung ermöglicht. Man kann herausfinden, bei welcher Temperatur sie gebrannt wurde und mit Hilfe von welchem Material sie den richtigen Härtegrad erreichte. Das Alter des Gefäßes kann mittels der Thermolumineszenztechnik (vgl. S. 27) bestimmt werden; andere Verfahren dienen dazu, die winzigsten Spuren von Rückständen auf seiner Innenfläche zu analysieren und uns so zu verraten, was es einst enthielt.

Anders gesagt: Indem sich die Archäologie entwickelt, erkennt sie immer mehr aus immer weniger. Zugleich produziert sie leider in jeder Hinsicht viel zu viel. Auf der ganzen Welt wetteifert eine stetig wachsende Zahl von Archäologen um Posten, und sie alle versuchen, mit Informationen oder neuen Daten aufzuwarten. Eine Vielzahl von Konferenzen und Symposien wird abgehalten, deren Sitzungsberichte schließlich meist in Buchform erscheinen. Infolgedessen ist die Fachliteratur außer Kontrolle geraten. Eine unübersehbare Menge neuer Fachzeitschriften und Monographien-Reihen schießt Jahr für Jahr aus dem Boden, die nur wenige sich leisten können und deren Erwerb in Zeiten schrumpfender Budgets sogar den Bibliotheken Schwierigkeiten bereitet. Niemand kann ernsthaft hoffen, mit all der Literatur über eine einzelne Periode oder Region oder ein Spezialgebiet Schritt zu halten, geschweige denn mit der Archäologie eines Kontinents oder gar der ganzen Erde.

Vor dem Krieg lagen die Dinge anders. Betrachtet man in der Universitätsbibliothek von Cambridge die Dissertationen solcher Größen wie Grahame Clark oder Glyn Daniel, so stellt man fest, daß sie sehr schmal waren und kaum dem Kapitel einer Dissertation aus den neunziger Jahren entsprechen. Natürlich gab es in der damaligen Studienzeit in Sachen Archäologie weit weniger zu lernen und zu lesen; und zudem genoß man nicht den Luxus der großen Gottheiten Xerox und Apple, sondern mußte sich mit Exzerpten behelfen und Karten von Hand kopieren.

Gleichzeitig quellen die Museen geradezu über, wobei die Konservierung zunehmend zum Problem wird (vgl. S. 107). In Ägypten beispielsweise sind Archäologen sogar dazu übergangen, Gegenstände wieder zu vergraben, und zwar in dem Wissen, daß sie besser und länger überleben – als Anschauungsmaterial für zukünftige Generationen –, wenn sie der Mutter Erde anvertraut werden anstatt Museumskellern und Warenhäusern. Genauso wie es einen gewaltigen Überhang an unpublizierten Ausgrabungen gibt, existiert in den Museen dieser Welt auch ein ›Berg von Artefakten‹, eine unermeßliche Sammlung bislang nicht katalogisierter und/oder nicht untersuchter Gegenstände. So schlimm steht es, daß das Museum von Neapel jüngst seine Pforten schließen mußte, weil Tausende von Münzen und anderen Gegenständen aus seinen Lagerräumen verschwanden. Weniger als die Hälfte des Bestandes dort ist überhaupt katalogisiert. Es gibt zweifellos viel zu tun, wenn die Archäologie ihr höchst unordentliches und überfülltes Haus in Ordnung bringen will.

Archäologie als Einzeldisziplin

Seit den sechziger Jahren mit ihrem neu entflammten Optimismus (vgl S. 76) haben die Archäologen größeres Vertrauen in die Fähigkeit ihres Faches, einen einzigartigen Beitrag zum Studium menschlichen Verhaltens zu leisten. Besonders wichtig war dies im Hinblick auf Nordamerika und das dortige Verhältnis der Archäologie zu ihren Schwesterdisziplinen.

»Anthropologie« bedeutet schlicht »Wissenschaft vom Menschen«. In Großbritannien teilt sich das Fach in Sozial- (oder Kultur-)Anthropologie, die die menschliche Kultur und Gesellschaft analysiert, und physische (oder biologische) Anthropologie, die die physischen Merkmale des Menschen und deren Entwicklung untersucht. In Deutschland hat die Archäologie mit den anthropologischen Disziplinen nichts zu tun. Sie ist je nach untersuchter Kultur in getrennte Einzelfächer aufgeteilt: Prähistorische, klassische, altorientalische oder altamerikanische Archäologie gelten als Teile der Kulturwissenschaften oder der Geschichte. In Amerika jedoch wird auch die Archäologie als integraler Bestandteil der Anthropologie betrachtet: Die meisten akademischen Archäologen findet man in den Fachbereichen für Anthropologie, wo ihr Fach als Unterabteilung und nicht – wie in der Alten Welt – als eigenständiges Fach behandelt wird.

Man hat die Archäologie als »die Vergangenheitsform der Kulturanthropologie« bezeichnet. Da sie sich mit der menschlichen Vergangenheit beschäftigt, stellt sie unbestreitbar einen Aspekt der Anthropologie dar. Gleichwohl ist sie ebensogut Teil der Geschichtswissenschaft. Man könnte die Geschichtswissenschaft durchaus als Spitze des archäologischen Eisberges beschreiben, da die Archäologie für mehr als 99 % der menschlichen Vergangenheit die einzige echte Informationsquelle darstellt. Die Geschichte (abgesehen von der mündlichen Überlieferung) beginnt erst mit dem Einsetzen schriftlicher Aufzeichnungen in Kleinasien um ca. 3000 v. Chr. und in den meisten anderen Erdteilen sehr viel später. Doch selbst für die historischen Zeiten stellt die aus archäologischen Daten gewonnene

Information eine unschätzbare Ergänzung dessen dar, was aus Texten bekannt ist. Auf jeden Fall ist es oft der Archäologe, der überhaupt erst einmal die Dokumente und Inschriften zutage fördert.

Ein fundamentaler Unterschied zwischen der Anthropologie und der Archäologie besteht natürlich darin, daß die Anthropologen es im großen und ganzen leichter haben, weil sie Verhalten studieren und Informanten befragen können, denn Anthropologie spielt sich in der Gegenwart ab. (Freilich haben einige pedantische Vertreter der »postprozessualen Archäologie« (vgl. S. 79) darauf hingewiesen, daß so etwas wie die Gegenwart überhaupt nicht existiert, da ein Moment, sobald man sich seiner bewußt wird, bereits der Vergangenheit angehört; diese Art von selbstverständlicher Beobachtung verdient lediglich ein Naserümpfen.) Die ›Informanten‹ der Archäologie sind tot, ihre Beweismittel weit weniger beredt – Antworten müssen hervorgelockt werden. Es ist fast wie der Unterschied zwischen dem Gespräch mit einem intelligenten, scharfsinnigen Jugendlichen einerseits und einer Leiche andererseits!

Ein weiterer Aspekt dieses Unterschieds besteht darin, daß der Anthropologe *sieht*, wie sich seine Versuchspersonen verhalten, und um Erklärungen bitten kann, während die Archäologen Verhalten rekonstruieren müssen. Dazu bedarf es freilich der schwerwiegenden Hypothese, das menschliche Verhalten – wenigstens seit dem Auftauchen ›anatomisch moderner Menschen‹ vor vielleicht 100.000 Jahren – sei unverändert geblieben und deshalb erschließbar. Der gleiche Typ von Annahmen muß auch für die Tiere und Pflanzen gelten, derer sie sich bedienten; d. h., deren Verhalten und Geschmack, Klima und Umwelt-, Boden- oder Luftfeuchtigkeitsverträglichkeit sind stets gleichgeblieben und können darum bei der Rekonstruktion der Vergangenheit verläßlich bestimmt werden. Es handelt sich dabei um äußerst weitreichende Hypothesen, zumal wir nie sicher sein können, daß sie berechtigt sind. Dennoch sind sie von entscheidender Bedeutung, denn ohne sie könnte die Archäologie überhaupt nicht funktionieren. Wenn wir nicht wenigstens mit einiger Gewißheit vermuten dürfen, wie sich Menschen in der Vergangenheit unter gewissen Umständen verhalten haben, können wir ebensogut vor der Herausforderung kapitulieren und Anthropologen werden – das bereitet weit weniger Kopfzerbrechen.

2 Datierungen

Das Studium der Vergangenheit macht wenig Sinn, wenn man nicht weiß, wie alt die Dinge sind, zumindest aber, welche älter sind als andere. Keine noch so große Begeisterung für das Fach kann eine solide Chronologie ersetzen. Wie also kommen Archäologen zu ihren Datierungen?

Bis vor recht kurzer Zeit gab es nur zwei Wege, eine Chronologie zu erstellen: relatives Datieren und absolutes Datieren. Relatives Datieren bedeutet einfach, Dinge – Gegenstände, Ablagerungen, Ereignisse, Kulturen – in eine Reihenfolge zu bringen; einige sind jünger, andere älter. Absolute Datierungen stammen aus Zeiträumen, die schriftliche Zeugnisse hinterlassen haben, wie das Mittelalter oder die Römerzeit. Für die Vorgeschichte war nur relatives Datieren möglich. Obgleich man sagen konnte, daß die Bronzezeit der Eisenzeit voranging und die Steinzeit der Bronzezeit, wußte man nicht, um wie viele Jahre.

Der Grundgedanke des relativen Datierens stammt aus der Stratigraphie, der Untersuchung, wie Erdschichten bzw. Ablagerungen übereinander liegen. Im allgemeinen ist die unterste Schicht zuerst da, ist also älter als die darüberliegende. Dasselbe gilt auch für die in diesen Schichten gefundenen Gegenstände, sofern nicht irgendeine Störung aufgetreten ist, wie beispielsweise durch buddelnde Tiere oder Grabschaufeln, Abfallgruben, Erosion oder Umschichtung.

Es gibt Verfahren, um mit Hilfe chemischer Datierung herauszufinden, ob die Knochen in einer Schicht dasselbe Alter haben. Im Laufe der Zeit verringert sich der Stickstoffgehalt eines vergrabenen Knochens, und er absorbiert allmählich Fluor und Uran. Die Messung dieser Elemente erlaubt es uns zu bestimmen, ob eine Gruppe von Knochen derselben Zeit entstammt oder nicht. Mit Hilfe dieser Methode wurde zu Beginn der fünfziger Jahre der Betrug von Piltdown aufgedeckt – das angebliche *missing link* zwischen Affen und Menschen, das 1912 in Sussex ›gefunden‹ worden war, stellte sich als kompletter Schwindel heraus. Die chemische Datierung zeigte, daß der Schädel jüngeren Datums war und der Kieferknochen von einem ›modernen‹ Orang-Utan stammte. Man hatte sie beschmutzt und die Zähne gefeilt, um sie alt und überzeugend aussehen zu lassen. Noch heute wogt eine endlose und ermüdende Debatte darüber, wer für diesen Scherz verantwortlich war.

Das andere wichtige archäologische Verfahren zur relativen Datierung ist die Typologie, die Klassifizierung von Gegenständen nach Typen, die gemeinsame Eigenschaften aufweisen, was Material, Gestalt und/oder Verzierung angeht. Das System beruht auf zwei Grundgedanken: erstens, daß Gegenstände aus einer bestimmten Zeit und Lokalität einen erkennbaren Stil teilen (gleich und gleich gesellt sich gern) und Stilwechsel sich ziemlich langsam vollziehen. Verschiedene Stile können koexistieren, individuelle Stile lange Zeit vorhalten und Veränderungen ziemlich rasch eintreten. – Das Gute an kurzen Einführungen ist, daß nicht genug Raum vorhanden ist, solchen Komplikationen nachzugehen.

Jedenfalls haben Generationen von Archäologen – vor allem solche aus deutschsprachigen Ländern – ihr Leben der Aufgabe gewidmet, detaillierte zeitliche Abfolgen von Gefäß-, Werkzeug- und Waffenformen zu erstellen, um anschließend die Abfolgen verschiedener Regionen miteinander in Beziehung zu setzen. Ganze Sammlungen unterschiedlicher Gegenstände gleichen Alters lassen sich in einem »Fundspektrum« zusammenwerfen, und Fundspektren können ihrerseits wieder in eine zeitliche Abfolge gebracht und von Gebiet zu Gebiet miteinander verglichen werden.

Andere relative Chronologien basieren auf der Reihenfolge klimatischer Phasen während der Eiszeit (Glazialphasen bzw.

Zeiten der Gletscherausdehnung; Interglazialphasen bzw. wärmere Zwischenzeiten; ferner kleinere Schwankungen, bekannt als Stadial- bzw. Interstadialphasen). Heute aber wissen wir – dank detaillierter klimatischer Informationen aus Eiskernen in der Arktis und Antarktis –, daß das Klima der Eiszeit weit komplexer und wechselhafter war, als bislang angenommen. Auch der in Ablagerungen enthaltene Blütenstaub spiegelt Aufeinanderfolgen klimatischen und vegetativen Wandels wider, die jedoch zumeist lokal begrenzt sind. Die Faunen-Datierung – die auf dem Vorhandensein von Knochen verschiedener Tierarten basiert – war ebenfalls ein wichtiges Verfahren, besonders für die Archäologie des Pleistozän (das Studium der späten Eiszeit), weil ›kalte‹ und ›warme‹ Tierarten im Zuge klimatischer Veränderungen und solcher der Umwelt einander abwechselten.

Nichts gegen das Aufstellen von Zeitabfolgen, aber wonach Archäologen sich stets gesehnt haben, sind Kalenderdaten – »absolute Daten«. Bis in dieses Jahrhundert hinein konnte man solche Daten nur aus der Verbindung archäologischer Daten mit den Chronologien und Kalendern der alten Völker erhalten. Sie sind auch heute noch von großer Bedeutung. Viele dieser Kalender – wie etwa die der Römer, Ägypter, Chinesen usw. – basierten auf den Regierungszeiten ihrer Konsuln, Kaiser, Könige oder ›Dynastien‹. Die ägyptischen Dynastien beispielsweise lassen sich datieren, indem die Eroberung Ägyptens durch Alexander den Großen, die – wie wir von griechischen Historikern wissen – im Jahre 332 v. Chr. stattfand, als Ausgangspunkt dient. Weitere Einzelheiten und Klarstellungen entnahm man ägyptischen Aufzeichnungen astronomischer Ereignisse, deren Daten wir auch aus unabhängigen wissenschaftlichen Quellen kennen.

Die Maya aus Mittelamerika hatten einen extrem ausgeklügelten Kalender, der nicht auf Herrschern oder Dynastien basierte, sondern auf Zyklen von 260 und 365 Tagen sowie einer langen Jahreszählung (*long count*), die im August 3113 v. Chr. beginnt.

All dies verschafft Archäologen die Möglichkeit, bestimmte Gegenstände wie beispielsweise Inschriften, die sich auf Ereignisse und Herrscher beziehen, und natürlich Münzen der römischen Zeit oder des Mittelalters, die den Namen des damaligen Herrschers tragen, zu datieren. Dabei gilt es selbstverständlich im Auge zu behalten, daß die Datierung des Gegenstandes nicht unbedingt mit dem Alter der Erdschicht übereinstimmt, in der er gefunden wurde. Eine Münze kann schließlich jahrzehnte- oder jahrhundertelang weitergereicht oder gehortet werden. Aber die Datierung ermöglicht wenigstens die Bestimmung des Höchstalters der Erdschicht. Diese kann nicht älter als das Datum auf der Münze sein (es sei denn, die Münze ist nachträglich dorthin gekommen), könnte aber sehr viel jünger sein.

Abgesehen von diesen historischen und kalendarischen Altersbestimmungen, war die Archäologie hilflos, bis die Naturwissenschaft ihr eine ganze Reihe von Verfahren an die Hand gab, um das »absolute Alter« verschiedener Materialien zu messen. Das größte Geschenk der Wissenschaft an die Archäologie war eine (ziemlich) gesicherte Chronologie.

Vor dem Kriege standen nur zwei lokal sehr begrenzte Techniken zur Verfügung: die »Warven« Skandinaviens und die Baumringe des amerikanischen Südwestens. »Warven« ist ein schwedischer Begriff für die Tonablagerungen, die jährlich von schmelzenden Eisschichten hinterlassen werden. Ihre Dicke ist von Jahr zu Jahr verschieden; so bewirkt ein warmes Jahr verstärktes Schmelzen und folglich eine dicke Schicht. Indem man den spezifischen Wechsel der Schichtendicke in einer Abfolge mißt und mit dem Muster in anderen Gebieten vergleicht, lassen sich lange Sequenzen miteinander verknüpfen, die Jahrtausende zurückreichen. Dasselbe gilt für die jährlichen Wachstumsringe bei Bäumen: Mit Hilfe sich überschneidender Baumproben verschiedenen Alters kann eine Abfolge von dickeren und dünneren Ringen erstellt werden, die durch lokale klimatische Schwankungen verursacht sind. In Deutschland haben wir beispielsweise inzwischen eine ununterbrochene Abfolge, die bis 8000 v. Chr. zurückreicht, und mit deren Hilfe alte Hölzer verglichen und datiert werden können.

Diese Technik, genannt Dendrochronologie, ist natürlich besonders für Gebiete wie den amerikanischen Südwesten geeignet, wo die Trockenheit viel altes Holz konserviert hat, oder in Nordwesteuropa, in dessen Sumpfregionen sich jede Menge im Wasser stehende Hölzer erhalten haben. Dabei werden Ergebnisse von bemerkenswerter Präzision erzielt: In Großbritannien beispielsweise legt die Holzanalyse eines auf Planken ruhenden Sumpfpfades – bekannt als der *Sweet Track* in Somerset – den Schluß nahe, daß er während des Winters 3807/3806 v. Chr. angelegt wurde.

Von ebenso großem Wert ist die Dendrochronologie bei der Überprüfung der mit Hilfe von Radiokarbon gewonnenen Daten, jener Methode also, die die Archäologie revolutioniert hat, die sich aber auch in gewisser Weise als ›zu schön, um wahr zu sein‹ entpuppte. Die Stichproben bestehen aus organischem Material von einer archäologischen Fundstätte, z. B. Holzkohle, Holz, Samenkörner, Menschen- bzw. Tierknochen. Das Verfahren mißt die winzige Menge des radioaktiven Isotops Karbon 14 (C14), das in organischen Substanzen zurückbleibt; nachdem diese es ihr Leben lang stetig absorbiert haben, verlieren sie es nach ihrem Tod allmählich. Bei einem erst vor kurzem entwickelten Verfahren – bekannt als AMS (*Accelerator Mass Spectrometry*) – bedarf es nur sehr geringfügiger Stichproben; die Atome des C14 werden hier direkt gezählt. Die Grenze verläßlicher Datierungen liegt immer noch bei ca. 50.000 Jahren.

Die der Radiokarbonmethode zugrundeliegende Annahme, die Konzentration des C14 in der Atmosphäre sei stets gleichgeblieben, erwies sich jedoch letztlich als falsch. Jetzt wissen wir, daß sie im Laufe der Zeiten – vor allem wegen der Veränderungen im Magnetfeld der Erde – geschwankt hat. Hätte man die Methode mit Hilfe der Dendrochronologie überprüfen können, wäre die Sache wahrscheinlich von Anfang an glatt gelaufen und man hätte peinliche Probleme vermieden. Die graphische Gegenüberstellung von Radiokarbon- und Baumringdatierungen führte zur Erstellung von »Kalibrationskurven«, Schaubildern, die die wechselnden Fehlergrade in C14-Datierungen im Laufe der Zeit zeigen, und zwar bis zurück in die Zeit um 7000 v. Chr.

Trotz all dieser Unsicherheiten und der stets vorhandenen Gefahr verunreinigter Stichproben hat sich die Radiokarbondatierung zu einem der nützlichsten und allgegenwärtigen Hilfsmittel der Archäologie entwickelt. Denn sie ermöglicht das Aufstellen von Chronologien für Gebiete, für die bislang jede Art von zeitlicher Systematik fehlte. Sie läßt sich überall und klimaunabhängig anwenden, solange nur organisches Material vorhanden ist.

Was aber geschieht, wenn an der Fundstätte *kein* organisches Material mehr vorhanden ist? Bis vor kurzem hätte dies jede Hoffnung auf Datierung zunichte gemacht. Dank der Wunder der modernen Wissenschaft hat sich das geändert: Für frühe Fundstätten – etwa solche in Ostafrika, mit fossilen Menschen – läßt sich mit Hilfe des Potassium-Argon-Verfahrens Gestein in vulkanischen Gebieten datieren. Andernorts kann bei Gestein, das reich an Kalziumkarbonat ist, wie beispielsweise Stalagmiten in Höhlen, die Uran-Reihen-Datierung benutzt werden. Bei Gefäßen aus Ton – dem an archäologischen Stätten der letzten 10.000 Jahre am häufigsten anzutreffenden anorganischen Material – sowie anderen anorganischen Materialien wie etwa gebranntem Feuerstein findet die Thermolumineszenzdatierung (TL) Anwendung. Optisch stimulierte Lumineszenz (OSL) kann sogar bei gewissen Sedimenten benutzt werden, die archäologisches Material enthalten: beispielsweise bei Ablagerungen in australischen Felsunterständen, die 53.000 bis 60.000 Jahre alt sind und einen entscheidenden Beweis für das frühe Auftauchen von Menschen auf diesem Kontinent darstellen. *Electron Spin Resonance* (ESR) verwendet man bei menschlichen und tierischen Zähnen aus Zeitperioden, die weit außerhalb der Reichweite von C14 liegen, Fundorten in Israel beispielsweise, die bis zu 100.000 Jahre alt sind.

Es gibt viele andere, weniger wichtige Datierungsverfahren, die viel zu komplex und langweilig sind, um sie hier zu betrachten. Auf jeden Fall brauchen Archäologen nicht allzu viel über sie zu wissen; die meisten von ihnen haben ohnehin Schwierigkeiten, die wissenschaftlichen Gesetze hinter dem Treteimer zu verstehen, sie haben einen rührenden und oft unangebrachten Glauben an die Fähigkeiten der ›Weißkittel‹, der ›harten (Natur)wissenschaftler‹, aus den zur Verfügung gestellten Materialproben geeignete Datenreihen zu gewinnen. Das Vertrauen in die Laboratorien wird allerdings auch nicht dadurch gestärkt, daß man bei der Übergabe von Stichproben für die Radiokarbondatierung gewöhnlich vorher gefragt wird, mit welchem ungefähren Alter man rechne. Solange aber die Archäologen zumindest rudimentär darüber Bescheid wissen, welche Verfahren existieren und bei welchen Materialien und Zeiträumen sie anwendbar sind, können sie sich auf wichtigere Aufgaben konzentrieren – etwa die Suche nach geschlossenen, unberührten Grabungsgebieten, die extrem sorgfältige Entnahme von Materialproben, das Vermeiden von Verunreinigungen sowie die Beschaffung oft erheblicher Geldsummen, um die Laboranalysen zu bezahlen.

3 Technologie

Give us the tools and we will finish the job.

(Winston Churchill)

Die Archäologie hat sich stets in starkem Maße auf die uns von den Vorfahren hinterlassenen Werkzeuge gestützt – vom Steinsplitter bis hin zum Schlachtschiff. Lange Zeit machte man den menschlichen Fortschritt hauptsächlich an der Technologie fest. Die Forschung entschied sich denn auch dafür, die menschliche Vergangenheit in eine Abfolge von Zeitaltern zu gliedern – Stein-, Bronze- und Eisenzeit, mit zahlreichen weiteren Untereinteilungen –, die auf der technologischen Entwicklung fußen. Obgleich man heute ebenso großes oder mehr Gewicht auf andere Aspekte der Vergangenheit legt, trifft es dennoch zu, daß Werkzeuge immer die Hauptstütze der menschlichen Existenz gewesen sind. All die hochkomplizierten technischen Spielereien unseres Computerzeitalters basieren auf den simplen Werkzeugen unserer Ahnen. Der Großteil archäologischer Funde besteht aus von Menschen gemachten Werkzeugen.

Das »Paläolithikum«, auch »Altsteinzeit« genannt, umfaßt mehr als 99 % der gesamten archäologisch untersuchten Zeitspanne; vom ersten identifizierbaren Werkzeug, ungefähr 2,5 Millionen Jahre alt, bis zur Zeit vor rund 10.000 Jahren. In den Abfallresten aus dieser Zeit überwiegen die Steinwerkzeuge. Obwohl Generationen von Gelehrten ihr Leben der detaillierten Analyse und Klassifizierung dieser Steine gewidmet haben, besitzen wir leider keine Vorstellung davon, wie wichtig bzw. unwichtig sie für ihre Hersteller waren. Steinwerkzeuge sind praktisch unzerstörbar, während organische Materialien – Knochen, Gehörn, Leder, Sehnen, Korbwaren, Gebilde aus Federn usw. –

unter normalen Bedingungen meist zerfallen. Der größte Teil des paläolithischen Werkzeugbestandes ist demnach für immer verloren. Schon die Bezeichnung »Steinzeit«, die man dem Zeitalter gab, kann irreführen. Es wäre realistischer gewesen, von »Paläoxylik« oder »Altholzzeit« zu sprechen. Jedenfalls legt die Analyse der Abnutzung auf vielen Steinwerkzeugen (vgl. unten) nahe, daß sie bloß für die Beschaffung oder Bearbeitung organischer Materialien verwendet wurden. Und auf diesen basierte *in Wirklichkeit* die frühe Technologie.

Natürlich müssen wir – wie stets in der Archäologie – das Beste daraus machen; statt die Unvollständigkeit dessen zu beklagen, was uns erhalten geblieben ist (nur schlechte Handwerker schieben die Schuld auf ihre Werkzeuge), müssen wir mit dem Vorhandenen arbeiten. Tatsächlich erhalten sich gelegentlich die Spuren von Überresten aus der Altsteinzeit – ein paar hölzerne Bretter und Speere; ein Stück Tau in der Höhle von Lascaux (Frankreich); der Abdruck eines Korbes oder Webstoffes auf gebranntem Ton in Pavlov, einer ca. 26.000 Jahre alten tschechischen Fundstätte.

In der Vergangenheit beschrieb und klassifizierte man Steinwerkzeuge nach Form, Herstellungsweise und vermuteter Funktion. Heutzutage wissen wir über einige dieser Aspekte weit besser Bescheid. Viel verdanken die Untersuchungen der Mikroabnutzung (d. h. der winzigen Spuren, die aufgrund ihes Gebrauchs an den Werkzeugen zurückblieben) der Pionierarbeit Sergej Semjonovs, jenem sowjetischen Forscher der fünfziger Jahre, der sich auf ein einfaches Mikroskop verlassen mußte, um die verschiedenen Schliffe und Kratzer zu betrachten. Mit dem Elektronen-Durchleuchtungsmikroskop haben diese Untersuchungen eine neue Phase erreicht, die einen viel schärferen und detaillierteren Blick auf die Mikroabnutzung gestattet.

All dies nützt freilich wenig, solange man nicht weiß, welche Tätigkeiten diese Spuren verursachten. Genau hier aber erweisen sich Experimente als nützlich. Man hat verschiedene Arten von Steinwerkzeugen kopiert und sie für spezifische Aufgaben benutzt, so daß die daraus resultierenden Spuren und Abnutzungsmuster bewertet und mit denen auf archäologischen Exemplaren verglichen werden konnten. Außerdem lehrt uns die Nachbildung von Steinwerkzeugen – eine Fertigkeit, die auf den deutschen Altertumsforscher A. A. Rhode im Jahre 1720 zurückgeht – eine Menge über die ursprünglichen Herstellungsverfahren. Der übliche Fachbegriff dafür lautet heutzutage (da die Franzosen vor langer Zeit auf dem Gebiet der altsteinzeitlichen Werkzeuge führend wurden) *chaine opératoire*, d. h. Produktionskette – vom Rohmaterial bis zum fertigen Werkzeug. Ein noch einfacheres Verfahren, um Einblicke in den Herstellungsprozeß zu gewinnen, besteht darin, die echten Steinwerkzeuge wieder ineinanderzupassen (Wiederinstandsetzen bzw. Zusammenfügen) – unter Umständen eine ermüdende und zeitraubende Arbeit, vergleichbar einem 3-D-Puzzle. Sie kann aber spektakuläre Ergebnisse zeitigen, die es einem ermöglichen, sämtliche Stufen des Produktionsprozesses nachzuvollziehen.

In einigen Fällen kann der ursprüngliche Herstellungsprozeß durch einfache Sichtung der archäologischen Überreste nachvollzogen werden: Im Statuen-Steinbruch auf der Osterinsel gibt es zum Beispiel Hunderte von unfertigen oder aufgegebenen Standbildern, an denen man jede Stufe ihrer Bearbeitung ablesen kann. Auf dem Areal der südafrikanischen Fundstätte Kasteelberg (ca. 950 n. Chr.) befindet sich ein ›Fabrikationsgelände‹, wo man jeden Schritt bei der Herstellung gewisser Knochenwerkzeuge in Augenschein nehmen kann. Die erhalten gebliebenen Exemplare früher Weberei, z. B. aus Südamerika, können von Spezialisten ›gelesen‹ werden, die sich genau damit auskennen, wie so etwas gemacht wurde. Genauso wird die einfache Überprüfung eines Tongefässes ergeben, ob es freihändig getöpfert wurde oder auf einer Töpferscheibe. Die Nebenprodukte der Metallverarbeitung wiederum – Rohblöcke, Schlacke, Gußformen, Schmelztiegel, mißlungene Gußstücke, Schrott usw. – geben Hinweise auf metallurgische Verfahren. In einer chinesischen Bronzegießerei (ca. 500 v. Chr.) traten 30.000 solcher Gegenstände ans Tageslicht.

Viele der experimentellen Verfahren, die beim Studium von Steinwerkzeugen benutzt werden, finden auch dort Verwendung, wo die Technologie anderer Materialien und späterer Perioden untersucht wird: z. B. Holzgegenstände, Fasern und Webstoffe, Keramik, Glas sowie verschiedene Arten der Metallverarbeitung. Der italienische Forscher Francesco d'Errico hat zum Beispiel Experimente durchgeführt, um mikroskopische Kriterien zu finden, die eine Identifikation von Spuren auf Knochen, Gehörn und Gegenständen aus Elfenbein ermöglichen, die durch deren langfristige Handhabung, durch Transport und Benutzung als Anhänger entstanden sind. Was Töpferei und Metallurgie angeht, wurden zahlreiche Versuche mit Replikaten vorgenommen, ohne die unsere Kenntnis solcher Technologien bestenfalls rudimentär wäre.

Tatsächlich stellt dieser Typ der »experimentellen Archäologie« mittlerweile einen wichtigen Zweig des Faches dar. In verschiedenen Ländern, besonders in Nordwesteuropa, wurden ganze Dörfer errichtet, um verschiedene Techniken zu erforschen: Hausbau, Landwirtschaft, Tierschlachtung, Lagerung, Herstellung von Töpferwaren, Steinwerkzeugen oder Metallgegenständen.

Selbst wenn man solche Experimente über Jahrzehnte hinweg betreibt, bleiben sie noch sehr ephemer im Vergleich mit der angesammelten Weisheit, dem Schatz an technischem Wissen, die über Jahrhunderte und Jahrtausende einer fernen Vergangenheit hinweg weitergegeben wurden. Keine der in der Gegenwart gemachten Beobachtungen besitzt denn auch echte Beweiskraft für die Vergangenheit. Die begrenzten Einblicke aber, die sie gewähren, sind nichtsdestoweniger interessant und nützlich. Obendrein machen viele dieser Experimente auch Spaß. Sie können alle Ihre inneren Dämonen austreiben, wenn Ihnen gestattet wird, ein Haus niederzubrennen oder einen Kollegen mit einem Bronzeschwert zu attackieren, einen Stein besinnungslos zu prügeln oder Kuhdung auf einer Mauer bzw. einem Brennofen zu verschmieren, und das Ganze noch ›Wissenschaft‹ zu nennen.

Eine verwandte, nicht gar so zupackende Herangehensweise an diese Art von Arbeit wird als »Ethnoarchäologie« bezeichnet. Lange Zeit waren die Archäologen frustriert über den Mangel an nützlichem Material in den Informationen, die die Ethnologen noch existierenden »primitiven« Völkern entlockten. Bei ihren Feldstudien waren sie derart besessen von Verwandtschaftssystemen, Zauberei u. ä., daß sie sich nie besonders um das kümmerten, wofür sich der Archäologe interessiert, wie nämlich diese Leute das herstellten, was am Ende ihre archäologische Hinterlassenschaft ausmacht. Besonders die Herstellung von Töpferwaren erfreut sich bei ethnoarchäologischen Studien großer Beliebtheit. Archäologen wollen jedoch über alles mögliche Bescheid wissen: wie Gegenstände gemacht werden, wann, warum und von wem; wieviel Zeit und Anstrengung in sie investiert wird; warum man sie in bestimmter Weise verziert; wie oft und unter welchen Umständen sie entzwei gehen; wie und wo man sich ihrer entledigt – also die eintönigen Alltagshandlungen, die gewöhnlich – selbst in der eigenen Gesellschaft – unbeachtet bleiben, sofern man ihnen kein besonderes Interesse entgegenbringt. Die Archäologie interessiert sich am meisten fürs Triviale – die Verteilung des Abfalls, das Muster auf einem Gefäß, die Form eines Dachziegels.

Bei denen, die sich außerhalb des Faches bewegen, fördert diese Hingabe an scheinbar unwichtige Einzelheiten den Eindruck, die Archäologie sei eine parasitäre Angelegenheit, ein überflüssiger Luxus. In einer von den Kräften des Marktes regierten Welt muß die Archäologie ihr Dasein rechtfertigen; ›wes' Brot ich ess', des' Lied ich sing‹. In einigen Regionen findet sie ihre Legitimation durch die überragende Bedeutung des Tourismus (vgl. S. 102–104). Anderswo erwirbt sie sich durch eine Vielzahl praktischer Nutzanwendungen Verdienste: In China etwa, wo alte Inschriften und Dokumente vergangene Erdbeben festhalten, hält man die »seismische Archäologie« für wichtig; ebenso im Nahen Osten, wo historische, biblische und archäologische Beweisstücke vergangener Erdbeben 10.000 Jahre zurückreichen. Menschliche Überreste können nützliche Informationen über Krankheiten und Krankheitsbilder vermitteln.

Die wichtigsten praktischen Beiträge liegen jedoch auf dem Gebiet der landwirtschaftlichen Technologie. Denn in Einzelfällen können Archäologen geradezu gottgleich werden, wenn sie unfruchtbare Wüsten bewässern oder Ernteerträge enorm steigern. Allerdings geschieht dies nicht aufgrund ihres persönlichen Einfallsreichtums, sondern durch die Wiederentdeckung der vergessenen Weisheit unserer Vorfahren. Die Nabbatäer zum Beispiel, die vor 2000 Jahren Israels unwirtliche Negev-Wüste bewohnten, lebten in Städten und bauten Trauben, Getreide und Oliven an. Die vereinten Anstrengungen von Luftbildarchäologie und archäologischer Bodenuntersuchung zeigten, daß ihnen dies mit Hilfe eines ausgeklügelten Systems gelang, das das in der Region seltene Regenwasser in Bewässerungsgräben und Wasserzisternen kanalisierte. Deshalb waren Wissenschaftler auch in der Lage, dieselben Verfahren anzuwenden, um dort antike Landwirtschaftsbetriebe zu rekonstruieren, die heute sogar in Dürrezeiten hohe Ernteerträge erzielen.

Noch eindrucksvoller waren die Vorgänge im Altiplano von Peru und Bolivien. Luftbildarchäologie und Ausgrabungen fanden heraus, daß gegen 1000 v. Chr. in der Region um den Titicaca-See mindestens 80.000 Hektar zu einem Bewässerungssystem gehörten, das auf »erhöhten Feldern« basierte; erhöhte Pflanzoberflächen aus Erde, die den dazwischen verlaufenden Kanälen entnommen worden war. Dieses System war extrem gut an die 4000 Meter Höhe, die lokalen Bedingungen und die traditionellen Knollenfrüchte angepaßt. Nach der Eroberung durch die Inkas vor 500 Jahren wurde es aber aufgegeben. Moderne landwirtschaftliche Methoden – schwere Maschinen, chemischer Dünger, Bewässerung und importierte Getreidesorten inbegriffen – haben sich in diesem Klima als absolut erfolglos erwiesen. Archäologen rodeten einige der alten Hochfelder und richteten sie neu her, wobei man nur traditionelle Werkzeuge verwandte und auf den Feldern Kartoffeln und andere traditionelle Knollenfrüchte anpflanzte. Die Felder erwiesen sich als unempfindlich gegenüber strengen Dürreperioden, Frösten und schweren Überschwemmungen; die Ernteerträge sind ca. siebenmal so hoch wie bei den mit Hilfe des Trockenfarmingsystems bewirtschafteten Feldern. Viele Gemeinden, Tausende von Menschen sind dank der Anstrengungen der Archäologen zu den Anbaumethoden ihrer Vorfahren zurückgekehrt.

Umgekehrt kann die Archäologie aber auch Erkenntnisse über ökologische, meist von Menschen verursachte Katastrophen der Vergangenheit vermitteln: z. B. den plötzlichen Zusammenbruch der antiken byzantinischen Stadt Petra nach Jahrhunderten drastischer Waldrodungen; oder die sogar noch verheerendere Entwaldung auf der Osterinsel, die beinahe die einzigartige Steinzeitkultur der kleinen Insel vernichtete. (In dem unlängst entstandenen Film *Rapa Nui* wurde diese Geschichte mit einem Romeo-und-Julia-Motiv verknüpft; das Ergebnis ist katastrophal.)

Ein anderes Beispiel bieten die Anasazi, die im amerikanischen Südwesten lebten. Ihre Siedlungen am Chaco Canyon waren sehr fortgeschritten und beherbergten die größten und höchsten Gebäude Amerikas vor der Ära der Wolkenkratzer. Im 10. Jahrhundert begonnen, ›verschlangen‹ diese Gebäude mehr als 200.000 Kiefern und Tannen. In kristallisiertem Urin gehärtete Pflanzenreste auf uralten Abfallhaufen der Buschschwanzratte vermitteln ein Bild von den im Laufe der Zeit eingetretenen

Veränderungen der örtlichen Vegetation. Danach ist klar, daß man mehrere Jahrhunderte lang pausenlos abholzte, und zwar nicht nur für den Gebrauch als Baumaterial, sondern auch, um den Brennstoffbedarf einer wachsenden Bevölkerung zu decken. Die daraus resultierenden weitverbreiteten Umweltschäden waren irreversibel und einer der Hauptgründe für das Verlassen des Ortes. Anders ausgedrückt, die Archäologie kann gewichtige Lehren aus der Vergangenheit ziehen. Doch wie sagt schon das Sprichwort: Das Einzige, was wir aus der Vergangenheit lernen, ist, daß wir nichts daraus lernen.

4 Wie lebten die Menschen?

Ein Großteil der Archäologie dient dem Studium der Lebensweise derer, die ›tot und begraben‹ sind, dem Versuch einer Beurteilung, wie die Leute aussahen, wie gesund sie waren, was sie aßen und woran sie starben. Die beiden letztgenannten Themen stehen nicht notwendigerweise miteinander in Zusammenhang, obgleich die übergewichtige Gattin des Marquis von Dai aus dem 2. Jahrhundert v. Chr. an einem Herzanfall starb, der durch akute Gallensteinschmerzen verursacht war. Rund eine Stunde zuvor hatte sie eine große Portion Wassermelone verschlungen (man fand 138 Melonenkerne in Magen und Eingeweiden ihrer mumifizierten Leiche). Lebensmittel scheinen dieser Dame sehr wichtig gewesen zu sein, da ihr Grab zahllose zubereitete Speisen in Behältern enthielt, mit Etiketten und Zetteln versehen, in denen die Zusammensetzung beschrieben war: eine Art unterirdischer chinesischer *takeaway*!

Der Lebensunterhalt – die Nahrungssuche – ist die fundamentalste Notwendigkeit menschlichen Lebens, und die Archäologie hat viele Methoden entwickelt, um Hinweise auf das, was die Menschen aßen, zu untersuchen. Die überwältigende Mehrzahl dieser Hinweise besteht aus Tier- und Pflanzenresten, wie man sie etwa bei menschlichen Wohnstätten finden kann. Studiert werden sie von Archäozoologen bzw. Archäobotanikern. Manchmal sind es tatsächlich Reste verzehrter Nahrung, doch keineswegs immer. Pflanzen beispielsweise lassen sich für viele andere Zwecke verwenden: vom Rohstoff bis zur Droge. Säugetiere werfen nützliche Substanzen wie Knochen, Geweih, Horn,

Elfenbein, Fett, Sehne, Felle und Pelze ab. Vögel liefern Knochen und Federn. Hinzu kommt, daß manche organischen Rückstände, besonders solche von Säugetieren und Vögeln, vielleicht von anderen Raubtieren dorthin gebracht wurden oder von Haustieren stammten (obwohl in einigen vergangenen Kulturen auch Hunde und Meerschweinchen verzehrt wurden, wie heute noch in einigen Erdteilen).

Den einzigen einwandfreien Beweis dafür, daß eine Pflanze oder ein Tier verzehrt wurden, liefert ihr Vorhandensein in einem menschlichen Magen oder in einem Kotstein (fossilem Kot). Da solche Funde jedoch selten sind, ist nur zu vermuten, daß sie verzehrt wurden. Diese Folgerung aber muß sich aus dem Kontext bzw. den Umständen des Fundes ergeben, wie beispielsweise verkohltes Getreide in einem Ofen, zerhackte oder verbrannte Knochen oder Rückstände in einem Gefäß. Es ist unwahrscheinlich, aber theoretisch immer möglich, daß die Bewohner einer paläolithischen Fundstätte voller Rentierknochen gleichwohl Vegetarier waren, die Rentier einfach abscheulich fanden. Vielleicht brauchten sie auch nur jede Menge Knochen, Gehörn und Felle, verschmähten aber das Fleisch.

Selbst wenn mit einiger Wahrscheinlichkeit angenommen werden kann, daß es sich bei den Überresten um Nahrung handelt, gibt es weitere Probleme zu lösen. So muß man beispielsweise die relative Bedeutung verschiedener Nahrungsmittel herausfinden. Pflanzen sind gewöhnlich unterrepräsentiert, da ihre Überreste oft schlecht erhalten oder überhaupt nicht mehr vorhanden sind. Das Gleiche gilt für Fischgräten. Egal welche Nahrungsrückstände überdauern, stets gilt es zu unterscheiden, ob sie wild oder domestiziert sind; und ob sie wirklich repräsentativ für die Ernährung der Bewohner sind. Das wiederum impliziert ein Urteil über die Funktion der Fundstätte, die Dauer ihrer Bewohnung (kurz- oder langfristig) und die Frage, ob sie unregelmäßig, saisonal oder ständig bewohnt wurde. Es ist viel wahrscheinlicher, daß eine dauerhafte Siedlung repräsentative Nahrungsrückstände aufweist als ein Schlachtplatz oder ein spezialisiertes Lager.

In den letzten Jahren hat man raffinierte neue Techniken entwickelt, die imstande sind, Nahrungsrückstände auf Werkzeugen und in Gefäßen aufzuspüren und häufig sogar zu identifizieren. Auf den Solomon-Inseln in Melanesien zum Beispiel fand man auf Steinwerkzeugen Überreste von Stärke, die 28.700 Jahre alt waren – das älteste Belegmaterial für den Verzehr von Wurzelgemüse (Taro) auf diesem Planeten. Die chemische Analyse von Rückständen auf Amphoren (den großen Lagergefäßen der römischen Zeit) hat bewiesen, daß viele – wie bereits vermutet – Wein und Olivenöl enthielten, einige jedoch Weizenmehl. Ein früher Nachweis für Wein – ein Gegenstand, der Archäologen sehr am Herzen liegt – ergab sich aus der Analyse von Rückständen in einem sumerischen 30-Liter-Krug, der von einem Ort namens Godin Tepe im westlichen Iran stammt und in die Zeit um 3.500 v. Chr. zu datieren ist. Andere Scherben vom selben Fundort wiesen Spuren der Herstellung von Gerstenbier auf. Die Bewohner von Godin Tepe wußten sich offensichtlich zu vergnügen.

Chemiker fanden auch Opiumspuren auf einer 3.500 Jahre alten Vase aus Zypern, was einige Forscher zu der Annahme veranlaßt, man habe damals im östlichen Mittelmeerraum Drogenhandel betrieben. In Britannien dagegen enthalten altertümliche Gefäße meist weniger stimulierende Substanzen, Rückstände von Kohl beispielsweise.

Was die Überreste von Tieren angeht, so stellen sie wahrscheinlich nur einen Bruchteil des ursprünglich Vorhandenen dar: die Knochen könnten vom Ort entfernt, für Werkzeuge benutzt, aus Vorratsgründen abgekocht, von Hunden oder Schweinen gefressen worden sein. Nahrungsmittel wie Larven oder Blut hinterlassen überhaupt keine Spuren; und obwohl wir annehmen, daß die Ernährung gewöhnlich auf Pflanzenfressern und Fisch basierte, mögen einige Kulturen auch Insekten verzehrt haben. In einem 6.200 Jahre alten algerischen Felsunterstand fand man in einem Spezialofen Heuschrecken.

Noch immer ist Kannibalismus ein heikles Thema. Der einzig sichere *Beweis* für seine historische Existenz wäre der Fund eines menschlichen Gewebestücks in menschlichem Eingeweide oder fossilem Kot. Das ist bislang noch niemandem gelungen. Die Neubewertung archäologischer und anthropologischer Beweismittel hat gezeigt, daß alle scheinbaren Belege auch anders erklärt werden können, wie beispielsweise mit Gewalt(einwirkung) oder komplizierten Bestattungsritualen. Eine kleine Zahl von Forschern jedoch hält daran fest, menschliche Knochen, die zerlegt, beschädigt oder von Schnittstellen übersät sind (beispielsweise im amerikanischen Südwesten an einigen Orten der Anasazi aus der Zeit um 1100 n. Chr.), als Beweise für Kannibalismus zu interpretieren. Dies mag zutreffen, doch wissen wir es nicht mit Bestimmtheit. Wie so vieles in der Archäologie läuft es auf eine Frage von Glauben und persönlicher Neigung hinaus. Aus Ereignissen der jüngsten Vergangenheit wissen wir nur allzu gut, daß Kannibalismus unter Menschen, die verzweifelt um ihr Überleben kämpfen (z. B. bei dem Flugzeugabsturz in den Anden oder in den Konzentrationslagern der Nazis), sehr wohl vorkommen kann, ebenso bei Psychopathen. Die Existenz von »habituellem Kannibalismus« aber, der einen gewohnheitsmäßigen oder rituellen Teil des Lebens ausmacht, wurde in den letzten Jahren zunehmend angezweifelt. Gut dokumentierte Fälle, die sich auf unmittelbare Beobachtung stützen und nicht auf Propaganda und aufs Hörensagen, sind für die historische Zeit äußerst selten. Es ist demnach sehr schwer einzuschätzen, wie verbreitet diese Praktik in frühgeschichtlicher Zeit gewesen sein mag, von der noch älteren Vergangenheit ganz zu schweigen.

Wie die pflanzlichen Rückstände erweisen sich auch die tierischen als äußerst aufschlußreich, obwohl in bezug auf blutige Steinwerkzeuge immer noch Uneinigkeit herrscht. Bestritten wird nämlich die Behauptung, daß sich Blutspuren auf Jahrtausende alten Artefakten erhalten können und so die jeweilige Tierart identifiziert werden kann. Bei der chemischen Analyse von Rückständen in Gefäßen wurden Substanzen wie Milch, Käse und Fett nachgewiesen.

Auch in Kunst und Literatur sind pflanzliche wie tierische Nahrung reichlich dargestellt: z. B. Holznachbildungen aus ägyptischen Grabstätten, die das Backen und Brauen darstellen; Texte, die die Nahrung des römischen Heeres beschreiben; hieroglyphische Texte aus Ägypten über Getreidezulagen für Arbeiter oder das älteste Kochbuch der Welt: drei 3750 Jahre alte Tontafeln, die 35 Rezepte für die verschiedensten üppigen Fleischeintöpfe enthalten. Doch wie reichhaltig das Belegmaterial in Kunst und Texten auch immer sein mag, es bietet nur einen sehr beschränkten Einblick in die materiellen Lebensgrundlagen. Noch beschränktere Aufschlüsse vermitteln gelegentliche Funde von echten Mahlzeiten: In Pompeji, der 79 n. Chr. bei einem Vulkanausbruch verschütteten römischen Stadt, wurden beispielsweise unversehrte Tischmahlzeiten aus Fisch, Eiern, Brot und Nüssen freigelegt, ferner Nahrungsmittel in Geschäften – aber dies sind winzige Stichproben eines einzigen Tages. Gleiches gilt für das Beweismaterial, das (von abgehärteten Naturen mit guten Mägen) aus dem Speisetrakt konservierter Leichname oder aus menschlichem Kot geborgen wurde. Über den Mann von Tollund, eine dänische Moorleiche aus der Eisenzeit, fand man heraus, daß er vor seinem Tod Schleimsuppe gegessen hatte. (Sir Mortimer Wheeler probierte eine rekonstruierte Version dieses Gebräus aus und befand, es sei ein widerlich schmeckender Brei – fürwahr eine Pioniertat experimenteller Archäologie.) Der britische *Lindow Man* hatte hingegen einen Pfannkuchen gegessen, eine Art von grobem Brot. Die Analyse von 2500 bis 150 Jahre alten Kotsteinen aus der Lovelock Höhle (Nevada) wies Samenkörner, Bruchstücke von Vogelfedern und Fischschuppen nach. Ein tausend Jahre alter Kotstein enthielt Knochen von 101 kleinen Döbeln mit einem Gesamtgewicht von 208 Gramm – der Fischgang in der Mahlzeit einer einzelnen Person.

Mahlzeiten sind schön und gut, aber die Archäologie strebt nun einmal nach einem langfristigen Überblick (darin liegt schließlich ihre Besonderheit). Dazu bedarf es einer Einschätzung der Ernährungsweise. Eine Methode besteht darin, die im Laufe der Zeit erfolgte Anhäufung von Nahrungsresten – anhand der Schichtenabfolge des Fundortes – zu untersuchen. Es gibt aber viel direktere Verfahren zur Erkundung der Ernährungsgewohnheiten: anhand von Zahnverschleiß und Knochenchemie, denn

›wir sind, was wir essen‹. Nahrung wirkt sich radikal auf die Zähne aus – ja, Ihre Mutter hatte ganz recht – und hinterläßt auch charakteristische chemische Signaturen in den Knochen.

Da Zähne aus zwei der härtesten Gewebeformen des Körpers bestehen, bleiben sie gewöhnlich in gutem Zustand. Die mikroskopische Untersuchung ihrer Oberflächen bringt Abschliffe und Kratzer zum Vorschein, die auf fleischliche oder pflanzliche Nahrung schließen lassen. Wie bei der Untersuchung der Mikroabnutzung an Werkzeugen (vgl. S. 31) wissen wir aus zeitgenössischen Proben – diesmal nicht aus experimentellen Nachbildungen, sondern von lebendigen Menschen, fleischessenden Eskimos etwa oder vegetarischen Melanesiern –, welche Typen von Spuren verschiedene Ernährungsweisen hinterlassen, so daß sich archäologische Exemplare nun mit einiger Genauigkeit damit vergleichen lassen. Auf diese Weise hat man herausgefunden, daß die prähistorischen Menschen im Laufe der Zeit anscheinend immer weniger Fleisch gegessen und zu einer mehr gemischten Ernährungsweise übergegangen sind. Auch Zahnverfall kann aufschlußreich sein, läßt er doch auf stärkehaltige und süße Nahrungsmittel schließen.

Der größte Durchbruch verdankt sich jedoch der Einsicht, daß die chemische Analyse von menschlichem Knocheneiweiß viel über die langfristigen Ernährungsgewohnheiten verrät. Verschiedene Kategorien von Pflanzen weisen unterschiedliche Zusammensetzungen gewisser Karbon- oder Stickstoffisotope auf. Da die Pflanzen von Tieren gefressen werden, setzen sich diese Zusammensetzungen im tierischen und menschlichen Knochengewebe fest. So kann die Analyse des Eiweißes zeigen, ob Meeres- oder Landpflanzen in der Nahrung überwogen haben und folglich auch Meeres- oder Landressourcen anderer Art. Diese Technik ist nützlich, um im Laufe der Zeit eingetretene Veränderungen aufzuspüren, falls menschliche Knochen aus verschiedenen Perioden zur Verfügung stehen. Knochen aus der Schwemmebene des Orinoko beispielsweise offenbaren einen dramatischen Wechsel der Ernährungsweise: von einer Diät um 800 v. Chr., die einen besonders hohen Anteil eines bestimmten Pflanzentyps (einschließlich Maniok) aufwies, zu einer um 400 n. Chr., die auf verschiedenen Pflanzen wie Mais basierte.

Bei der breiten Öffentlichkeit, die das Makabre und Schauerliche liebt, erfreut sich das ganze Thema der Untersuchung menschlicher Überreste großer Beliebtheit: In Museen sind Mumien stets große Attraktionen. Gleichwohl verraten Einführungen in die Archäologie im allgemeinen wenig oder nichts über die Menschen selbst, konzentrieren sich vielmehr auf deren Werkzeuge, Wohnstätten, Kunst und Verhalten. Eine seltsame Haltung: Wenn nämlich das Ziel der Archäologie darin besteht, das Leben derjenigen zu rekonstruieren, die den archäologischen Bestand produziert haben, was liegt dann als Beweismaterial näher als eben die Überreste jener Akteure, deren Stück wir wieder aufführen?

Man überließ es im allgemeinen den physischen Anthropologen, diese Überreste zu erörtern, obgleich es die Archäologen waren, die sie ausgegraben hatten. Doch wer auch immer die Analyse vornimmt, die gewonnenen Daten sind von fundamentaler Bedeutung. Menschliche Überreste können das Alter wie das Geschlecht der Verstorbenen preisgeben, ihr Aussehen, ihren Gesundheitszustand, manchmal ihre Todesursache und in einigen Fällen sogar ihre Verwandtschaftsbeziehungen. Neuere Entwicklungen in der Biochemie und der Genetik werden zukünftig die gegenwärtige Abhängigkeit von Knochenfunden großenteils überwinden.

Das Gros menschlicher Überreste besteht aus Skeletten oder ist eingeäschert. Wir haben jedoch auch eine Vielzahl besser erhaltener, mehr oder weniger unversehrter Körper, die ausgetrocknet, gefroren, mit Wasser vollgesogen oder absichtlich mumifiziert sind und einer ganzen Serie von Tests unterworfen werden können. Forensische Untersuchungen, Computerscanning und Endoskopie stoßen dabei in jede Körperöffnung vor.

Selbst in Fällen, wo Körper verschwunden sind, lassen sich Spuren von ihnen finden. Die berühmtesten Beispiele sind die Hohlräume, die die Menschen von Pompeji zurückließen, als sie inmitten ihres erstarrten Gehäuses aus Vulkanasche zerfielen. Wenn man diese Hohlräume mit Gips ausgießt, geben die daraus entstehenden Abgüsse den Blick auf die äußere Erscheinung frei, die Frisuren, die Kleidung, die Körperhaltung und sogar den Gesichtsausdruck im Moment des Todes (ein Gerücht besagt, im Stadtgefängnis befänden sich die Überreste zahlreicher hartgesottener Krimineller). Auch zahlreiche Fuß- und Handabdrücke sowie bemalte Schablonen zählen zum archäologischen Bestand.

Ein besonders eindrucksvolles Beispiel verschwundener, aber identifizierbarer Überreste betrifft das Geheimnis, das zahlreiche unversehrte, aber völlig leere Gefäße darstellten, die man in den Kellern deutscher Häuser aus der Zeit zwischen dem 16. und dem 19. Jahrhundert fand. Chemische Analysen der Ablagerungen in ihrem Inneren bewiesen das Vorhandensein von Cholesterin (was auf menschliches oder tierisches Gewebe schließen ließ) und Steroid-Hormonen wie etwa Östron, so daß als sicher gelten kann, daß die Gefäße dazu benutzt wurden, menschliche Plazenta (Nachgeburt) zu begraben – dies geschah dem örtlichen Brauchtum folgend, um das gesunde Wachstum der Kinder sicherzustellen.

Was Informationen über die menschliche Gesundheit angeht, können sich menschliche Überbleibsel als wahre Goldminen entpuppen. Beispielsweise sind Abnutzungserscheinungen aufgrund

einseitiger Tätigkeiten keineswegs ein neues Phänomen; Abnutzungen an verschiedenen Knochen antiker Skelette lassen sich mit Belastungen in Zusammenhang bringen, die durch Bücken, Tragen von Lasten oder Getreidemahlen entstehen. Die meisten Beschwerden, die zum Tode führen, hinterlassen keine Spuren am Knochen; wo sich aber Gewebe erhalten hat, kann die Paläopathologie (die Erforschung der Krankheiten im Altertum) eine Menge herausfinden. Nahezu alle ägyptischen Mumien enthielten Parasiten, die Amöbenruhr und Bilharziose verursachen. Mumien in der Neuen Welt wiesen Eier vom Peitschenwurm und vom Spulwurm auf. Parasiten fanden sich auch in menschlichen Kotsteinen und mittelalterlichen Senkgruben.

Für den unvorsichtigen Archäologen kann es beim Umgang mit menschlichem Gewebe sogar Risiken geben. Wundschorf und Viren können überleben, und niemand weiß, wie lange die Latenzzeit von Mikroben währt. Infektiöse Mikroorganismen können daher sehr wohl eine echte Gefahr darstellen, insbesondere, weil unsere Immunität gegenüber ausgestorbenen oder seltenen Krankheiten sicherlich abgenommen hat. Tödliche Mikroben sind eine weit plausiblere Erklärung für einige der (glücklicherweise sehr seltenen) mysteriösen Todesfälle unter Archäologen als der stets beliebte Mythos vom ›Fluch der Mumie‹. Es würde nicht der Ironie entbehren, wenn ein Archäologe sich etwas Übles aus der Vergangenheit zuzöge – vielleicht wäre das das Äußerste, was die experimentelle Archäologie zu leisten vermag!

Weit ungefährlicher ist die Untersuchung von Verletzungen und Schäden anhand der konservierten Moorleichen Nordwesteuropas. Viele von ihnen starben offensichtlich eines gewaltsamen Todes, durch Hinrichtung, Raubmord oder als Ritualopfer. Der Mann von Tollund wurde gehängt, dem von Grauballe hatte man den Hals aufgeschlitzt, der britische Mann von Lindow aber schießt den Vogel ab: ihm hatte man zweimal den Schädel zertrümmert, die Gurgel durchgeschnitten und ihn obendrein erdrosselt. Er war entweder äußerst unbeliebt, oder irgend jemand war entschlossen, ganze Arbeit zu leisten.

Der allerälteste unversehrte Körper, über den wir verfügen, ist der des Gletschermannes, der 1991 in den italienischen Alpen gefunden wurde. Seine Entdeckung fand weltweite Beachtung in den Medien und löste erstaunliche Geschichten aus, von denen einige wahrscheinlich gefälscht waren. Eine Frau etwa behauptete, es handele sich um ihren Vater, der in den Bergen verschwunden war; sie hatte ihn auf Pressefotos wiedererkannt! Sobald die Radiokarbondatierung ein Alter von 5300 Jahren feststellte, hatte sich die Sache erledigt. Kaum war er als wirklich uralter Körper identifiziert, da erklärten angeblich auch schon einige Frauen ihre Bereitschaft, sich mit jedem gefrorenen Sperma befruchten zu lassen, das man im Körper fände. Noch bizarrer: eine österreichische Schwulenzeitschrift behauptete, man habe in seinem Analkanal Sperma gefunden, die Wissenschaftler seien jedoch zu verlegen gewesen, diese ›Tatsache‹ zu veröffentlichen.

Was man jedoch sicher über den Gletschermann weiß, ist mindestens genauso interessant. Er war zwischen 25 und 40 Jahre alt. Seine Lungen sind vom Rauch offener Feuer geschwärzt; er weist eine Verkalkung der Arterien und Blutgefäße auf, ferner Spuren von Erfrierungen in einem Zeh; er hatte acht gebrochene Rippen, die jedoch verheilt oder im Heilungsprozeß begriffen waren, als er starb. Gruppen von Tätowierungen auf seinem Körper – meist parallel laufende blaue Linien – könnten therapeutischer Natur sein, mit dem Zweck, die Arthritis in Nacken, Rücken und Hüfte zu mildern. Die bemerkenswerteste Information stammt aber vom einzigen erhaltenen Fingernagel. Die quer verlaufenden Linien darauf zeigen, daß er Phasen schwerer Krankheit durchmachte (in denen das Wachstum der Nägel sich verlangsamte), und zwar vier, drei und schließlich zwei Monate vor seinem Tod. Die Tatsache, daß er für Lähmungserscheinungen anfällig war, erklärt wahrscheinlich, warum er dem widrigen Wetter erlag und erfror. Sogar in einem vollständig erhaltenen Körper kann also ein scheinbar unbedeutender Nagel als Schlüssel zum Puzzle dienen – eine treffende Metapher für die Archäologie insgesamt.

5 Wie dachten die Menschen?

Es mag schwierig sein, die praktischen Lebensgrundlagen (Technologie, Lebensunterhalt usw.) zu verstehen, unendlich viel schwieriger aber ist es, die Gedanken der Menschen zu erraten, eine Ahnung davon zu bekommen, was sie glaubten und wie sie dachten. Wenn man nicht einmal nach zig Ehejahren imstande ist, die Gedanken der eigenen Partnerin zu lesen (oder vorzieht, es nicht zu tun), was für eine Herausforderung bedeutet dann die Rekonstruktion dessen, was ein gräßlicher Jargon als »prähistorische Denkformen« bezeichnet.

Hier wenden wir uns jenen kühnen Geistern zu, die eine »Archäologie des Denkens« anstreben. Die kognitiven Archäologen (die sogenannten »coggies«) weigern sich zu akzeptieren, daß Denken, Glaubensvorstellungen und Sozialbeziehungen des Altertums für immer verschwunden sind; vielmehr glauben sie, diese wiederbeleben zu können, und zwar durch die Anwendung rationaler Methoden, mit deren Hilfe die Kunst und diejenigen materiellen Zeugnisse der Vergangenheit analysiert werden, von denen man meint, sie stünden mit Religion, Ritual und ähnlichem in Verbindung.

Gegenwärtig sind viele Wissenschaftler darum bemüht, klar formulierte Verfahren für die Analyse der kognitiven Aspekte früher Gesellschaften zu entwickeln, besonders derjenigen, für die uns keinerlei Texte als Hilfsmittel zur Verfügung stehen. Für diese scheinbar unmögliche Aufgabe gibt es zahlreiche vielversprechende Lösungen. Man kann beispielsweise untersuchen, wie Leute ihre Welt beschrieben und beurteilten, wie sie ihre Bauten und Städte planten und ausführten, welche Materialien sie besonders hoch schätzten und vermutlich als Symbole für Reichtum und Macht betrachteten. Vor allem aber kann man die materiellen Zeugnisse der Religion anvisieren.

Nicht ganz zu Unrecht ist bemerkt worden, die Religion stelle im wesentlichen den Versuch der Menschheit dar, mit dem Wetter zu kommunizieren, und in der Vergangenheit widmete man diesem Bemühen viel Anstrengung. Trotz der bekannten Neigung der Archäologen, alles, was ihnen merkwürdig vorkommt, als »rituell« anzusehen, bleibt es wahr, daß religiöse Aktivitäten oft von überragender Bedeutung im Leben sind, wie moderne Untersuchungen »primitiver« Völker erwiesen haben. Da es normalerweise keine klare Trennungslinie zwischen dem Heiligen und dem Profanen gibt, hat es tatsächlich den Anschein, als sei ein großer Teil des Lebens letztlich durch Religion bestimmt.

In den letzten Jahren hat man wichtige Belege für das Vorhandensein menschlichen Denkens zurückdatieren müssen. Lange glaubte man beispielsweise, die bewußt vollzogene Bestattung von Menschen habe mit den Neandertalern Eurasiens vor 100.000 bis 40.000 Jahren begonnen. Es gibt viele bekannte Fallbeispiele, darunter eine berühmte Beisetzung in der Shanidar Höhle (Irak), wo der Körper anscheinend mit Blumen dekoriert wurde (nach den Pollen zu schließen, die man bei den Knochen fand). Die Funde in der Knochengrube von Atapuerca aber (vgl. S. 16) sind ein gewichtiger Hinweis darauf, daß man bereits vor mehr als 200.000 Jahren so etwas wie Bestattungszeremonien durchführte: Eine große Anzahl von Körpern wurde nämlich extra dorthin gebracht und in der Grube deponiert. Es handelte sich dabei weder um eine Wohnstätte (man fand keinerlei Werkzeuge oder andere Reste häuslichen Abfalls), noch waren die Körper hierher von fleischfressenden Tieren verschleppt worden (es finden sich keine Zahnspuren auf den Knochen, alle Körperteile sind vorhanden, Überreste von anderen Beutetieren fehlen). Allein aus dem Inhalt und der Umgebung der Funde läßt sich daher in diesem Fall mit einiger Sicherheit schließen, daß hier irgendein rudimentäres religiöses Ritual vollzogen wurde.

Gleiches gilt auch für die »Kunst«. Der Begriff der Kunst ist bekanntlich höchst umstritten. Noch immer wird eine leidenschaftliche Debatte darüber geführt, wie sie zu definieren sei. Vielleicht besteht der einfachste Weg darin, die jahrhundertealte Definition zu übernehmen: »Kunst ist das Werk von Menschen, nicht das der Natur.« So vermeidet man jede Differenzierung in bezug auf Unterschiede der Formen, des Inhalts oder der Intention. Wie im Falle der Religion ist es bei vielen Gesellschaften äußerst schwierig, »Kunst« von »Nicht-Kunst« zu unterscheiden; solche Unterscheidungen sind bedeutungslos für Menschen, die ihre gesamte »Kunst« funktional betrachten: entweder direkt, als brauchbare Gegenstände, oder indirekt, als einen Weg, mit Geistern oder Göttern, mit dem Wetter oder sonstwem zu kommunizieren. Alles hat Bedeutung, Sinn und Funktion. Viele Völker würden unsere Vorstellung von »Kunst« als einer gesonderten, speziellen, nicht-funktionalen Entität einfach nicht verstehen.

Lange Jahre hindurch galt Kunst als etwas, das mit dem modernen Menschen in Europa begann, d.h. mit der frühesten transportablen Kunst und den Höhlenzeichnungen der letzten Eiszeit. Nichts davon hat der Überprüfung standgehalten. Erstens weist heute jeder Kontinent »Kunstwerke« gleich hohen Alters auf, wobei Australien über die ältesten Felszeichnungen verfügt (sie sind mehr als 40.000 Jahre alt, falls die archäometrischen Datierungen korrekt sind). Noch wichtiger aber ist: Es steht jetzt fest, daß »Kunst« schon lange vor den modernen Menschen auftaucht. Dies war bereits seit Jahrzehnten bekannt, seit nämlich in Südwestfrankreich ein Neandertaler-Grab mit einer Steinplatte gefunden wurde, die eine Reihe sorgfältig angebrachter, kleiner runder Löcher aufwies. Das archäologische Establishment hatte diesen Fund jedoch stets als bizarre Ausnahme abgetan, als etwas Untypisches, das sich mit den Wundern der späteren Höhlenkunst wie in Lascaux und Altamira nicht im entferntesten messen könne.

Heute verfügen wir jedoch nicht nur über eine wachsende Zahl von Beispielen einfacher Neandertal-»Kunst« unterschiedlichster

Art, wir besitzen auch Belege für ein noch früheres Auftreten. Der bemerkenswerteste ist ein kleiner Kiesel aus Vulkanstein, der in den achtziger Jahren in Berekhat Ram gefunden wurde, einer Fundstätte unter freiem Himmel auf den Golan-Höhen (Israel). Seine natürliche Form ähnelt der einer Frau, aber um den ›Nakken‹ und längs der ›Arme‹ ziehen sich Rillen. Die Frage bestand darin, ob diese Linien natürlichen oder menschlichen Ursprungs sind. Die mikroskopische Analyse des amerikanischen Forschers Alexander Marshack hat nun zweifelsfrei erwiesen, daß sie künstlich sind. Dieser Kieselstein ist demnach eine »Figurine«, ein Kunstgegenstand – und doch ist er mindestens 230.000 Jahre alt, möglicherweise sogar noch älter. Wir haben es hier wieder einmal mit einem klaren Beweis für eine kognitive Tätigkeit zu tun: die natürliche Ähnlichkeit des Kieselsteines mit einer Frauenfigur wurde bemerkt und dann bewußt betont.

Selbst wenn man dem traditionellen Dogma verpflichtet ist, echte Kunst habe erst mit den modernen Menschen der letzten

Eiszeit begonnen, bleibt es gleichwohl wahr, daß prähistorische Kunst und »Felskunst« im besonderen 99 % der Kunstgeschichte ausmachen. Es entbehrt nicht der Ironie, daß die meisten Bücher über die Geschichte der Kunst unweigerlich mit einem Foto von Höhlenkunst beginnen (gewöhnlich Lascaux oder Altamira, beide gleichermaßen unrepräsentativ) oder einer weiblichen Figurine (gewöhnlich eine der fettleibigen, die ebenso untypisch sind), bevor man sich auf den weit vertrauteren Boden Ägyptens oder Griechenlands begibt. Tatsächlich aber bildet Lascaux, mit seinen 17.000 Jahren, die zeitliche Mitte der Kunstgeschichte. Angesichts der Figurine von Berekhat Ram ließe sich sogar behaupten, daß mit Lascaux die Spätphase der Kunstgeschichte beginnt!

Prähistorische Kunst erstreckt sich nicht nur über einen gewaltigen Zeitraum, sie umfaßt auch eine enorme Menge von Typen und Themen, von Kritzeleien auf Knochen bis hin zu wundervollen, vielfarbigen Malereien, von einfachen Fingerabdrücken auf Ton bis zu anspruchsvollen dreidimensionalen Skulpturen. Ganz nach Wunsch findet man hier alles und jedes. Kein Wunder also, daß jene Scharlatane und ihre leichtgläubigen Leser, die in den siebziger Jahren verkündeten, es gebe archäologische Belege für die Existenz außerirdischer Wesen oder antiker Astronauten, auf Felsmalereien sogar Darstellungen fanden, die (zumindest in ihren Augen) Raumfahrern glichen.

Nach allem, was wir heute über »primitive« Kunst wissen, kann man davon ausgehen, daß die prähistorische Kunst vielfältigen Zwecken diente: Sie umfaßte Spiele, Mythen, Erzählungen, Graffiti, Botschaften, Ursprungsmythen und Religion. Nicht alles davon ist notwendigerweise tief ernst gemeint und bezeugt die Furcht vor dem Übernatürlichen; vieles dient eher der Feier des Lebens, zeugt von Spaß und Leichtsinn. Manches davon ist öffentlich und spielt sich vor aller Augen unter freiem Himmel ab; anderes dagegen ist sehr privat, in Schlupfwinkeln versteckt und tiefen Höhlen. Trotz dieser enormen Vielfalt aber haben viele, die sich mit Felsmalereien – oder sogar nur mit Eiszeitkunst – beschäftigen, eine starke Neigung, eine einzige, allumfassende Er-

klärung dafür geben zu wollen. Das gilt eigentlich für jedes
Gebiet der Archäologie, und vielleicht handelt es sich dabei sogar
um eine Art Geburtsfehler jeder Gelehrsamkeit: Kaum stolpert
man über etwas, was wie eine gute Idee aussieht (gewöhnlich von
jemand anderem geliehen, vorzugsweise aus einem anderen
Fach), gibt es diesen unwiderstehlichen Drang, sie auf alles und
jedes anzuwenden und jeden Aspekt eines höchst mannigfaltigen
Phänomens einer einzigen Totalerklärung zu unterwerfen.

Die jeweils bevorzugten Interpretationen spiegeln in der Regel
zeitgenössische Obsessionen und Vorurteile wider. Zuerst dachte
man, bei prähistorischer Kunst handele es sich bloß um ge-
dankenlose Graffiti oder spielerisches Tun, *l'art pour l'art*. Um
die Jahrhundertwende dann, als Berichte über das Verhalten noch
existierender »primitiver« Völker zu erscheinen begannen,
wandte man verschiedene stark vereinfachende Thesen recht un-
kritisch auf die vorgeschichtliche Kunst an – insbesondere die,
daß sie eine magische Funktion in bezug auf Jagd und Frucht-
barkeit erfüllt habe. In den fünfziger Jahren führte der französische Strukturalismus zu neuen Vorstellungen über Höhlenkunst,
der man nun eine bestimmte, wiederkehrende Struktur nach-
sagte, während man in den *Swinging Sixties* die These vorbrachte, die Tiere in den Höhlen seien Sexualsymbole. Das Zeitalter der Raumfahrt führte zur Konzentration auf mögliche lunare Zeichen und andere astronomische Beobachtungen, die sich
bei manchen prähistorischen Kunstwerken und Monumenten re-
gistrieren lassen sollten. Das Computerzeitalter schließlich provo-
zierte unvermeidlich die Ansicht, bei den Felsmalereien handele
es sich um gigantische Floppy Disks oder CD-ROMs, dort seien
Informationen zur Lagerung und sofortigem Abruf aufgezeich-
net. Die gegenwärtige Modetheorie besagt, Felskunst bestehe vor
allem aus Trancebildern. Diese Auffassung ist offenbar eine direkte Hinterlassenschaft der Drogenkultur der sechziger und siebziger Jahre, mit ihrem zeittypischen Interesse an Mystizismus und
Schamanismus, Halluzinogenen, veränderten Bewußtseinszustän-
den usw., das in der gewaltigen Masse von *New Age*-Literatur
gipfelte.

Ungeachtet solcher Interpretationen, die vermutlich alle ihr Wahres haben, bleibt die Tatsache bestehen, daß nur der Künstler selbst weiß, was seine Kunst darstellt und bezweckt. Wir wissen nichts mit Bestimmtheit. In einem berühmten Experiment bat ein australischer Forscher einige Aborigines darum, auf einer Felsmalerei einige Tiere zu identifizieren. Ihre Ergebnisse unterschieden sich deutlich von denen westlichen zoologischen Denkens: Von 22 Darstellungen hatten die westlichen Gelehrten 15 falsch und sieben nur oberflächlich richtig gedeutet. Da wir jedoch über keinerlei vorgeschichtliche Informanten verfügen und deshalb auch niemals Zugang zur ursprünglichen Bedeutung der Kunst haben werden, können wir nur versuchen herauszubekommen, was sie darzustellen scheint und worin ihre Bedeutung bestanden haben könnte.

Mit Sicherheit dienten Felsmalereien gelegentlich zur Aufzeichnung und Weitergabe von Informationen. Für den kognitiven Archäologen vereinfachen sich die Dinge erheblich, wenn echte Texte vorliegen, aber auch die müssen zuallererst entziffert werden. Das ist eine hochspezialisierte Tätigkeit, für die es eines besonderen analytischen Verstandes bedarf. Es gab bemerkenswerte Pioniere wie beispielsweise Champollion, der als erster die antiken ägyptischen Hieroglyphen entzifferte (wobei die Entdeckung des Steins von Rosette mit seinen identischen Texten in Ägyptisch und Griechisch von enormem Nutzen für ihn war). Eine der wichtigsten Gestalten in diesem Jahrhundert – um so mehr bewundert, weil er wie gewisse Popstars in jungen Jahren auf der Höhe seines Ruhmes starb – war der Architekt Michael Ventris, der im Jahre 1952 erklärte, er habe Linear B, eine frühe Schrift aus dem ägäischen Raum, als eine archaische Form des Griechischen entziffert. Wie die meisten Pioniere stieß er nicht auf Anerkennung, sondern auf empörte Ablehnung seitens der Fachkollegen; eine Reaktion, die für sämtliche Zweige der Archäologie typisch ist, genau wie das, was sich anschließend ereignete: Als man kurze Zeit später in Griechenland eine ganze Bibliothek mit Linear-B-Tafeln ausgrub, deren Übersetzung Ventris' Behauptungen vollständig bestätigten, blieb den Experten keine Wahl: Man beschuldigte den Ausgräber und Ventris der Fälschung.

Glauben Sie bloß nicht, Entziffern sei eine aussterbende Kunst. Ganz im Gegenteil. Erst in den letzten Jahren hat man nach einem Jahrhundert gebündelter Forschungsanstrengungen begonnen, die komplexe Maya-Schrift Mittelamerikas richtig zu verstehen. Die weit seltenere Rongorongo-Schrift von der Osterinsel, die sich nur auf 25 Holzstücken erhalten hat, ist im Laufe der letzten Jahre ›geknackt‹ worden; zumindest was ihre Struktur und den allgemeinen Inhalt angeht. Aber es bleibt viel zu tun. Die nach wie vor unentzifferte Linear A (aus der Ägäis) und die Indus-Schrift (des archaischen Indien und Pakistan) stellen immer noch große Herausforderungen für Enthusiasten dar, die ihre Gehirne strapazieren wollen.

Sobald Texte lesbar sind, vermögen sie offensichtlich eine Menge wertvoller Informationen über die kognitiven Aspekte der Vergangenheit zu liefern – Inschriften an klassischen Stätten zum Beispiel oder die ersten schriftlichen Aufzeichnungen der Kolonisatoren usw. Wie in der Geschichtswissenschaft überhaupt, sollte man jedoch das geschriebene Wort als Ergänzung der Archäologie betrachten, niemals als deren Ersatz. Dies gilt in besonderem Maß für archaische Gesellschaften, wo das Schreiben sehr begrenzten Aufgaben diente und die Fähigkeit zu lesen das Vorrecht einer kleinen Elite war. Im klassischen Griechenland hingegen war diese Fähigkeit weitverbreitet, das Schreiben berührte fast alle Lebensaspekte, private wie öffentliche. Texte können darum beträchtliche Einblicke gewähren, etwa im Bereich der Kunst bei der Identifizierung von Gottheiten und Mythen (ohne die klassische Literatur würden uns die meisten Szenen in der griechischen und römischen Kunst wenig sagen), doch wie stets enthalten Texte auch Vorurteile und sind unvollständig.

Einen ganzen Sektor der kognitiven Archäologie nimmt die Archäoastronomie ein, d. h. die Untersuchung des früheren Wissens von den Himmelsphänomenen. Wie bereits erwähnt, mag es sehr wohl lunare Aufzeichnungen aus der letzten Eiszeit geben (die Mondphasen wären sicherlich das wichtigste Mittel gewesen, mit dem antike Völker das Verstreichen der Zeit messen konnten), aber das Thema kommt erst in der späteren Vorgeschichte wirklich zur Geltung, und zwar in Gestalt jener Bauten, die auf bedeutende astronomische Ereignisse wie die Wintersonnenwende oder die Sommersonnenwende ausgerichtet waren. Von den vorgeschichtlichen Megalithmonumenten Westeuropas bis zu den wichtigsten Baudenkmälern der mittel- und südamerikanischen Zivilisationen, stets finden sich bestimmte Ausrichtungen, die eine gründliche Kenntnis der Himmelsbewegungen zeigen sowie die Bedeutung, die man denselben beimaß.

Das Wort »Megalith« stammt übrigens aus dem Griechischen und bedeutet großer Stein (im Gegensatz zu »Mikrolith«, einem anderen wichtigen Begriff der Archäologie, der zur Beschreibung sehr kleiner Steinwerkzeuge benutzt wird). Die einfachste Form eines Megalithen ist ein einzelner, aufrechtstehender Stein, wie die, die Obelix im Asterix-Comic herumschleppt – in Frankreich und anderswo. Die korrekte Bezeichnung für einen solchen Stein lautet »Menhir«. In Europa sind solche Menhire manchmal in Reihen und Gruppen oder »Steinsetzungen« (*alignments)* aufgestellt, während sie besonders in Britannien Kreise oder Ellipsen bilden. Bei vielen von ihnen vermutet man eine astronomische Ausrichtung, obwohl endgültige Gewißheit nicht immer möglich ist; am Himmel ereignet sich so viel, daß die Wahrscheinlichkeit groß ist, daß ein Kreis von regelmäßig oder unregelmäßig angeordneten Steinen rein zufällig auf etwas Signifikantes ausgerichtet ist. Gleichwohl gelang es einigen Berufsastronomen in den sechziger und siebziger Jahren, eine zu großen Teilen rechenunkundige archäologische Öffentlichkeit mit komplexen Kalkulationen und entsprechendem Fachjargon einzuschüchtern, um zu beweisen, daß die prähistorischen Menschen derart profunde Fähigkeiten hatten, daß sie einen Megalith-Computer konstruieren konnten. Stonehenge etwa diente als gigantisches Instrument für die akkurate Vorhersage von Sonnenfinsternissen!

Nach der Entlarvung solchen Humbugs hatten rationalere Geister freie Bahn. Ihnen schlug anfänglich große Skepsis entgegen, die nur langsam einem widerwilligen Akzeptieren wich. Man verwandte eine Menge Zeit und Mühe auf den Beweis, daß viele der europäischen Steinkreise – wenngleich ungenau, so doch mit Vorbedacht – auf astronomische Phänomene ausgerichtet sind; vermutlich für kalendarische Zwecke, so daß die Bauern wußten, wann sie Getreide säen und ernten mußten (oder sollte man annehmen, daß sie dies auch ohne gigantische Steinkalender schafften?).

Der schottische Ingenieur Alexander Thom, einer der Hauptvertreter dieser These, entwarf auch genaue Pläne der britischen Steinkreise und glaubte, bei ihrer Planung sei ein Standardmaß zum Abmessen verwandt worden – er nannte es den »Megalith-Yard« (ca. 83 cm). Obgleich es schwierig ist, bei solchen Monumenten präzise Messungen vorzunehmen – die Steine sind oft plump und unregelmäßig geformt; wo genau plaziert man da das Meßband? –, wird mittlerweile allgemein akzeptiert, daß vermutlich eine standardisierte Maßeinheit benutzt wurde. Die wahrscheinlichste Erklärung ist freilich die, daß die Erbauer des Monuments einfach das menschliche Schrittmaß benutzten, um ihre Steine zu plazieren, anstatt auf komplizierte mathematische Formeln zurückzugreifen.

Auch die Menschen wurden in den frühen Gesellschaften (wie in der heutigen) auf ihren Platz verwiesen. Das läßt sich aus dem Vorhandensein von Machtsymbolen schließen: Sie reichen von gigantischen Herrscherstandbildern (Mount Rushmore) bis hin zu kostbarer Kleidung oder Körperschmuck (Designerklamotten, diamantene Ohrringe) – alle im wesentlichen ohne Gebrauchswert, aber von der Elite als wertvoll erachtet. Seltene oder kostbare Materialien sind gewöhnlich Geschenke, ebenso wie fein gearbeitete Gegenstände, die zwar schön verarbeitet sind, aber niemals für ihren scheinbaren Zweck hätten benutzt werden können (zerbrechliche Äxte, Bronzeblechschilde, hauchdünne Speerspitzen aus Stein). Grabstätten, die solche Prestigeobjekte enthalten, lassen sich plausibel als die von reichen und/oder mächtigen Leuten interpretieren. Ihre Funktion ist es, die gesellschaftliche Hierarchie zu betonen. Die vorzüglichsten Beispiele sind natürlich jene unglaublich verschwenderischen Herrscher-

grabmäler, die man aus allen wichtigen Zivilisationen kennt –
von Ur und König Tut bis zu Chinas Terrakotta-Armee und Perus
Herrschern von Sipán –, sowie die eindrucksvolle Repräsenta-
tionskunst und -architektur, die man mit der Elite dieser und
anderer Kulturen assoziiert. Keines Aspektes der Vergangenheit
kann man sich hundertprozentig sicher sein, auch nicht der
Gleichsetzung von Reichtum und Status (schließlich werden heutzutage die unglaublich reichen Herrscher Saudi-Arabiens mit
nichts begraben). Im großen und ganzen jedoch kann man davon
ausgehen, daß die Besitzer prunkvoller Gräber auch zu Lebzeiten
reich waren. Es ist wichtig anzumerken, daß Grabbeigaben nicht
notwendigerweise Ausdruck eines wie immer gearteten Jenseits-
glaubens sind: In einigen Kulturen glaubt man, es bringe Unglück, die Besitztümer eines Toten zu benutzen, weshalb sie denn
auch zusammen mit dem Verstorbenen bestattet werden. Das
Vorhandensein von Lebensmitteln in einem Grab ist dagegen ein
ziemlich klarer Hinweis darauf, daß man von seinem ›Bewohner‹
glaubt, er werde nach dem Tode, in der nächsten Welt, noch die
Gelegenheit zu einem Imbiß haben – man ist also auf eine Form
religiösen Glaubens verwiesen. Das Gleiche gilt für die Anwesen-
heit von Dienern beim Toten, die man bewußt abschlachtete,
damit sie ihre Arbeit im Leben nach dem Tode bis in alle Ewigkeit
fortsetzen – alles in allem ein ziemlich schlechtes Geschäft für die
Belegschaft.

Religion diente in diesen Gesellschaften oft zur Aufrechterhaltung des Status quo. Ihre Spuren im archäologischen Material
ausfindig zu machen, fällt allerdings nicht immer leicht, zumal
dann nicht, wenn die Religion in die Alltagshandlungen eingebettet ist. Es gibt jedoch eine Reihe von Anhaltspunkten, nach
denen man suchen kann: beispielsweise ein besonderes, seiner
sakralen Funktion wegen isoliert stehendes Gebäude, ein bestimmtes festes Inventar wie Altäre, ferner rituelle Utensilien wie
Gongs, Glocken, Lampen usw. Bei kultischen Handlungen wird
oft Wasser verwandt, so daß Teiche oder Wasserbecken von
Bedeutung sein können; möglicherweise praktizierte man Tier-
oder Menschenopfer. Kultbilder und Symbole könnten zu sehen

ZUR ZEIT KEINE
AFTERLIFE JOBS
FREI. VERSUCHEN
SIE ES MORGEN
WIEDER!

sein, gemeinsam mit Darstellungen von Leuten, die (in unseren
Augen) in einem Akt der Verehrung begriffen sind. Es könnten
auch Weihgaben von Lebensmitteln oder Gegenständen (oft beschädigt oder versteckt) zu finden sein. Und schließlich verfügen
wichtige religiöse Bauten oder Zentren oft über einen großen
Reichtum an Gegenständen und Dekor.

Für sich allein genommmen, ist keiner dieser Anhaltspunkte
besonders aufschlußreich, findet man aber mehrere in einem
einzigen archäologischen Kontext beisammen, dann bewegt sich
der kognitive Archäologe auf einigermaßen sicherem Boden,
wenn er von dem vorhandenen Material auf einen kultischen
Gebrauch schließt. Das gleiche gilt für ganze Sammlungen wertvoller Gegenstände, die unter besonderen Umständen gefunden
werden, wie etwa die in die Themse geworfenen eisenzeitlichen
Waffen, die großartigen Schätze an Metallgegenständen in skan-
dinavischen Mooren oder die gewaltigen Mengen symbolreicher
Objekte (und Menschen), die von den Maya in den Cenote
(Brunnen) in Chichén Itzá geworfen wurden. Es ist höchst unwahrscheinlich, wenngleich theoretisch möglich, daß all diese
Materialien durch reine Sorglosigkeit im Wasser endeten und
nicht aufgrund ritueller Hinterlegung.

Die kognitive Archäologie vermag also durchaus einige zutreffende Aussagen über Denkweisen zu treffen, die längst von dieser Erde verschwunden sind. Auf anderen Gebieten aber bedarf es eines enormen Enthusiasmus, eines Triumphes des Geistes über die Materie. Im besten Fall bietet sie anregende Hypothesen, die auf historischen oder modernen Informationen beruhen – besonders im Fall der Aufzeichnungen von Konquistadoren, frühen Missionaren und Kolonisatoren –, oder auf sorgfältigen Ableitungen, die von den materiellen Überresten selbst ausgehen. Im schlimmsten Falle aber ist die kognitive Archäologie reines Wunschdenken, inbesondere, was die Interpretation prähistorischer Kunst angeht: Sie produziert Geschichten des Typs ›So könnte es gewesen sein‹, reine Fiktionen – erdacht, um die materiellen Überreste zu erklären –, in denen sich die Autoren als verhinderte Romanschreiber entpuppen.

6 Siedlung und Gesellschaft

Von jeher haben Menschen in einer Vielzahl von Ortstypen gelebt – vom Misthaufen bis zum Palast, und ein wichtiger Aspekt der Archäologie besteht darin herauszufinden, welchen Siedlungstyp Menschen bewohnten. Erst nachdem man diesen grundlegenden Tatbestand klargestellt hat, kann man zu komplexeren Fragen fortschreiten, einschließlich der, in welchem Gesellschaftstyp sie lebten.

Was aber genau ist eine »Fundstätte« in den Augen des Archäologen? Im wesentlichen irgendein Punkt in der Landschaft mit nachweisbaren Spuren menschlicher Tätigkeit bzw. dem, was der Archäologe dafür hält. Wenn man also in einem gepflügten Acker einige Feuersteinwerkzeuge findet oder Steinäxte in der Sahara, wird der Platz automatisch zur (archäologischen) Fundstätte. Natürlich sind nicht alle Fundstätten Siedlungsorte – es kann sich zum Beispiel um Schlachtplätze oder Steinbrüche für Rohstoffe handeln, um Gräber oder Monumente, um Höhlenkunst oder heilige Orte, wo gelegentlich Gottesdienste stattfanden. Wohnsiedlungen, selbst kurzfristige, neigen dazu, eine diagnostisch wertvolle Häufung von Spuren aufzuweisen: nicht bloß Gegenstände, sondern auch Merkmale (d.h. nicht transportierbare Elemente), gebaute Strukturen und ein Spektrum organischer und umweltbedingter Überreste. Besonders mit dem Auffinden einer Feuerstelle ist zu rechnen; schließlich ist das Heim dort, wo der Herd ist.

Wohnstätten reichen von einer geringfügigen Zahl verstreuter Artefakte, die auf ein kurzfristiges Feldlager hindeuten, bis zu enormen »Tells« (Trümmerhügeln) bzw. Erdwällen im Nahen Osten, wo die Überreste aufeinanderfolgender Städte oder Großstädte übereinandergeschichtet sind und sich über einen Zeitraum von Jahrtausenden erstrecken. Will man an das Material die richtigen Fragen stellen und für ihre Beantwortung die geeigneten Mittel finden, muß man die Größe bzw. den Umfang der Gesellschaft einschätzen sowie die Form ihrer internen Organisation. Es macht keinen Sinn, bei einem Lagerplatz früher Jäger und Sammler nach Anzeichen einer komplexen zentralisierten Organisation zu suchen! Der erste Schritt besteht also in der Untersuchung individueller Fundorte und ihrer Beziehung untereinander, d.h. des »Siedlungsmusters«.

Der Einfachheit halber und um die verwirrende Informationsfülle leichter handhaben zu können, teilen Archäologen ihre Daten gerne in verschiedene Kategorien ein. Was die Chronologie angeht (Kap. 2), neigen sie zu Dreiperiodensystemen wie Früh/Mittel/Spät oder Untere/Mittlere/Obere. Bei Gesellschaften neigt man hingegen zu einer vierteiligen Klassifikation, wobei jeder Kategorie eine bestimmte Art von Fundstätte und Siedlungsmuster zugeordnet ist. Wie bei allen archäologischen Begriffen – z.B. »Streitaxt«, »oberes Paläolithikum«, »Neandertal«, »griechische Vase«, »Glockenbecherkultur« oder was immer auch – sind die Bezeichnungen deskriptiv, hypothetisch und völlig künstlich, mit wenig Rückhalt in der Realität, aber sie dienen als bequeme Kurzschrift, so daß andere Archäologen wissen, auf welche Zeitperiode, Gegenstandstypen oder Gesellschaftsform man sich bezieht.

Die vier, ziemlich groben, Kategorien sind: »Horden« (*bands*), »segmentäre Gesellschaften« (manchmal »Stämme« genannt), »Stammesfürstentümer« (*chiefdoms*) und »Staaten«. Wie bei den chronologischen Einteilungen der Archäologie handelt es sich einfach um willkürlich gesetzte Punkte in einem Kontinuum. Oft ist es schwierig, eine Kultur der einen oder der anderen Kategorie zuzuordnen, denn einige Grundzüge tauchen zeitverschoben vor anderen auf. Genausowenig wie irgend jemand während der Eiszeit sagte »Das mittlere Paläolithikum beginnt mich zu langweilen, wäre es nicht Zeit, mit dem oberen zu beginnen?«, ist es vorstellbar, daß ein früher Ackerbauer seinem Nachbarn verkündete: »Ich wollte dich nur warnen. Ab nächsten Vollmond beabsichtige ich, mich zum Führer aufzuschwingen und unsere gemütliche kleine segmentäre Gesellschaft in ein modernes, energisches Stammesfürstentum an der Spitze des Fortschritts zu verwandeln.«

1. Unter »Horden« versteht man kleine Gesellschaften von Jägern, Sammlern und Fischern, die gewöhnlich weniger als hundert Personen umfassen. Sie wandern oft im Rhythmus der Jahreszeiten umher, wobei sie primär oder ausschließlich natürliche Ressourcen ausbeuten. Ihre Aufenthaltsorte pflegen deshalb saisonale Lagerplätze zu sein, mit zusätzlichen kleineren Orten, die besonderen Tätigkeiten vorbehalten sind, beispielsweise Tötungs- und Schlachtplätze oder Arbeitsstätten zur Herstellung von (oft aus Stein hergestellten) Werkzeugen.

Je nach Umgebung, leben sie in Höhleneingängen oder unter Felsvorsprüngen, oder sie errichten mit Hilfe organischer Materialien wie Holz, Knochen oder Häuten befristete Zufluchtsorte. Die Basislager sind gewöhnlich umfangreicher als die temporären oder spezialisierten Plätze. Dieser Siedlungstyp wird in der Alten Welt dem Paläolithikum, in der Neuen Welt der paläoindianischen Zeit zugeordnet.

2. »Stämme« sind größer als Gruppen und umfassen bis zu ein paar Tausend Menschen. Meist handelt es sich um seßhafte Bauern, aber es gibt auch Hirten mit mobiler Wirtschaft. In beiden Fällen aber fußt ihr Leben auf domestizierten Hilfsquellen: Pflanzen und/oder Tieren. Sie bewohnen feste landwirtschaftliche Gehöfte oder Dörfer, die zusammen ein Siedlungsmuster von räumlich ziemlich gleichmäßig verteilten Orten derselben Größe ergeben. Anders gesagt, keine Siedlung scheint zu dominieren. Dieses System findet sich bei den ersten seßhaften Bauern der Alten wie der Neuen Welt.

3. In den »Stammesfürstentümern«, die normalerweise zwischen 5.000 und 20.000 Personen umfassen, machen sich die ersten Anzeichen einer sozialen Differenzierung bemerkbar –

wenngleich uns bereits aus der letzten Eiszeit einige reiche Gräber bekannt sind. Stammesfürstentümer beruhen auf einem System von Rangstufen, wobei das soziale Ansehen davon abhängt, wie eng die verwandtschaftliche Bindung zum Häuptling ist. Hier besteht also noch keine echte Klassenstruktur. Der Stammesfürst ist derjenige, auf dem das gesamte System basiert. Er beschäftigt handwerkliche Fachkräfte und verteilt unter seine Gefolgsleute und Untertanen die Gaben – Handwerksgegenstände und Nahrungsmittel, die ihm (es handelt sich zumeist um einen Mann) periodisch dargebracht werden. Die Stammesfürsten und ihre Verwandten bzw. Freunde wurden natürlich meist mit sehr kostbaren Grabbeigaben bestattet.

Stammesfürstentümer verfügen im allgemeinen über ein Machtzentrum mit Tempeln, fürstlichen Residenzen und handwerklichen Fachkräften. Für die Bevölkerung stellt dieses permanente, dem Kult geweihte »zeremonielle Zentrum« einen Mittelpunkt dar. Es handelt sich jedoch noch nicht um eine Stadt mit Verwaltungsapparat. Der ist erst für das vierte und letzte Stadium kennzeichnend.

4. Frühe »Staatswesen« sind schwer von Stammesfürstentümern zu unterscheiden, doch besitzt der Herrscher (ein König oder eine Königin, manchmal vergöttlicht) die Autorität, Gesetze zu erlassen und ihnen mit Hilfe einer Armee Geltung zu verschaffen. Die Gesellschaft ist jetzt in verschiedene Klassen unterteilt, mit den Landarbeitern und armen Stadtbewohnern am unteren Ende, den handwerklichen Fachkräften in der Mitte sowie den Priestern und Verwandten des Herrschers an der Spitze. Natürlich werden Steuern bezahlt, so daß es unvermeidlich einer Bürokratie in der Hauptstadt bedarf, um derartige Dinge zu regeln: die komplizierte Umverteilung von Tributen und Steuern an Regierung, Armee und handwerkliche Fachkräfte bildet eines der entscheidenden Merkmale.

Archäologisch kann man ein urbanes Siedlungsmuster ausmachen, in dem die Städte eine herausragende Rolle spielen. Typisch ist ein ausgedehntes Bevölkerungszentrum mit mehr als 5.000 Einwohnern, das große öffentliche Gebäude und Tempel aufweist. Häufig läßt sich eine Siedlungshierarchie feststellen, in der die Hauptstadt einem Netz von untergeordneten Zentren und kleinen Dörfern als Mittelpunkt dient.

Normalerweise beziehen Archäologen ihre Informationen über Siedlungsmuster aus dem gründlichen Studium dessen, was bereits im Laufe der Jahre in einem Gebiet gefunden wurde. In einer *terra incognita* aber oder in einer Region, wo es eines wirklich gründlichen Befundes bedarf, besteht die Lösung in genauer Betrachtung: Ein Territorium (oder ein repräsentativer Ausschnitt desselben, falls seine Ausmaße zu groß oder Zeit und Finanzen knapp sind) wird von einem Team (meistens erfahrene Studenten oder ehrenamtliche Mitarbeiter) systematisch abgeschritten, um alle archäologischen Spuren zu protokollieren, die an der Oberfläche sichtbar sind. Materialhäufungen und deren Eigenart vermitteln Hinweise auf den Typ der Fundstätten, ihre Größe, zeitliche Verankerung und Zahl – und gelegentlich auch auf die Siedlungshierarchie. Danach versieht man sie mit provisorischen Bezeichnungen wie etwa regionales Zentrum, lokales Zentrum, Dorf, Weiler, Gehöft, Basislager oder Ort für besondere Tätigkeiten.

Einige Archäologen haben dieses Verfahren auf ganze Landstriche ausgedehnt. Ihnen erscheint es nicht ausreichend, eine einzelne Fundstätte oder auch nur eine Reihe davon ausfindig zu machen, vor allem, wenn es sich um mobile Gruppen handelt. Zudem betreiben sie eine Art Archäologie, die im Gebiet zwischen nachweisbaren Fundstätten nach spärlich verstreuten Artefakten sucht – vielleicht nur ein oder zwei Gegenstände auf zehn Quadratmetern. Sie tun dies, um den ziemlich offensichtlichen Tatbestand zu unterstreichen, daß Jäger und Sammler in ganzen Landschaften umherziehen und diese ausbeuten, und daß durchaus damit zu rechnen ist, daß sie überall Artefakte benutzen und auch verlieren.

Viel leichter gestaltet sich natürlich die Aufgabe, Siedlungen und Gesellschaften derjenigen Epochen und Kulturen einzuschätzen, für die wir über schriftliche Dokumente oder sogar Landkarten verfügen. So besitzen wir zum Beispiel Tausende von frühen Schrifttafeln oder Dokumenten aus dem Nahen Osten, Ägypten, China, der Ägäis und der Welt des klassischen Altertums, die die Beziehungen zwischen verschiedenen Siedlungsorten und Regionen wie auch Einzelheiten der Wirtschaft (staatliche Behörden, wirtschaftliche Transaktionen) und der Gesetze, königlichen Erlasse und öffentlichen Verlautbarungen behandeln. Aus den Tempeln der sumerischen Gesellschaft Mesopotamiens besitzen wir beispielsweise Hunderte von Tafeln, in denen Felder, die dort geernteten Früchte, Handwerksleute sowie der Handel mit Gütern wie Getreide und Vieh aufgelistet sind. Bürokraten waren eben immer schon wild darauf, Buch zu führen.

Am anderen Ende der Skala, an den von mobilen Gruppen hinterlassenen Fundstätten, ist das einzig erhältliche Material archäologischer Natur. In Wohnstätten, die durch die Wände einer Höhle oder eines Felsunterstandes begrenzt werden, können die Wohnablagerungen sehr tief reichen, über Jahrhunderte oder sogar viele Jahrtausende angehäuft, so daß sich die Ausgrabung in erster Linie auf den vertikalen Aspekt konzentrieren muß: auf die übereinandergelagerten Schichten also und darauf, wie deren jeweilige Zusammensetzung im Laufe der Zeit wechselt. Fundstätten unter freiem Himmel, wie Sammler und Jäger sie hinterließen, sind gewöhnlich weit weniger ergiebig. Sie weisen eine geringe stratigraphische Tiefe auf, so daß sich die Aufmerksamkeit auf den horizontalen Aspekt konzentriert, auf die Verteilung von Feuerstellen und die Häufung von Artefakten.

In jenen seltenen Fällen, in denen sich eine einzige, kurze Phase der Bewohnung einer Fundstätte feststellen läßt, kann man sogar einige Aufschlüsse darüber gewinnen, was genau die Menschen taten und wo, und zwar anhand der Lage von Artefakten, Bruchstücken aus der Werkzeugherstellung, Tierknochen usw. Bei den meisten Fundstätten lassen sich jedoch keine einzelnen, begrenzten Phasen der Bewohnung ausmachen; stattdessen stellen die Ausgräber das Material sicher, das sich im Zuge wiederholt erfolgter Tätigkeiten angehäuft hat, Tätigkeiten, die sich über einen kurzen oder langen Zeitraum erstreckt haben können; hinzu kommen mögliche Beisteuerungen von Raubtieren. Das hat freilich die Archäologen nie daran gehindert, sich jenem Wunschdenken hinzugeben, für das sie bekannt sind, und das Material so zu behandeln, als entstamme es einem einzigen historischen Augenblick, wie bei Pompeji oder einem Schiffswrack. Das gleiche gilt für Fundstätten aus späteren Perioden. Archäologen lieben es, Geschichten aus dem Hut zu zaubern, die das Vorhandensein und die Anlage ihrer Funde auf sehr einfache Weise erklären. Dabei wissen sie genau, daß die Prozesse, die diese (unglaublich uneinheitlichen und unvollständigen) Dokumente hervorbrachten, enorm komplex sind und in der Regel sehr langsam verlaufen.

Bei segmentären Gesellschaften bilden Vermessung und Ausgrabung die wesentlichen Verfahrensweisen, um Fundstätten ausfindig zu machen und ihre Grundrisse und Ausmaße zu bestimmen. In einem Dorf werden gewöhnlich einige Strukturen vollständig ausgegraben, während von anderen Proben genommen werden, um eine Vorstellung von der Variationsbreite zu gewinnen. Sind alle Behausungen gleich oder gibt es Gebäude mit besonderen Funktionen? Innerhalb der Häuser lassen sich unter Umständen Räume fürs Kochen, Schlafen, Essen usw. ausmachen, vielleicht auch Bereiche, die ausschließlich von Männern bzw. Frauen benutzt wurden.

Die Analyse von Grabbeigaben oder der Kunstfertigkeit der Grabbauten verraten viel über die beginnende Differenzierung des sozialen Status innerhalb segmentärer Gesellschaften. Dabei ist es nicht immer leicht, den erworbenen sozialen Status klar vom ererbten zu unterscheiden. Wenn jedoch Kinder prunkvoll bestattet sind, darf vernünftigerweise angenommen werden, daß sie ihren Status erbten und nicht erwarben.

Eine weitere wichtige Informationsquelle über diese Gesellschaften bilden ihre öffentlichen Monumente, wie zum Beispiel die *causewayed enclosures* und Hügelgräber des neolithischen Britannien. Die meisten Siedlungen aus dieser Zeit der ersten Landwirte sind uns aufgrund späteren Pflügens und nachfolgender Erosion verlorengegangen. Im großen und ganzen wurden lediglich ein paar Abfallgruben und Löcher von Holzpfosten entdeckt. Gleichwohl lassen sich aus der Analyse der Häufigkeit und Verteilung der Monumente Einblicke in gewisse Aspekte ihrer Gesellschaft gewinnen. So teilen beispielsweise die Linien, die zwischen den gemeinschaftlichen Grabhügeln (Langhügelgräber) gezogen wurden, die Landschaft in etwa gleich große Territorien, was den Gedanken nahelegt, daß jedes Monument einen Brennpunkt sozialer Aktivitäten und die Hauptgrabstätte für die bäuerliche Gemeinschaft darstellte, die das umgebende Territorium bewohnte. Man hat errechnet, daß eine Gruppe von 20 Personen ca. 50 Tage brauchte, um eines dieser Langhügelgräber, die anscheinend egalitären Gesellschaften dienten, zu errichten. Andererseits scheinen die Grabbezirke (große kreisförmige Anlagen mit konzentrisch verlaufenden Gräben) Brennpunkte und periodische Treffplätze für eine größere Gruppe von Leuten gewesen zu sein, die vermutlich aus mehreren dieser kleinen Territorien hierher kamen. Einige enthalten Streitäxte, die aus weit entfernten Orten stammten. Für jedes Camp brauchte es ca. 100.000 Arbeitsstunden bzw. 250 Personen, die 40 Tage lang arbeiteten. – Für sein Entertainment sorgte man damals selbst. Die langen Winterabende müssen wie im Flug vergangen sein...

Später wurden diese Camps von »Henge-Monumenten« abgelöst, einer neuen Art von rituellen Bezirken (kreisförmig angelegte Monumente, umgeben von einem Graben mit Außenwall). Ein solches Monument erforderte einen Aufwand von ca. einer Million Arbeitsstunden. Das deutet auf die Mobilisierung einer großen Anzahl von Menschen hin, vielleicht 300, die durchgehend, ein Jahr oder mehr, arbeiteten und aus einem größeren Einzugsbereich stammten. Der enorme Aufwand, ja das bloße Vorhandensein solch großer ritueller Zentren scheint einen Übergang zu markieren: von den einfachen, egalitären Gesellschaften der ersten Ackerbauern zu den mehr hierarchisch gegliederten Stammesfürstentümern, die folgten.

Ein noch deutlicherer Hinweis für das Aufkommen von Stammesfürstentümern ist die schließliche Bebauung der Landschaften um die Henge-Monumente (incl. Stonehenge, die Mutter aller Henge-Monumente, dessen Errichtung 30 Millionen Stunden erforderte) durch kreisförmige Grabhügel (Hügelgräber) mit kostbaren Grabbeigaben, die den Reichtum der dort beigesetzten prominenten Personen widerspiegeln.

Einen anderen Zugang zum Studium des Wandels von segmentären Gesellschaften hin zu komplexeren Systemen vermittelt die handwerkliche Spezialisierung. Natürlich existiert diese auch in Gesellschaften von nomadisierenden Gruppen (Horden) und läßt sich schon in der Eiszeit beobachten. Schließlich konnte nicht jeder die schönsten Stein- und Knochenwerkzeuge oder die schönsten Schnitzereien und Felsmalereien anfertigen. In segmentären Gesellschaften wurde die handwerkliche Produktion primär auf der Haushaltsebene organisiert, und in dörflichen Fundstätten mag man auf Brennöfen für Steingut oder Schlacke aus der Metallbearbeitung stoßen. Es sind jedoch die zentralisierteren Gesellschaften der Stammesfürstentümer und frühen Staaten, in denen man ganze Quartiere von Klein- und Großstädten findet, die fast ausschließlich dem spezialisierten Handwerk gewidmet sind: Steinbearbeitung, Töpfern, Lederverarbeitung, Textilien, Brauen, Metall- und Glasbearbeitung u. ä.

Wo geschriebene Texte fehlen (wie in den meisten Stammesfürstentümern) oder inadäquat sind (wie in den meisten Staaten), kann die Hierarchie der Fundorte nur anhand archäologischer Mittel bestimmt werden. Auf eine Hauptstadt bzw. einen Hauptort kann dort geschlossen werden, wo die entsprechende Größe sowie Anzeichen für eine zentrale Organisation (wie etwa Archive, eine Münzanstalt, ein Palast, wichtige religiöse Gebäude oder Befestigungsanlagen) vorhanden sind. Die genaue Funktion von großen, (vermutlich) öffentlichen Gebäuden zu ermitteln, kann selbstverständlich schwierig sein. Es ist gut möglich, daß sie mehreren Aufgaben zugleich dienten. Tempel beispielsweise können sowohl eine soziale als auch eine religiöse Funktion besitzen. Andere Aspekte einer Stadt sind jedoch leichter zu ermitteln, beispielsweise Kunsthandwerkern vorbehaltene Bezirke oder die Unterschiede zwischen den Wohnungen der Reichen und den Slums. Es ist ein interessantes Gedankenexperiment, sich die Stadt, in der man heute wohnt, als verlassene Ruinenlandschaft vorzustellen, in der außerirdische Archäologen herumlaufen und zu erraten versuchen, was sie vor sich haben. Auch sie wären imstande, ein paar wichtige, einigermaßen korrekte Schlußfolgerungen zu ziehen, obwohl solch bizarre Dinge wie Fotokabinen, Multiplexkinos und Waschsalons, die allesamt verdächtig nach rituellen Zentren aussehen, sie vielleicht aus der Fassung brächten.

Eines der Grundmerkmale zentralisierter Gesellschaften ist die Kluft zwischen Arm und Reich. Das gilt nicht nur in bezug auf den allgemeinen Wohlstand, sondern auch hinsichtlich des Zuganges zu Ressourcen, öffentlichen Einrichtungen und Status, d. h. in bezug auf den sozialen Rang. Wie bereits oben erwähnt, lassen sich leicht Unterschiede der Unterbringung und des materiellen Reichtums feststellen. Hinzu kommt, daß Leute von hohem Status gewöhnlich in Reliefs und beeindruckenden Skulpturen dargestellt werden, und natürlich sind prunkvolle Bestattungen, wie bereits erwähnt, das Statussymbol überhaupt. Alles in

allem wird man die Reichen wohl kaum in den Gräbern der Armen antreffen. Die auffällige Zurschaustellung obszönen Reichtums ist keine Erfindung von Wirtschafts- bzw. Lifestyle-Magazinen wie *Forbes* und *Tatler*, sondern reicht bis in die Zeit der Pyramiden und noch früher zurück. Behalten Sie stets im Auge, daß Tutenchamun ein junger und unbedeutender Pharao war; wie müssen da erst die Schätze ausgesehen haben, mit denen man die großen bestattete? Es wird einem schwindlig bei dem Gedanken ...

7 Wie und warum haben sich die Dinge verändert?

Die Fragen nach dem ›Warum‹ sind vielleicht die kompliziertesten, die sich dem Archäologen stellen. Was bewirkte die Veränderungen, die man in den antiken Gesellschaften anhand archäologischer Zeugnisse verfolgen kann? Die Mannigfaltigkeit und große Spannweite der heutigen Archäologie, die Aufsplitterung der Betrachtungsweisen der menschlichen Vergangenheit reflektieren sich in der Vielfalt der gegenwärtigen archäologischen Theorien; eine Vielfalt, die als Stärke aufzufassen ist und wahrscheinlich zu neuen Einsichten führen wird. Alle Wege müssen erforscht werden, selbst wenn einige sich als Sackgassen erweisen. Diese Vielfalt ist zum Teil den verschiedenen Anschauungen und vorgefaßten Meinungen der Akteure geschuldet. Die Versuche der Archäologie, die Vergangenheit zu erklären, insbesondere die damals eingetretenen Veränderungen, haben sich stets stark unterschieden, je nach Vorliebe, politischer Einstellung und sozialer Herkunft des Archäologen; die Betonung lag dabei in der Regel auf einem einzelnen Faktor wie etwa Umwelt, Klimawechsel, Technologie, Bevölkerungsdruck, Invasionen, Katastrophen usw.

Keine dieser »monokausalen« Erklärungen erwies sich als dem Gegenstand angemessen, und doch enthält jede wahrscheinlich ein Körnchen Wahrheit. Jedenfalls versuchen verschiedene Archäologen verschiedene Dinge zu erklären, je nach der Periode, dem Zeitraum, der Art des Fundortes oder dem jeweiligen Problem, für das sie sich interessieren. Jemand, der sich mit der Veränderung in der Verteilung von eiszeitlichen Fundstätten beschäftigt, wird höchstwahrscheinlich einen anderen Zugang wählen als einer, der ein paar Jahrhunderte alte Tonpfeifen untersucht. Offensichtlich gibt es eine ganze Palette von Fragestellungen, unter denen man wählen kann: Untersucht man beispielsweise einzelne Ereignisse in der Vergangenheit, kurzfristige Episoden, oder versucht man, ein Langzeitgemälde zu entwerfen – die besondere Spezialität der Archäologie? Solche Fragestellungen könnten lauten: »Wie kam es zur Zerstörung dieser Stadt?«, »Was verursachte dieses Muster des archäologischen Materials?« oder »Wie begann auf der Erde die Lebensmittelproduktion?« Man muß seine Fragestellungen sorgfältig auswählen, um sicherzugehen, daß sie bei den fraglichen Phänomenen von Nutzen sind. Glücklicherweise stehen viele zur Auswahl.

Lange Zeit begnügten sich die meisten Archäologen damit, die einfacheren Probleme des ›Was‹, ›Wann‹, ›Wo‹ und ›Wie‹ zu beantworten. Die schwierigeren Fragen hingegen wurden ignoriert oder mit Hilfe vereinfachender Erklärungen beiseitegeschoben; statt dessen konzentrierte man sich auf das, was man für praktische Archäologie hielt. Wie Fellini einmal gesagt hat: »Ich verstehe es nicht, Fragen zu stellen, und selbst wenn mir eine intelligente Frage gelingt, interessiere ich mich nicht wirklich für die Antwort.« Trotzdem trat er mit einigen ziemlich guten Filmen hervor (und natürlich auch mit ein paar schlechten). Wie dem auch sei, in den letzten Jahrzehnten hat sich die »theoretische Archäologie« Geltung verschafft, besonders in Nordamerika, Großbritannien und Skandinavien. Dabei wurde alles in sehr abstrakten Begriffen diskutiert. Alles bedurfte gründlicher Erläuterung: Sämtliche zugrundeliegenden Annahmen wurden offengelegt, zusammen mit dem Gedankengang, der hinter jedem Schritt des Interpretationsprozesses stand.

Andere Gebiete, wie etwa die klassische oder historische Archäologie, sind noch immer weit mehr auf Feldforschung ausgerichtet, auf die Analyse von Texten und den Umgang mit echtem Beweismaterial. In Deutschland beispielsweise, wo man der Theorie sehr wenig Aufmerksamkeit schenkt, neigen einige Archäologen zu der Ansicht, bei den Theoretikern handele es sich um Eunuchen, die an einer Orgie teilnehmen (da es auch höchst ungewiß sei, ob sie Nachfolger haben werden).

Dennoch ist die Archäologie stets stark von der Theorie beeinflußt worden, sei es nun implizit (oder sogar unbewußt) oder explizit. Die Idee der Evolution zum Beispiel, die sehr präzise von Charles Darwin in seiner *Entstehung der Arten* (1859) entwickelt worden war, gab eine plausible Erklärung für den Ursprung und die Entwicklung der menschlichen Gattung, was wiederum die zeitgenössischen Archäologen direkt beeinflußte und ihnen dabei half, die Grundlagen zum Studium der Typologie von Artefakten zu legen. Auch für den gesellschaftlichen Bereich entwickelte man in den siebziger Jahren des 19. Jahrhunderts Modelle menschlichen Fortschritts. Sowohl Edward Tylor (in Großbritannien), als auch Lewis Morgan (in den USA) vertraten die These, menschliche Gesellschaften entwickelten sich von einem Stadium der *Wildheit* (primitives Jagen) über *Barbarei* (einfacher Ackerbau) hin zur *Zivilisation* (als höchster Form der Gesellschaft). Manchmal wird als viertes Stadium noch das der Dekadenz genannt.

Besonders das Werk von Morgan fußte größtenteils auf seiner Kenntnis der zeitgenössischen amerikanischen Indianer und der Vorstellung, die Menschen hätten einst in einer Art Urkommunismus gelebt und ihre Ressourcen gerecht geteilt. Dies wiederum hatte großen Einfluß auf die Schriften von Karl Marx und Friedrich Engels über vorkapitalistische Gesellschaften, die dann im 20. Jahrhundert den bedeutenden, aus Australien stammenden Prähistoriker Gordon Childe anregten. Beeinflußt von marxistischen Ideen und der (relativ kurz zurückliegenden) Russischen Revolution, entwickelte Childe die Theorie, in der Vorgeschichte habe eine »neolithische Revolution« stattgefunden. Diese habe das Aufkommen des Ackerbaus bewirkt, später dann eine »urbane Revolution«, die zur Entwicklung der ersten Städte und Großstädte führte. Obgleich er auch ein hochbegabter Interpret von Daten war und völlig vertraut mit der eher traditionellen Beschäftigung des Erstellens von Chronologien und Typologien, war Childe einer der ersten Archäologen, die sich wirklich darum bemühten, diese heiklen Themen anzugehen: warum und wie die Dinge in der Vergangenheit abliefen und warum es zu Veränderungen kam. Vielleicht erklärt sich dieses scheinbare Paradox aus seiner Exzentrizität und seinem völlig unkonventionellen Zugang zum Leben. Nur tote Fische schwimmen mit dem Strom.

In Amerika war der Anthropologe Julian Steward einer der einflußreichsten Denker dieses Jahrhunderts. Zu den Erklärungen kulturellen Wandels steuerte er seine Erkenntnisse über das Funktionieren von lebenden Kulturen bei. Steward konzentrierte sich nicht nur auf die Interaktion von Kulturen, sondern auch darauf, wie die Umwelt kulturellen Wandel bewirken konnte. Er nannte das *cultural ecology*. Seit den dreißiger Jahren entwickelte der britische Prähistoriker Grahame Clark ebenfalls eine ökologische Herangehensweise, die von der traditionellen, objektbezogenen Archäologie seiner Zeit abwich. Seine Betonung der Frage, wie menschliche Populationen sich ihrer Umwelt anpaßten, führte ihn zur Zusammenarbeit mit allen möglichen Spezialisten, die pflanzliche oder tierische Überreste identifizieren und vergangene Umwelten und Formen des Lebensunterhaltes sehr genau rekonstruieren konnten. Diese Pionierarbeit schuf die Grundlage für einen neuen Zweig der modernen Archäologie.

In den sechziger Jahren war diese Art »wissenschaftlicher« Archäologie bereits wohletabliert. Mit der Zunahme absoluter Datierungsverfahren (Kap. 2) ließen sich Datierungen oft sehr rasch erstellen und bildeten kein Hauptziel der Forschung mehr. Nun war es möglich auszugreifen, d.h. den wirklich herausfordernden Fragen weit mehr Aufmerksamkeit zu schenken als den bloß chronologischen und kulturellen. Genau an diesem Punkt brach sich die Unzufriedenheit Bahn. In einer Bewegung, die an die Rebellion gutsituierter Teenager erinnert, die gegen ihre selbstgefälligen Eltern rebellieren, begannen einige ›zornige junge Männer‹, besonders im amerikanischen Mittelwesten, gegen die Art zu polemisieren, in der archäologische Forschung betrieben wurde; vor allem, und das mit einiger Berechtigung, gegen die vereinfachenden Deutungen, die man benutzte, um Strukturmuster in den Daten zu erklären – wie etwa Wande-

rungsbewegungen, Invasionen, kulturelle Ausbreitung oder vage
›Einflüsse‹. Fast schien es schon so, als seien Steinwerkzeuge oder
Typen von Töpferwaren gleichbedeutend mit Völkern, die her-
umzogen und sich untereinander vermehrten, um neue Typen
und Muster zu schaffen. Natürlich fanden in der Vergangenheit
Wanderungen und Invasionen statt (beispielsweise die Erstbesied-
lung der pazifischen Inselwelt), aber sie waren wahrscheinlich
nicht so häufig und so einfach am archäologischen Material
ablesbar, wie bislang angenommen.

Die nachdrücklichste Zurückweisung erfolgte von seiten der
unter dem Namen »New Archeology« (bitte die amerikanische,
von der englischen abweichende, Schreibweise beachten!) bekannt gewordenen Schule bzw. der »Prozessualen Archäologie«,
so benannt wegen ihrer Betonung prozessualer Interpretationen
bzw. der Untersuchung unterschiedlicher Prozesse innerhalb einer
Gesellschaft. Einmal abgesehen von den beteiligten Personen, die
heute ironischerweise selbst dickbäuchige Graubärte sind und
von der jüngeren Generation als altmodisch und langweilig emp-
funden werden: Worin bestanden die positiven Aspekte dieser
Episode in der Entwicklung der Archäologie? Erstens ermutigte
sie die Forscher, optimistischer (oder sogar idealistischer) zu sein,
und zwar in bezug auf Art und Umfang der Informationen, die
sich aus den materiellen Zeugnisse der Vergangenheit gewinnen
ließen. Sie bewirkte, daß sämtliche Stufen archäologischer Beweisführung ausdrücklicher behandelt wurden, so daß man eine
These nicht länger allein schon deswegen akzeptierte, weil X, als
anerkannte Autorität und verehrter Guru des Faches, sie aufgestellt hatte. Jedes Argument hatte logisch fundiert zu sein, mußte
auf vernünftigen und überprüfbaren Annahmen beruhen. Vor
allem aber lag das Schwergewicht nun auf der Erklärung, nicht
der Beschreibung. Man analysierte Kulturen als Systeme und
Subsysteme, statt die simplen Hypothesen der früheren Archäologie (Einflüsse, Wanderungsbewegungen usw.) zu bemühen. Den
Beziehungen zur Umwelt, einschließlich Lebensunterhalt und
Wirtschaft, sowie der Interaktion verschiedener sozialer Gemeinschaften widmete man große Aufmerksamkeit: Wie funktionier-

ten verschiedene Aspekte der Gesellschaft, wie paßten sie zusammen, um zeitliche Entwicklungen zu erklären und davon ausgehend »Gesetzmäßigkeiten« aufzustellen, die sich auf das archäologische Material insgesamt anwenden ließen.

Selbstverständlich war hier vieles nur die natürliche Weiterführung dessen, was Steward, Clark und andere Pioniere bereits in Bewegung gesetzt hatten. Hinzu kamen die Beiträge, die die empirischen Wissenschaften und die Computertechnologie auf allen Gebieten erbrachten; ferner die (nicht immer erfolgreichen oder glücklich gewählten) Ideenimporte aus Geographie, Wissenschaftstheorie, Ökologie usw. In ihrem verzweifelten Bemühen um Neuheit zogen die Neuen Archäologen unterschiedlichste Konzepte jedweder Provenienz heran, so daß sich geradezu unvermeidlicherweise auch ein paar Goldstücke unter all dem wertlosen und banalen Plunder befanden. Die Archäologie verwandelte sich gleichsam in einen gigantischen Schwamm, der einzelne Bruchstücke von Ideen und Techniken aus einem ganzen Ozean von Disziplinen aufsaugte und integrierte.

Leider erinnerten die polemischen Gefechte der ›Neuen Archäologie‹ gegen die »Traditionalisten« fatal an das Schwarzweißdenken in der Parteipolitik: sich um die Fahne scharen und jede Äußerung und Handlung des Gegners zu kritisieren. Theorie, gewählt wie man eine Partei oder eine Religion wählt, wurde zum persönlichen Identitätsausweis. Theorie bedeutete Gruppenzugehörigkeit. Theorien begannen Groupies zu haben wie Popstars. Die Neue Archäologie bildete eine *in-group*, so daß jeder andere automatisch zur *out-group* abgeschoben wurde – deshalb auch die lautstarke Verdammung der Prinzipien und Praxis der Traditionalisten, die man primär wegen ihres angeblichen Theoriedefizits und ihrer unwissenschaftlichen Vorgehensweise verächtlich machte. Das Aussparen theoretischer Fragen ist freilich nicht gleichbedeutend mit Theorielosigkeit, worauf Stephen Jay Gould hingewiesen hat. Die jungen Vertreter der Neuen Archäologen übersahen, daß es in der Archäologie verschiedene Wege gibt, die allesamt legitim und bis zu einem gewissen Grade fruchtbar sind.

Ihre Aggressivität und Boshaftigkeit – nicht nur gegenüber Gegnern, sondern auch (und gerade) untereinander – war abstoßend: Findest du eine Schwäche, dann brüll! Die beiden Charakteristika der Neuen Archäologen, die am meisten Unmut auslösten, waren ihre rechthaberische und gönnerhafte Arroganz und die Unverständlichkeit ihrer Terminologie. Beides war bedauerlich, denn es verdeckte eine tiefe, verzweifelte Ernsthaftigkeit und verringerte den Einfluß der positiven Aspekte ihres Ansatzes erheblich. Der Jargon durchsäuerte alles und funktionierte als Denkersatz: Hinter ausschweifender Rhetorik verbirgt sich gewöhnlich ein grundsätzlicher Mangel an echter Information. Sie drückten nicht nur ihre Ideen erbärmlich aus, sie hatten – in den Augen vieler – einfach nichts zu sagen, aber sie sagten es sehr laut und immer wieder.

Als es hart auf hart ging, wirkten ihre maßlose Prahlerei und ihr inquisitorisches Gehabe nur noch lächerlich – es ist stets amüsant, wenn ein Angeber auf die Nase fällt. Natürlich hatte das ganze auch sein gutes, aber wenn man alles auf eine Ideologie setzt und die anschließend scheitert (was sie alle tun), kommt man nicht ohne Blessuren davon. Mit der Zeit legte sich der Zorn, da die Protagonisten begriffen, daß die archäologischen Daten keine wundersamen Universalgesetze menschlichen Verhaltens preisgeben, äußerst triviale und ohnehin evidente ausgenommen (das bekannteste Beispiel: »Wenn die Bevölkerung zunimmt, steigt auch die Zahl der Vorratsgruben«), und daß die Neue Archäologie es versäumt hatte, ihre zahlreichen Versprechungen einer strahlenden »wissenschaftlichen« Zukunft in Sachen Rekonstruktion der Vergangenheit einzulösen. Wie nicht anders zu erwarten, wurden aus aufgeregten, rebellischen Jugendlichen pragmatische Realisten mittleren Alters. Für die große Mehrheit der Archäologen – vor allem außerhalb Großbritanniens und Nordamerikas – hieß es *business as usual*. Die Hunde bellen, und die Karawane zieht weiter.

Wie auch immer, das Unvermeidliche geschah: Die *New Archeology* wurde bald von noch neueren Ansätzen abgelöst und ihrerseits verunglimpft, und zwar von jüngeren Rebellen, die unbedingt etwas Neues sagen und sich einen Namen machen wollten. Man tat die prozessuale Archäologie als »szientistisch« und »formalistisch« ab; sie verlasse sich auf ökologische Erklärungen und befasse sich allzu sehr mit den utilitaristischen Aspekten des Lebens. – Jetzt verfügen wir über eine ganze Fülle von methodischen Ansätzen, und im Fach wimmelt es nur so von polemischen Diskussionen zwischen Positivisten, Marxisten, Strukturalisten, Poststrukturalisten und so weiter *ad nauseam*.

Vor allem in Gestalt der »postprozessualen« bzw. interpretativen Archäologie ist ein Ansatz entstanden, der Einflüsse aus der Literaturwissenschaft und verschiedenen Bereichen der Geschichtswissenschaft sowie der Philosophie verarbeitet. Verallgemeinerungen, wie sie die *New Archeology* anzustreben schien, werden hier zurückgewiesen und statt dessen die Einmaligkeit

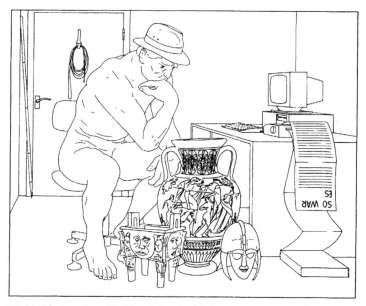

Wirklichkeitsverlust (I): Wie einige Archäologen gerne von anderen gesehen würden (und wie sie sich selbst gerne sähen) ...

und Vielfältigkeit jeder einzelnen Gesellschaft und Kultur betont. Zudem behauptet man, Objektivität – ein anderes Ziel der *New Archeology* – sei unerreichbar. Zu Recht wird betont, es gebe nicht die eine korrekte Methode, um die Vergangenheit zu interpretieren und Forschung zu betreiben. Folglich ist jeder Beobachter zu seiner eigenen Ansicht der Vergangenheit berechtigt, was unvermeidlich zu einer Situation des *Anything goes* führt, wo die Ansichten des Schlechtinformierten, des Scharlatans oder des Science fiction-Schreibers als ebenso gültig erscheinen wie die des gutinformierten Experten. Ferner gibt es eine neue Konzentration auf die symbolischen und kognitiven Aspekte der Vergangenheit (vgl. Kap. 5), die Ideen und Glaubensvorstellungen vergangener Gesellschaften, die Handlungen und Gedanken längst verstorbener Individuen, verbunden mit entschlossenen Versuchen, ihre Denkprozesse nachzuvollziehen – was nicht gerade eine einfache Aufgabe ist.

Bei der Beurteilung der theoretischen Archäologie sollte man immer die wichtige Tatsache beachten, daß wohl niemand jemals über jeden Aspekt der Vergangenheit vollständig Bescheid weiß –

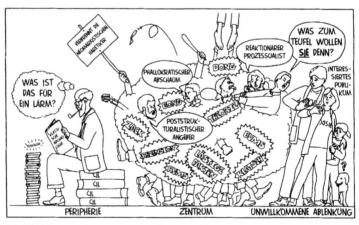

Wirklichkeitsverlust (II): ... und eine Sicht der Archäologen, wie sie wirklich sind.

wie sollten wir auch jemals Gewißheit darüber haben, ob wir recht oder unrecht hatten? Wissen ist lediglich eine stets wieder zu überprüfende Vermutung und die Begriffe ›Beweis‹, ›Wahrheit‹ und ›Objektivität‹ haben in der Welt der Vermutungen keinen Platz. Wir arbeiten nur, um unser Vertrauen in solche Vermutungen zu stärken. Die Archäologie hat es mit verschiedenen Graden von Wahrscheinlichkeit zu tun. Dabei ist es ziemlich offensichtlich, daß eine auf verläßlichen Daten beruhende vernünftige Hypothese der Wahrheit vermutlich näherkommt als etwas Abstruses, das aus blauem Dunst hervorgezaubert wird, ohne Rückhalt in den Tatsachen.

Ebenso wichtig ist es, daran zu denken, daß die theoretische Archäologie nicht zu ernst genommen werden sollte – man kann, ja muß diejenigen, die von ihr besessen sind, eher belächeln. Am schlimmsten ist, daß so viele von ihnen mürrisch und zänkisch werden und vergessen zu haben scheinen, was für ein großartiges, extravagantes und prestigeträchtiges Vergnügen es ist, Archäologie zu betreiben.

Ironischerweise wenden sich jetzt, nach Jahren trockener und abstrakter Dispute, immer mehr Theoretiker der Feldforschung zu. Die Erklärungen, die man zu den Umbrüchen der Vergangenheit vorlegt, werden weit komplexer und beinhalten zahllose Faktoren (man nennt das multivariante Erklärungen). Im Ergebnis sind sie vermutlich weit realistischer. Gleichwohl wird es uns niemals gelingen, die ›wirkliche Vergangenheit‹ wiedererstehen zu lassen, denn die war unendlich vielfältig und komplex. Wir können bestenfalls hoffen, einige der wichtigsten Faktoren und Einflüsse aufzuhellen – genau wie die Historiker.

Zyniker haben behauptet, ein Großteil der theoretischen Archäologie bestehe aus der Technik, wenig überraschende Antworten auf banale Fragen zu geben, die zu stellen niemand zuvor die Zeit oder die Mittel, geschweige denn die Neigung hatte. Da sich ein Großteil dieser Abstraktionen niemals auf das eigentliche archäologische Belegmaterial, sondern nur auf idealtypische Modelle und Computersimulationen anwenden läßt, da sie sich obendrein dem Laien nicht in verständlicher Sprache oder in interessanten Begriffen vermitteln lassen (siehe Kap. 9), werden die Grundlagen des Faches dabei völlig vernachlässigt. Die Theoretiker der Archäologie produzieren häufig schöne und überzeugend klingende Geschichten, die nur durch den Umstand getrübt werden, daß sie nicht die geringste Ähnlichkeit mit der Wahrheit oder der wirklichen Welt archäologischer Daten haben, mit denen geringere Sterbliche sich herumschlagen.

8 Die Sünden des weißen Mannes

Bis vor kurzem galten Archäologen lediglich als harmlose und unschuldige Informationsbeschaffer, die den Gebieten oder Ländern, in denen sie arbeiteten, nur Segen brachten, indem sie der Vergangenheit Leben einhauchten und Glanz und Gloria früherer Zeiten ins Gedächtnis zurückriefen; wenigstens sahen sie selbst sich so. Dann kam der Schock: Seit den siebziger Jahren nämlich waren sie, ebenso wie die Anthropologen, von allen Seiten massiven Angriffen ausgesetzt. Es wurde ihnen Rassismus, Eurozentrismus, Neokolonialismus, Grabräuberei und männlicher Chauvinismus (nicht unbedingt alles zugleich oder in dieser Reihenfolge) vorgeworfen. Die Tage jugendlicher Unschuld sind vorüber. Die Archäologie ist unsanft gelandet und muß sich einer eingehenden, äußerst unangenehmen und kritischen Prüfung ihrer Praktiken und Ziele unterziehen.

In der Vergangenheit hatten sich die Archäologen – im Kontext des Kolonialismus bzw. westlicher Vorherrschaft – berechtigt geglaubt, wo immer es ihnen gefiel zu arbeiten oder zu graben, die Ruhe der Toten zu stören, sterbliche Überreste und sakrale Gegenstände in Museen zu verschleppen. Das geschah ohne jede Einwilligung seitens der Ortsansässigen. Man konsultierte sie nicht einmal, sondern beschäftigte sie bestenfalls als Führer und Arbeiter, wenn man sie nicht völlig ignorierte. Mittlerweile jedoch haben sich an vielen Orten Gruppen von Eingeborenen nicht nur lautstark zu Wort gemeldet, sie verfügen auch über Macht – besonders in Nordamerika, Australien und Neuseeland – und stellen Forderungen.

Einige dieser Forderungen sind völlig berechtigt, wie etwa diejenige, höflicherweise die Ortsansässigen zu konsultieren, sie um Erlaubnis, Rat und Hilfe zu bitten. Bei einer Konferenz über »Wiederbestattungen« im Jahr 1989 drückte ein amerikanischer Ureinwohner es so aus: »Ihr hättet bloß an die Tür klopfen und fragen brauchen. Warum seid Ihr durchs Fenster eingestiegen und habt gestohlen?« Die meisten Archäologen und Anthropologen stimmen der Rückführung der sterblichen Überreste jüngst verstorbener und namentlich bekannter Personen zu, ebenso wie der Rückgabe von besonderen heiligen Gegenständen (wie etwa der Kriegsgötter der Zuni im amerikanischen Südwesten, die zweifellos gestohlen wurden, da die Zuni ihrem Abtransport niemals zugestimmt hätten).

Probleme entstehen dort, wo die Forderungen der Ureinwohner sehr viel weiter gehen und sämtliche menschlichen Überreste (extrem alte inbegriffen) oder ganze Sammlungen von Artefakten umfassen. In einigen Fällen nehmen sie sogar lächerliche Ausmaße an: So erklären in den USA einige amerikanische Ureinwohner selbst ausgefallene Haarsträhnen, die heute an archäologischen Fundstätten gefunden werden, zu heiligen Überresten und verlangen ihre Rückgabe.

Die Guten, die Bösen und die Unmoralischen

Als ich in den frühen siebziger Jahren Archäologie zu studieren begann, war ich noch mit einem eingebildeten und selbstgefälligen Fach konfrontiert, das primär von Leuten aus den ›führenden Industrienationen‹ betrieben wurde. Sie stellten ihre Forschungen an, wo und worüber immer es ihnen gefiel. Nur Kriege und naturbedingte Gefahren setzten ihrem ungebundenen Treiben Grenzen. Ich kann mich nicht entsinnen, jemals in Vorlesungen oder in der Fachliteratur ein Wort über Moral gehört zu haben. Der Erwerb von Wissen und dessen Verbreitung geschah zuallererst mit Blick auf die Archäologengemeinde (Karriereförderung, Standesrespekt), dann auf die gebildete Öffentlichkeit und schließlich – wenn überhaupt – auf den Rest der Menschheit.

Ironischerweise behandelten die Archäologen nicht nur Artefakte so, als handele es sich dabei um Menschen (vgl. S. 76), so daß Herstellungsweisen von Steinwerkzeugen oder die Stile von Töpferwaren wandern und sich gleichsam untereinander vermehren konnten, sie behandelten auch menschliche Überbleibsel, als wären es Artefakte. Niemand versuchte, dafür eine Erlaubnis zu erhalten. Selbst diejenigen, die für einen »empathischen« Zugang eintraten, also das Bemühen, sich in die Denkweisen längst Verstorbener hineinzuversetzen, sahen keinen Widerspruch darin, Bestattungsplätze als normale archäologische Informationsquellen zu behandeln.

Sir Mortimer Wheeler beispielsweise, ein prominenter Vertreter der empathischen Methode, äußerte in einem Fernsehinterview: »Ich glaube nicht an eine Störung der Totenruhe ... das ist bloß eine sentimentale Tradition. Nein, wenn man einen Menschen ausgräbt mit Schalen und allem Möglichen um ihn herum ... Es sind Tote. Sie sind schon lange tot und werden noch lange Zeit tot sein ... sie sind immer noch tot. Sie sind jedoch umgeben von allen möglichen Arten von Besitztümern, die für uns interessant waren. Sie haben uns geholfen, ein Stückchen unserer Geschichte zu begreifen. Das hätten wir sonst nicht gekonnt. Sie helfen uns, die Welt und die Geschichte, in der wir leben, zu rekonstruieren. Und ich glaube, das lohnt sich. Wir tun diesen armen Kerlen nichts Böses an. Wenn ich tot bin, können Sie mich von mir aus zehnmal ausgraben ... ich werde nicht bei Ihnen herumspuken – jedenfalls nicht oft.«

Wie lautet doch der alte Archäologenwitz: »Bedenken Sie bitte im Falle meines Todes, daß ich ein Begräbnis mit ausgestreckten Gliedern und Grabbeigaben der Phase B bin.«

Gegen Ende der siebziger Jahre jedoch waren erstmals Äußerungen des Mißfallens zu vernehmen. Sie kamen von den Ureinwohnern Nordamerikas und Australiens sowie von ultra-orthodoxen Juden in Israel und betrafen die Störung, Auswertung und Zurschaustellung der sterblichen Überreste ihrer Vorfahren. In den letzten fünfzehn Jahren veränderte sich die Lage radikal, und ein einstmals esoterisches Problem hat sich zum großen Medienthema und zentralen Streitpunkt gemausert. Die von australischen und nordamerikanischen Museen vollzogene Rückerstattung von Sammlungen und die Veranstaltung von Konferenzen zum Thema belegt, wie rasch Fragen der Moral und die Diskussion über die Missetaten der Vergangenheit in den Mittelpunkt des Faches gerückt sind.

In Australien wie auch in Nordamerika wurden die Ureinwohner vom ›weißen Mann‹ entsetzlich behandelt. In der Regel wollte man ihnen keinen Schaden zufügen, sondern ›nur‹ ihr Land wegnehmen. Während der letzten Jahrzehnte hat der größere politische Einfluß der eingeborenen Bevölkerungen dazu geführt, daß sich ihre Aufmerksamkeit den Untaten der Kolonialzeit zuwandte, die unzähligen Fälle der Schändung von Heiligtümern und Grabstätten durch Archäologen und Anthropologen mit eingeschlossen. Aborigines und Indianer sahen sich wie Studienobjekte im Labor behandelt, und das Schicksal ihrer materiellen Zeugnisse – menschlicher Überreste und Artefakte – in zahlreichen Museen hat große symbolische Bedeutung erlangt. Da die Eingeborenenvölker ihren Toten gegenüber sehr unterschiedliche Haltungen einnehmen, gibt es nicht einmal innerhalb eines einzelnen Landes eine einheitliche Tradition des Umganges mit den Toten. Da ihr moralischer Anspruch jedoch unwiderlegbar ist, haben Archäologen damit begonnen, das Unrecht soweit wie möglich wiedergutzumachen, indem sie einen Großteil des Materials zur Wiederbestattung oder zu sicherer Verwahrung zurückgaben. Außerdem hat man in verschiedenen Staaten einen ethischen Kodex formuliert, der die Archäologen dazu verpflichtet, beim Studium der Ahnen deren lebende Nachkommen zu respektieren und zu konsultieren. Die Zukunft liegt wohl in einer Mischung aus Einwilligung, Verhandlung und Kompromiß sowie der Einbeziehung der Eingeborenen in sämtliche Phasen der Untersuchung. Die Arbeitsbeziehungen haben sich verbessert, und es gibt eine wachsende Anzahl von Eingeborenen, die den Beitrag der Archäologie zur Rekonstruktion ihrer eigenen Kultur schätzen gelernt haben.

Die heiße Phase dieses Konflikts scheint vorüber. Der Geist gegenseitigen Respekts und der Zusammenarbeit scheint sich durchgesetzt zu haben, mit Ausnahme Israels, wo militante, ultra-orthodoxe Juden immer noch gewaltsam gegen die vermeintliche Schändung von Gräbern protestieren. Orthodoxe Demonstranten versuchen, Ausgrabungen zu stoppen, indem sie Grabhöhlen okkupieren, Archäologen am Grabungsort einschüchtern und sie per Telefon oder Post zu Hause belästigen. Man weiß von Archäologen, die nachts arbeiten und andere Teams zu Scheingrabungen aussenden, um vom echten Fundort abzulenken. Die orthodoxen politischen Parteien haben gelobt, ihre Proteste gegen die »Schändung der Gräber unserer Väter« fortzuführen. Die Archäologen haben bereits ihre Einwilligung geben müssen, sämtliche bei Grabungen gefundenen menschlichen Überreste sofort wieder zu bestatten, obgleich das jede anthropologische Forschung verhindert.

Leichen und Räuber

Es lohnt sich, immer wieder darauf hinzuweisen, daß weder alle Fälle von Störung der Totenruhe ausschließlich aufs Konto der Archäologen gingen noch auf die Überreste Eingeborener in fernen Ländern beschränkt blieben. Außerdem hatten einige der frühen Archäologen durchaus ehrenwerte Absichten. Grabräuberei, gelegentlich als das zweitälteste Gewerbe der Welt bezeichnet, war stets weitverbreitet. Im Ägypten des 12. Jahrhunderts v. Chr. beispielsweise mußten die Pharaonen eine Untersuchungskommission einsetzen, die sich mit massiven Grabräubereien im Tal von Theben beschäftigte. Im Altertum wurden 99 % der in den gewachsenen Fels eingehauenen gewöhnlichen Grabkammern Ägyptens geplündert. Wir müssen uns mit denjenigen begnügen, deren Inhalt das Risiko oder die Anstrengung nicht lohnten. Keine einzige königliche Grabstätte kam ungeschoren davon, nicht einmal die König Tutenchamuns.
Das gleiche Phänomen begegnet uns im Nordamerika der Pil-

gerväter, die meinten, die indianischen Grabbeigaben »verrotteten sinnlos im Boden«. Ihre bereits im Jahre 1610 schriftlich festgehaltene Antwort darauf bestand darin, die Objekte durch Grabräuberei zu »befreien«: Grabräuberei ließ sich als religiöse Handlung rechtfertigen, die zur Überwindung heidnischen Aberglaubens beitrug. Dabei wußten sie sehr wohl, daß zum Beispiel die Indianer von Massachusetts die Verunstaltung der Monumente ihrer Toten für pietätlos und inhuman hielten.

Dagegen hat es die Mehrzahl der Archäologen nicht verdient, als Rassisten und Diebe beschimpft zu werden. Unter den frühen Archäologen mögen einige tatsächlich nichts als bessere Räuber gewesen sein, die heutigen aber kann man nicht mit den Plünderern von einst auf eine Stufe stellen. Auf viele Bestattungsstätten stößt man zudem unerwartet und zufällig, aufgrund von Geländeerosion, Bauarbeiten usw.; das wiederum führt zu ›Not-‹ bzw. ›Rettungs‹-Grabungen.

Zweifellos haben in der Geschichte der Archäologie menschliche Überreste und die Formen ihrer Beisetzung eine bedeutende Rolle gespielt. Sie bilden jedoch nur einen kleinen Ausschnitt dessen, was Archäologen untersuchen. Heute gibt es so viele archäologische Fundstätten, daß sämtliche lebenden Archäologen sie nicht erforschen könnten, selbst wenn sie über mehrere Leben verfügten. Zudem existiert in Museen und Institutionen ein gewaltiger Überhang an unveröffentlichten Grabungen und Materialien. Forschungsgrabungen an Gräbern sind heutzutage wirklich unentschuldbar und sind auch in vielen Teilen der Welt zum größten Teil eingestellt worden. Wie bereits erwähnt, sind heute Notgrabungen der häufigste Grund für die archäologische Beschäftigung mit den Toten. Die Grundsatzfragen, die es zu beantworten gilt, lauten: Wie sollen Bergungen durchgeführt werden, und was passiert mit den Überresten, die bereits ausgegraben und konserviert worden sind?

Der Haupteinwand der Anthropologen gegen die Wiederbestattung von Leichenteilen besagt, daß keine Analyse jemals endgültig ist, daß stets neue Techniken entwickelt werden, die aus den Überresten eine steigende Zahl von Informationen verschiedenster Art ableiten können. Dies trifft sicherlich zu (wenngleich es für die Toten nur ein schwacher Trost ist), aber die neuen Techniken werden entweder die äußeren Merkmale betreffen (in welchem Falle ein Abguß genauso lehrreich sein sollte wie das Original) oder die inneren Merkmale (wie etwa genetisches Material), wofür eine kleine Probe ausreichen müßte. Ein Kompromiß könnte folglich so aussehen, daß man von jedem Skelett Zahn- bzw. Knochenfragmente einbehält. Ohnehin werden der Forschung stets viele Tausende von Skeletten zur Verfügung stehen: Rund um den Globus bewahrt man sie in Museen auf, und niemand beabsichtigt, sie nochmals zu bestatten. In sensibleren Regionen wie etwa Nordamerika und Australien, wo die Ansichten der Eingeborenen zum Thema sehr weit auseinandergehen, gibt es viele lokale Gemeinschaften, die einer Analyse der Überreste durchaus positiv gegenüberstehen. Der Nachschub an neuen Exemplaren wird nicht abreißen: Angesichts des beschleunigten Entwicklungstempos und verstärkter Bautätigkeit wird es sicherlich weiter Rettungsgrabungen geben, ja sie werden sogar zunehmen. Für »die Wissenschaft« stellt die Wiederbestattung einiger Sammlungen einen weniger harten Schlag dar, als es auf den ersten Blick scheinen mag.

Wie andere Disziplinen auch, besitzt die Archäologie gewisse Verpflichtungen, und Archäologen sollten sich nicht rücksichtslos über Minderheiten hinwegsetzen. Ihr grundsätzliches Dilemma besteht darin, wie sich der Respekt für die Menschen der Vergangenheit mit der bewußten Störung ihrer sterblichen Überreste, der Zerstörung ihrer Gräber, der Entfernung ihrer Körper und Grabbeigaben in Einklang bringen läßt. Die Frage der Wiederbestattung stellt in mehrfacher Hinsicht ein komplexes Problem dar. Für jeden Einzelfall eine Lösung, einen Zeitplan sowie die nötigen Einzelheiten zu erarbeiten, kann sich durchaus als knifflig erweisen. Im großen und ganzen jedoch hat sich die Archäologie geändert. Sie hat in dieser Angelegenheit nicht eigentlich ihre Unschuld eingebüßt, sie ist sich vielmehr ihrer Schuld bewußt geworden. Während schlechte Ärzte ihre Fehler begraben, können gute Archäologen die ihren wiederbestatten.

In der Vergangenheit neigten Archäologen dazu, allen Einwänden gegen ihre Forschung so zu begegnen, als handele es sich dabei um bloße Ignoranz und eine Verletzung ihres angeborenen und unveräußerlichen Rechts, wo immer und wie immer sie es wünschten, ihrer Arbeit nachzugehen. Sie schätzten ihre Selbständigkeit und verteidigten sie hartnäckig. Sie wehrten sich dagegen, über irgend etwas belehrt zu werden und bemühten sich darum, ihren Beruf ohne jede Überwachung auszuüben. Unterdessen haben sie akzeptieren müssen, daß andere Gruppen einen legalen Anspruch und ein besonderes Interesse an dem Material haben, das sie untersuchen. Die Archäologen sind nicht mehr die einzigen Wächter über die Relikte der Vergangenheit, und ihre Arbeit hat bedeutende soziale Implikationen.

Cherchez la Femme

Nicht zu Unrecht hat man behauptet, die Archäologie sei traditionell männlich orientiert, und zwar nicht nur in bezug auf ihre grundlegende Terminologie, sondern auch in ihrer Konzentration auf das, was man für männliche Tätigkeiten hielt: Jagdtechniken beispielsweise oder Werkzeuge wie etwa Speerspitzen. Man hat daher gefordert, die Archäologie müsse in ihrer Praxis ebenso wie in ihren Interpretationen explizit gegen geschlechtsspezifische Vorurteile zu Felde ziehen. Es steht zu hoffen, daß wir wenigstens über jene Tonart hinaus sind, die J.P. Droop in seinem Buch *Archaeological Excavation* (1915) angeschlagen hat. Er sprach sich gegen die Teilnahme von Frauen an Grabungen aus: schließlich könne man in Streßsituationen seinen Gefühlen nicht freien Lauf lassen, wenn Damen anwesend seien! Er schreibt wörtlich: »Ich habe nie eine ausgebildete Ausgräberin bei der Arbeit gesehen ... ich habe jedoch einige gemischte Grabungen erlebt ... vor und nach der Grabung fand ich die Damen reizend; während der Grabung aber ... habe ich nichts von ihrem Charme bemerkt ... Abgesehen von Ehepaaren – ich kann mir durchaus einen Mann vorstellen, der ganz vergnügt mit seiner Frau eine kleine Ausgrabung durchführt – bewirken gemischte Grabungen, glaube ich, was die Arbeitsatmosphäre angeht, einen Verlust an Leichtigkeit und infolgedessen einen Verlust an Effektivität ... es gibt immer Augenblicke, wo man ohne Umschweife sagen will, was man gerade denkt, aber vor Damen ... geht das nicht.«

Doch selbst in jüngerer Zeit hatten Frauen es in der professionellen Archäologie nicht leicht. Dazu Anna Sheppard: »Ich weiß sehr wohl, daß die meisten Leute meinen, Frauen seien für Feldforschung nicht geeignet. Was die ›Unbequemlichkeiten‹ und ›Entbehrungen‹ angeht, halte ich diese Annahme für einen Witz ... Wegen dieses Vorurteils aber muß eine Frau immer schon eine besondere Qualifikation vorweisen, um in der Archäologie überhaupt eine Chance zu haben. Die praktischste Lösung schien zu sein, sich über Laborarbeit zur Feldforschung durchzuboxen.«

Der Nachdruck, der jetzt auf *gender studies* gelegt wird, ist zu begrüßen: Nicht nur wegen des Bemühens, eine größere Bewußtheit dafür zu schaffen, daß die Gleichheit der Geschlechter auf alle Bereiche des gegenwärtigen Lebens ausgedehnt werden muß, die akademische Welt inbegriffen, sondern auch wegen ihres beträchtlichen Beitrages zu unserem Verständnis des Funktionierens antiker Gesellschaften. Die sogenannte *gender archaeology* ist jedoch in Wirklichkeit feministische Archäologie – von Frauen für Frauen.

Ihr erklärtes Ziel ist es, sich bei der Untersuchung des archäologischen Materials auf die Geschlechterdifferenz (*gender*; im Sinne sozialer und kultureller, nicht biologischer Unterschiede zwischen den Geschlechtern) zu konzentrieren. Trotz der Versicherung des Gegenteils ist jedoch klar, daß das Hauptziel nicht so sehr darin besteht, das Leben von Frauen und Männern der Vorgeschichte auf nicht-sexistische Weise zu rekonstruieren, sondern vielmehr die Frauen der Vergangenheit ins Bild zu rücken, sie ›sichtbar‹ zu machen. Eine durchaus lobenswerte Absicht und zur Zeit sehr in Mode: Die Zahl der Bücher über Frauen in der Vorgeschichte, im alten Ägypten, in der römischen Zeit, in der Zeit der Wikinger oder sonst einer Epoche hat sich explosionsartig vermehrt. Teil des »feministischen« Zugangs zur Vergangenheit, dessen Ziel es ist, neues Licht auf die bislang vernachlässigten Aspekte des archäologischen Bestandes zu werfen, ist auch die stetig wachsende Zahl von Konferenzen auf der ganzen Welt, die gewöhnlich immer von denselben Leuten organisiert werden bzw. auf denen immer dieselben Leute vertreten sind. Folgt man den Ankündigungen, so geht es um »die Geschlechterdifferenz in der Archäologie«, doch größtenteils konzentrieren sich die Veranstaltungen ausschließlich auf das weibliche Geschlecht. Besucht werden sie überwiegend von Archäologinnen, zu denen sich ein paar tapfere Männer gesellen, die sich redlich um politische Korrektheit bemühen. Gerade das Wort *gender* (Geschlechterdifferenz) steht darum ernstlich in Gefahr, mißbraucht zu werden, wie es zuvor schon beim Wort *gay* (schwul) der Fall war.

In der Vergangenheit benutzten die (vorwiegend männlichen) Autoren englischsprachiger Bücher oder Abhandlungen über Archäologie gewohnheitsgemäß die Wörter *man* bzw. *men* für die

gesamte Menschheit. Es ist durchaus verständlich, daß dies heute einigen Frauen zuwider ist (obgleich eine große Zahl von Archäologinnen, selbst in Nordamerika, weiterhin diese Begriffe benutzt), doch ist dieser Sprachgebrauch nicht generell sexistisch motiviert. Ich bezweifle, daß dem amerikanischen Archäologen Robert Braidwood je der Gedanke gekommen ist, sein Buch *Prehistoric Men* (1975) könne für sexistisch gehalten werden. Schlimmstenfalls wurden Frauen in solchen Werken nicht eigens erwähnt, vielmehr mit den Männern zusammen einfach unter ›Menschen‹ subsumiert – oder in der französischen Literatur unter »*les hommes*«. (So publizierte beispielsweise eine ziemlich junge, emanzipierte Archäologin 1995 ein Buch mit dem Titel *Les Hommes au temps des Lascaux*!) Solche Begriffe meinen eben nicht nur Männer. Ein ganzer Schwung neuerer Bücher aber grenzt das männliche Geschlecht aus; das sieht nach bewußtem Sexismus aus. Der entscheidende Unterschied liegt hier zwischen einer Unterlassungssünde und einer absichtlichen Unterlassung.

Es trifft zu und sollte mit Nachdruck festgestellt werden, daß die Forscher gewisse Tätigkeiten oft genug als ausschließlich männliche behandelt haben – vor allem Jagd, Werkzeugherstellung und Felskunst –, während die Ethnographie zeigt, daß sie häufig auch von Frauen ausgeführt wurden. Männliche Forscher wußten dies entweder nicht oder zogen vor, es zu ignorieren. Das Resultat war ein schiefes Bild der Vergangenheit. Die Feministinnen scheuen jedoch selber nicht vor solchen Praktiken zurück (obgleich sie zu Recht darüber klagen): Sie tun genau dasselbe, indem sie Beispiele »weiblicher« Tätigkeiten, die von Männern ausgeführt wurden, ignorieren oder ausblenden. Jedenfalls wird die Erkenntnis, daß auch Frauen Steinwerkzeuge herstellten, kaum zwingende Einsichten provozieren. Werkzeuge verraten uns nichts über die Geschlechterdifferenz: Selbst wenn es irgendeinem künftigen Analyseverfahren gelingen sollte, Spuren von Duftstoffen, Pheromonen oder Copulinen, auf einem Steinwerkzeug nachzuweisen oder auch Blutrückstände, die als männlich oder weiblich identifizierbar wären, so würde uns dies lediglich darüber Auskunft erteilen, welches Geschlecht zuletzt damit in Berührung kam; es verriete uns nichts darüber, welches Geschlecht sie herstellte oder gewohnheitsmäßig benutzte.

Genauere Erkenntnisse darüber, was welches Geschlecht tat, kommen aus der Ethnohistorie und der Ethnographie, nicht aus der Archäologie. Zu solcher Rekonstruktion der Vergangenheit, die moderne Beobachtungen mit den vorhandenen archäologischen Daten kombiniert, gibt es keine Alternative. Doch wie weit kann uns die Ethnographie überhaupt dabei helfen, die Frau in der Vergangenheit ›ausfindig zu machen‹?

Das Hauptproblem besteht darin, daß die Ethnographie in der Regel eine Vielzahl möglicher Erklärungen für archäologische Daten liefert. Man hat darauf hingewiesen, daß selbst ein reich ausgestattetes Frauengrab keineswegs schlüssig beweist, daß die Bestattete über Macht verfügte; es könnte sein, daß sich darin lediglich der Reichtum ihres Mannes widerspiegelt (das gilt natürlich auch umgekehrt für ein reich ausgestattetes Männergrab). Überhaupt ist es schwer vorstellbar, wie sich die jeweiligen Rollen von Männern, Frauen und Kindern (denen man jetzt ebenfalls Beachtung zu schenken beginnt) anhand des wenig aufschlußreichen Materials, das uns die archäologischen Grabungen liefern, bestimmen lassen sollen. Die wichtigste Botschaft der *gender archaeology* ist die, daß Archäologie von Menschen handelt – nicht bloß von Männern, ebensowenig aber ausschließlich von Frauen.

Es ist überaus begrüßenswert, den Sexismus in großen Teilen der traditionellen Archäologie überwinden zu wollen, Leuten die Rolle und Bedeutung der Frauen in vergangenen Gesellschaften bewußt zu machen und Untersuchungen anzustellen, die sich auf Frauen in verschiedenen Epochen konzentrieren. Die Abkehr von der alten Männlichkeitszentriertheit birgt jedoch die Gefahr, daß das Pendel nun in die andere Richtung ausschlägt. Sexismus kann beide Formen annehmen. Albert Camus bemerkte einmal: »Der Sklave beginnt mit der Forderung nach Gerechtigkeit und endet bei dem Wunsch, eine Krone zu tragen. Sobald er an der Reihe ist, muß auch er dominieren.«

Das beste Mittel gegen männlichen Chauvinismus in Sachen Vergangenheit ist nicht eine feministische, sondern eine egalitäre und neutrale Archäologie. Bedarf es überhaupt einer »feministischen Archäologie«, wenn sie, wie ihre Befürworter behaupten, doch einfach nur versucht, Frauen anhand des archäologischen Materials ›sichtbar‹ zu machen? Es gibt hier noch viel zu tun, aber der *wirkliche* Weg vorwärts besteht in einer ausgewogenen, nicht-sexistischen Archäologie – die feministische ist doch nur die Kehrseite der alten Medaille.

9 Wie man der Öffentlichkeit die Vergangenheit nahebringt

Wichtigstes Ziel der Archäologie – wenn sie denn eine Daseinsberechtigung haben soll – muß es sein, ihre Arbeitsergebnisse nicht nur den Studenten und Kollegen zu vermitteln, sondern vor allem der Öffentlichkeit; schließlich ist sie es, die im allgemeinen für die Finanzierung des ganzen aufkommt. Und trotzdem gibt es noch immer Archäologen, die dafür zu beschäftigt sind, oder – erstaunlich genug – keinerlei Notwendigkeit verspüren, damit ihre Zeit zu vergeuden. Vor kurzem noch schrieb einer der österreichischen Professoren, denen man – nicht etwa aufgrund besonderer Sachkenntnis, sondern nur weil sie zur rechten Zeit am rechten Ort waren – die Verantwortung für die Untersuchung des 1991 gefundenen »Gletschermannes« (einem der wenigen archäologischen Funde, für die sich der Mann auf der Straße wirklich interessiert) übertragen hatte, es sei eigentlich nicht seine Aufgabe, die Öffentlichkeit über seine Arbeitsergebnisse zu informieren; eine erstaunliche und ziemlich unverfrorene Äußerung für einen Akademiker, der immerhin von dieser Öffentlichkeit bezahlt wird.

Natürlich bedeutet es eine große Verantwortung, der Allgemeinheit die Vergangenheit zu vermitteln, zumal dabei Objektivität kaum zu erreichen ist. Früher dachten wir, das sei möglich, indem wir einfach unsere Funde mit ein paar Erklärungen versehen zur Erbauung des Publikums in Glaskästen oder Büchern präsentieren. In den letzten Jahren aber haben die Archäologen – dank des wachsenden Interesses an theoretischer Reflexion (vgl. Kap. 7) – gründlich über ihr Tun nachgedacht, und da sie zudem von allen Seiten kritisiert wurden (vgl. Kap. 8), ist ihnen klar geworden, daß sie schon durch die Auswahl der Artefakte, Themen und Methoden ständig Botschaften vermitteln, die ihre eigenen Vorurteile und Anschauungen widerspiegeln oder die ihrer Gesellschaft, Religion, politischen Haltung oder allgemeinen Weltsicht. All das geschieht unter dem Einfluß, den der soziale Hintergrund des jeweiligen Archäologen auf ihn ausübt: seine Erziehung und Ausbildung, seine soziale Stellung, seine Interessen, Lehrer und Freunde, seine politischen und religiösen Ansichten, seine Bündnisse und Feindschaften. All diese Faktoren färben auch die jeweilige Version der Vergangenheit, während das eigentliche Belegmaterial oft genug in den Hintergrund tritt.

Die Geschichte Gabriel de Mortillets, eines der größten französischen Prähistoriker, liefert uns ein Beispiel dafür, welch schwerwiegende Folgen die intellektuellen Anschauungen eines einzelnen haben können. Im Jahre 1821 als Sohn einer alteingesessenen Familie katholischer Monarchisten geboren, schickte man ihn im Alter von neun Jahren auf ein Jesuitenkolleg. Diese Erfahrung beeinflußte seine intellektuelle Entwicklung grundlegend, erhöhte seine ohnehin schon große nervöse Spannung und erweckte in ihm einen lebenslangen Haß gegen Kleriker und Religion – von Rohrstock und Peitsche machte man damals noch kräftig und begeistert Gebrauch! Seine sozialistischen und republikanischen Aktivitäten als junger Mann führten zu seiner Verfolgung durch Kleriker und Monarchisten gleichermaßen, und er mußte außerhalb Frankreichs Zuflucht suchen. Schließlich wurde er Prähistoriker und gründete, wieder in Paris, im Jahre 1864 die *Matériaux* (die erste diesem Gegenstand gewidmete Zeitschrift), zu einer Zeit, als die Erforschung des Altertums noch immer von der Kirche bekämpft wurde. Er kämpfte für eine gute und gerechte Sache, hatte aber leider einen abstoßenden Charakter. Er war aggressiv und jähzornig, oft auch akademisch unredlich, und besaß eine Vorliebe für persönliche Fehden und kleinliche Rachefeldzüge. Er bediente sich einer brutalen Ausdrucksweise und war unfähig, auch nur den leisesten Widerspruch zu dulden. Die verschiedenen von ihm gegründeten Fachzeitschriften zielten gewöhnlich darauf ab, rivalisierende Publikationen zu vernichten. Sie waren auf schockierende Weise einseitig: Sie veröffentlichten die Arbeiten seiner Schüler und Bundesgenossen und lobten sie über den grünen Klee, während andere Wissenschaftler ignoriert oder herabgesetzt wurden. Er war allen neuen Theorien gegenüber indifferent, weil er glaubte, was sich nicht mit seiner eigenen Theorie vereinbaren lasse, müsse falsch sein. Da er sich intellektuell abgeschottet hatte und glaubte, unfehlbar zu sein, ließ sein streitsüchtiger und tyrannischer Charakter zu guter Letzt um ihn herum ein Vakuum entstehen.

Auch heute noch wird man bei führenden Archäologen viele von de Mortillets Persönlichkeitsdefekten wiederfinden. Wirklich relevant für unseren Zusammenhang ist jedoch seine Feindseligkeit gegenüber der Kirche, und zwar wegen ihrer tiefgreifenden und nachhaltigen Wirkung. Obgleich er ein Verfechter der Evolutionstheorie war, zog er niemals die Möglichkeit in Betracht, daß sich auch die Religion, nicht anders als die Steinwerkzeuge, entwickelt hat oder daß es sich bei ihr um ein natürliches Produkt des menschlichen Geistes handeln könnte; statt dessen hielt er stur an dem Glauben fest, Religion sei bloßer Betrug, ein von Priestern im Neolithikum erfundener und propagierter Schwindel. Da man Bestattungen im allgemeinen mit dem Vorhandensein religiöser Ideen in Verbindung brachte, verkündete er apodiktisch und wider alle Evidenz, vor dem Neolithikum habe es keinerlei Beisetzungen gegeben. Jede paläolithische Beisetzung, auf die man stieß, wurde systematisch mit dem Argument dementiert, sie sei intrusiv, d.h. jüngeren Datums. In seinen Bestsellern zur Vor- und Frühgeschichte hielt er bis zu seinem Tode an der bizarren Vorstellung fest, die Menschen hätten Hunderttausende von Jahren ohne jede Religion gelebt.

Noch schwerwiegendere Konsequenzen hatte seine Reaktion auf die Höhlenkunst der Eiszeit: vielleicht erinnerte sie ihn zu sehr an die Fresken in Tempeln und Kirchen! Sofort stellte er ihre Existenz als solche in Frage. Und als um 1880 erstmals von einer bemalten Decke in der spanischen Höhle von Altamira berichtet wurde, war es de Mortillet, der Kollegen warnte, es handele sich um ein hinterhältiges Komplott anti-evolutionistischer Jesuiten zur Diskreditierung der Prähistoriker. Dies führte nicht nur zur verächtlichen Zurückweisung des Höhlenfundes und einer zwanzigjährigen Verspätung bei der wissenschaftlichen Beschäftigung mit Höhlenkunst, sondern es war auch eine wesentliche Ursache für den vorzeitigen Tod de Sautuolas, des spanischen Landbesitzers, der auf Altamira hingewiesen hatte und zu seinem Entsetzen als Naivling oder Scharlatan abgetan wurde.

Zehn Jahre nach de Mortillets Tod im Jahre 1898 wurde abermals ein schwerwiegender Fehler begangen, der letztlich auf dessen Antiklerikalismus zurückzuführen ist. 1908 fanden drei Priester das berühmte Neandertaler-Skelett von La Chapelle-aux-Saints (Frankreich). Statt es der von de Mortillet gegründeten antiklerikalen École d'Anthropologie zu Forschungszwecken zur Verfügung zu stellen, vertrauten sie das Skelett dem Labor von Marcellin Boule an – eine Entscheidung, die gravierendste Konsequenzen für unsere Vorstellung von den Neandertalern haben sollte. Boule war stark von den Auffassungen seines Lehrers, Förderers und Freundes Albert Gaudry beeinflußt. Dieser glaubte nicht daran, daß der Neandertaler ein Vorfahre der heutigen Menschen sein könne. Und obwohl ihm bewußt war, daß das Skelett von La Chapelle das eines alten Mannes war, dessen Rückgrat Anzeichen von Osteoarthritis aufwies, behauptete Boule, die sterblichen Überreste bewiesen, daß Neandertaler nicht völlig aufrecht gehen konnten, sondern gebeugt dahintrottende Geschöpfe gewesen seien. Aufgrund seiner überragenden Autorität im Fach wurde das Skelett erst in den fünfziger Jahren einer neuerlichen Untersuchung unterzogen. Man hielt Boules Rekonstruktion für so maßgebend, daß viele andere Überreste von Neandertalern nicht einmal rekonstruiert oder überhaupt im einzelnen gemeldet wurden – ein Schulbeispiel für die Gefahren zu großer Abhängigkeit von den Lehrmeinungen einer einflußreichen Persönlichkeit; diese verständliche, aber bedauerliche Tendenz ist selbst heute noch in sämtlichen Bereichen des Faches anzutreffen.

Abermals läßt sich also eine dogmatische Vorstellung von der

Vergangenheit auf das Wechselspiel persönlicher Allianzen und Feindschaften zurückführen – im vorliegenden Fall das Dogma, die Neandertaler seien nur subhumane Rohlinge gewesen. Die Forschung ist ebenso wie die Interpretation und Darstellung der Vergangenheit vom sozialen Hintergrund und der Eigenart der Mitwirkenden nicht zu trennen. Man sollte stets daran denken, wo die Wissenschaftler ›herkommen‹ und worauf sie mit ihrer Arbeit und ihren Karrieren hinauswollen, um ganz zu verstehen, von welcher Art die ›wissenschaftlich akzeptierte Fiktion‹ ist, die sie über die Vergangenheit zu schreiben beschlossen haben.

Doch wer entscheidet darüber, wie die Vergangenheit der Öffentlichkeit vermittelt wird? In den älteren Museen Europas zeigen viele Auslagen noch die Ansichten und Interpretationen des 19. Jahrhunderts, während die meisten archäologischen Ausstellungen in China fest auf den Schriften von Marx und Engels fußen. In den letzten Jahren sind jedoch, zumindest im Westen, große Anstrengungen unternommen worden, die schlimmsten kolonialistischen, rassistischen und sexistischen Vorurteile auszumerzen. Statt sie isoliert als Kunstwerke zu präsentieren, werden Artefakte jetzt immer öfter in ihrem historischen Kontext und in ihren Funktionen vorgestellt und didaktisch aufbereitet. In den letzten Jahren hat sich die Museumspädagogik zu einer wichtigen Disziplin entwickelt, und die Komplexität der Probleme bei der Auswahl und Präsentation des Materials gegenüber der Öffentlichkeit ist deutlich geworden.

Es muß ein ausgeglichenes Verhältnis von Belehrung und Unterhaltung hergestellt werden; die staubigen, tödlich langweiligen Museumsexponate von einst mußten zweifellos dringend ersetzt werden; gleichzeitig gilt es jedoch, das andere Extrem zu vermeiden: nämlich grob vereinfachende und sterile Themenpark-Versionen der Vergangenheit. Die meisten archäologischen Schriften sind auch heute noch trockene Wälzer, voller Jargon und mit viel heißer Luft, und nur für andere Wissenschaftler bestimmt. Es gibt aber einen stetig wachsenden Bedarf an dem, was man *haute vulgarisation* genannt hat, gut informierte Darstellungen in leichtverständlicher Form, d.h. leicht zugängliche und lesbare Synthesen, die ohne Einbußen an Gehalt und Genauigkeit den Laien oder Anfänger ansprechen. Solche Bücher sehen täuschend einfach aus, sind aber – freue ich mich sagen zu dürfen – in Wirklichkeit äußerst schwierig zu schreiben; sonst wäre ich meinen Job los. Der leichtgläubigere Teil der Öffentlichkeit (und der scheint, gemessen an den Verkaufszahlen, sehr groß zu sein) fällt leider immer wieder auf grob irreführende oder ausgesprochen betrügerische Bücher herein, in denen hanebüchene Geschichten von antiken Astronauten, untergegangenen Hochkulturen usw. erzählt werden.

Zunehmend sind auch andere Medien beteiligt. Viele europäische Länder und auch die Vereinigten Staaten fabrizieren hervorragende Farb- und Hochglanzmagazine für die Öffentlichkeit (die gleichwohl auch Studenten und Fachleuten von Nutzen sind), die der Archäologie auf der ganzen Welt gewidmet sind.

Auch Fernsehen und Videoproduktionen sind zu wichtigen Medien geworden, die der Öffentlichkeit die Vergangenheit nahebringen. Sie weisen konstant hohe Zuschauerzahlen auf, selbst wenn die Sendungen furchtbar schlecht sind. Die besten Programme sind solche, die die Zuschauer nicht nur an Orte versetzen, deren Besichtigung sie sich vielleicht niemals leisten können oder zu denen sie niemals Zutritt haben werden, sondern die zugleich ihre Themen in abgewogener, nüchtern-anregender Form präsentieren und auf Reklametricks und fahrlässige Verbreitung sensationslüsterner Theorien verzichten.

Ausgräber betrachten die Öffentlichkeit oft als Hindernis für ihre Arbeit, die klügeren aber erkennen, welche finanziellen und sonstigen Vorteile sich ergeben, wenn man das Interesse eines größeren Publikums gewinnt. Sie organisieren deshalb Tage der offenen Tür, Informationsblätter, wenn möglich Berichterstattung durch die Medien und manchmal sogar Touren gegen Bezahlung. In Japan veranstaltet man Besichtigungen vor Ort, sobald eine Grabung abgeschlossen ist, und den Medien werden einen Tag zuvor Einzelheiten mitgeteilt, so daß die Öffentlichkeit sich in der Lokalpresse informieren kann, bevor sie an der Präsentation teilnimmt – und sie tut dies stets in Scharen.

Offenbar existiert ein lebhaftes öffentliches Interesse an der Archäologie, die seit den ersten Ausgrabungen von Grabhügeln (vgl. Kap. 1) und dem öffentlichen Auswickeln ägyptischer Mumien im letzten Jahrhundert einen enormen Unterhaltungswert besitzt. Heutzutage hat diese Unterhaltung zwar einen eher wissenschaftlichen und pädagogischen Charakter, aber sie muß noch immer mit anderen öffentlichen Attraktionen wetteifern, wenn sie expandieren oder überhaupt überleben will; würde die öffentliche Förderung eingestellt, wäre es auch mit der wissenschaftlichen Forschung rasch vorbei.

Wir leben im Zeitalter des Massentourismus und der Vermarktung des Kulturerbes. Eine Ausgrabung, die vielen als Inbegriff gelungener Unterhaltung und Belehrung der Öffentlichkeit gilt, ist das Jorvik-Center in York (Nordengland). In den späten siebziger Jahren haben die Ausgräber dort bereits während ihrer Arbeiten an den Wikinger-Überresten die Öffentlichkeit zur Besichtigung ermuntert (insgesamt 500.000 Besucher in fünf Jahren). Man begann anschließend auch einen Teil der Fundstätte zu rekonstruieren, komplett mit Straßen und Häusern. Sie bilden

jetzt das Herzstück eines neuen Museums, das eines der populärsten und finanziell erfolgreichsten ist, die jemals an einer archäologischen Fundstätte geschaffen wurden. Das Center befindet sich unter einem modernen Einkaufskomplex. Elektroautos nehmen die Besucher auf eine Zeitreise ›zurück in die Vergangenheit‹ mit, vorbei an strohgedeckten Häusern, Werkstätten und Schiffen. In und um diese Bauten herum sieht man lebensgroße Glasfiber-Figuren von Menschen in zeitgenössischer Wikinger-Kleidung, während ein Tonträger die lärmende Atmosphäre einer belebten Straße wiedergibt, mit Erwachsenen und Kindern, die authentisches Alt-Nordisch sprechen; selbst an passende Gerüche hat man gedacht, wie etwa bei den Schweineställen und der Latrine (besonders beliebt bei den jungen Besuchern, ähnlich wie auch die Kratz- & Riechpostkarten). Dann durchfahren die Wagen eine Simulation der Ausgrabung, und über ein nachgestelltes Labor, das zeigt, wie Artefakte und organisches Material untersucht werden, erreichen die Zuschauer schließlich die Ausstellung mit den eigentlichen Funden sowie einen Laden mit Geschenkartikeln.

Das Center spielt bei der öffentlichen Präsentation eines besonderen Fundortes und einer bestimmten Zeitepoche sowie bei der didaktischen Vermittlung der archäologischen Erschließung und Interpretation eine wichtige Rolle, und es tut dies auf phantasievolle, neuartige Weise. Das Center hat weitere Ausgrabungen in York finanziell unterstützt und sein Erfolg – über 8 Millionen Besucher in den ersten zehn Jahren seit der Eröffnung 1984 – hat zur Schaffung ähnlicher Ausstellungsorte in anderen britischen Städten und anderen Ländern geführt. Die originalgetreu nachgestellte Höhle von Lascaux (die notwendig wurde, weil man das Original nicht länger dem Massentourismus aussetzen kann) öffnete 1983 ihre Pforten und empfängt ebenfalls jedes Jahr mehrere hunderttausend Besucher, nur daß die saftigen Eintrittspreise hier leider nicht zur Unterstützung der regionalen archäologischen Forschung beitragen.

Das fundamentale Problem der *Heritage Industry* besteht darin, die Mindestvoraussetzungen der Konservierung in Einklang zu bringen mit dem elementaren Recht der Öffentlichkeit, das eigene geschichtliche Erbe in Augenschein zu nehmen. Mit anderen Worten, es geht darum, die bekannten oder potentiellen Auswirkungen abzuschätzen, die der Massentourismus auf archäologische Fundstätten hat. So wie einerseits die Archäologie – zeitgleich mit der allgemeinen Ausdehnung des Flugverkehrs – populärer geworden ist, so sind andererseits eine Reihe von Städten, Regionen und sogar ganze Länder – wie China, Peru, Mexiko oder Ägypten – in tiefe Abhängigkeit vom archäologischen Tourismus geraten. Den Vereinten Nationen zufolge wird der Tourismus im Jahr 2000 der wichtigste Erwerbszweig sein. Schon heute stellt er sechs Prozent aller Arbeitsplätze. In mancher Hinsicht ist diese Entwicklung positiv, da die öffentliche Kenntnis der Archäologie und das Vergnügen daran entscheidend für das Überleben und die weitere Entwicklung des Faches sind – in dieser Zeit der leeren Kassen zumal. Es gibt aber auch unangenehme Folgeerscheinungen: in erster Linie das bereits erwähnte Risiko einer Abnutzung und Zerstörung der archäologischen Objekte, aber auch die Tatsache, daß die Fundstätten und sogar die Touristen selbst zu Zielscheiben des Terrorismus werden können, wie es im Hochland von Peru und im Nil-Tal bereits geschehen ist. Es hat sich herausgestellt, daß man so ohne allzu große Anstrengungen eine beträchtliche Zahl von Touristen abschrecken und damit großen Einfluß auf die Wirtschaft gewinnen kann. Die ägyptische Regierung beispielsweise verlor aufgrund der Attacken islamischer Fundamentalisten bis einschließlich 1994 mehr als 650 Millionen Dollar an Touristeneinnahmen – für die kränkelnde Wirtschaft des Landes eine der wichtigsten Quellen, um an harte Währung heranzukommen. Die Politik kann sich für die Archäologie als äußert unangenehmer Bettgenosse erweisen, wie man deutlich am Mißbrauch der Archäologie im Stalinschen Rußland und Hitlers Deutschland erkennen konnte.

Manchmal aber wird die Politik in der Archäologie auch zu einer Angelegenheit unter Ehrenmännern. Charles McBurney beispielsweise, der an der Universität von Cambridge über das

Paläolithikum lehrte, pflegte zu erzählen, wie er als Offizier während des letzten Weltkrieges seinen Männern befohlen hatte, nahe einem nordafrikanischen Wadi ihr Camp zu errichten – ein Wadi, das er wegen seiner Pleistozän-Terrassen ausgesucht hatte. Während die Männer arbeiteten, begab er sich die Terrassen entlangwandernd auf die Suche nach paläolithischen Werkzeugen. Nach einer Weile schaute er auf und bemerkte einen deutschen Offizier, der auf den Terrassen auf der anderen Seite des Wadis genau dasselbe tat! »Also winkten wir uns zu und machten weiter!«

Tatsache ist, daß die moderne Archäologie – wie wir inzwischen gesehen haben – facettenreich ist und viele Rollen spielt. Genauso wie von der Mehrheit wohlmeinender Wissenschaftler, die lediglich die Vergangenheit erforschen und eine aufnahmebereite Öffentlichkeit informieren wollen, kann sie auch von einer skrupellosen Minderheit für ihre Zwecke mißbraucht werden.

Uns bleibt nur noch, den Blick nach vorne zu richten und ein wenig über die Archäologie von morgen zu spekulieren.

10 Die Zukunft der Vergangenheit

Die Historiker werden stets Phantomen nach-
jagen, wobei sie sich schmerzhaft ihrer
Unfähigkeit bewußt sind, eine untergegan-
gene Welt in ihrer Gesamtheit rekonstruieren
zu können.

(Simon Schama)

Obgleich die Archäologie ›der Vergangenheit angehört‹, ist sie immer noch eine sehr junge Disziplin; viele ihrer grundlegenden Techniken und Theorien sind neueren Datums, und während sie sich weiterentwickelt, wird sie sich weiter wandeln. Zum Teil wird dies aufgrund neuer und wichtiger Entdeckungen gesche-hen: nicht nur der spektakulären, die bei der Boulevardpresse Anklang finden, sondern auch der eher bescheidenen, die unserer Sicht der Vergangenheit eine Facette hinzufügen, wie beispiels-weise die Vordatierung eines Ereignisses oder eines kulturellen Phänomens. Der Spaß und das Spannende an der Archäologie ergibt sich sowohl aus diesen Fortschritten als auch aus den bereits vorhandenen Wissensbeständen; hinzu kommt das Be-wußtsein, daß unser Bild der Vergangenheit sich dauernd verän-dert und niemals endgültig ist. Josephine Floods *Archaeology of the Dreamtime* beispielsweise, die beste Zusammenfassung aller Informationen über die australische Vorgeschichte, hat innerhalb von nur 12 Jahren drei Neuauflagen erlebt, und die letzte weist wenig Ähnlichkeit mit der ersten auf – so groß und schnell sind die Veränderungen, die unser Kenntnisstand über die Vorge-schichte dieses Landes durchlaufen hat. Andere Themen – bei-spielsweise der Ursprung der Menschheit oder einfach der moder-nen Menschen – ändern sich so schnell, daß Bücher schon vor der Veröffentlichung veraltet sind.

Wahrscheinlich werden die meisten der noch ausstehenden großen Entdeckungen sich aus zufälligen Funden wie dem Glet-schermann oder der Höhle von Chauvet ergeben, denn die Zu-

kunft wird mit Sicherheit einen steten Rückgang an Forschungsgrabungen bringen (im Gegensatz zu ›Rettungs‹- oder ›Notgrabungen‹, die mit dem wachsenden Tempo des Straßenbaus und
der Stadtentwicklung weiter zunehmen werden). Dies liegt zum
einen daran, daß neue, bislang noch ungeahnte Techniken unsere
Fähigkeit erhöhen werden, unter die Erde ›zu sehen‹, ohne sie
abtragen zu müssen (was nützlich ist, da gerade das Freilegen in
Form extrem sorgfältiger Ausgrabung soviel Aufwand an Zeit
und Geld erfordert), zum anderen in der Notwendigkeit, die
weltweit vorhandenen, enormen Bestände an ausgegrabenem
Material zu untersuchen, die nach wie vor weder analysiert noch
veröffentlicht sind und unsere Lagerräume aus den Nähten plat-
zen lassen; hinzu kommt ferner die Notwendigkeit, dem bereits
untersuchten Material neue, d. h. andere Fragen zu stellen; und
schließlich ist da noch die immer dringlicher werdende Aufgabe,
das bereits Vorhandene zu konservieren, statt neue Fundstätten,
die noch sicher unter der Erdoberfläche lagern, freizulegen.

Im Verlaufe unseres Bemühens, die Unzahl von Stätten, Bauten
und Artefakten sowie die vielen bekannten Felskunstbilder in der
Welt zu erhalten, wird die Konservierung tatsächlich eines der
wichtigsten Arbeitsfelder des gesamten Faches werden. Viele der
berühmtesten Stätten sind bereits stark bedroht – die Sphinx
durch extreme Klimaschwankungen sowie das Einsickern von
Abwässern aus nahegelegenen Slums; das Grab Tutenchamuns
durch Bildung von Rissen und die infolge des Hochwassers von
1994 entstandenen Schäden; Mohenjodaro in Pakistan durch
Erosion und Salzkorrosion; die Akropolis in Athen durch Luft-
verschmutzung und Klimawechsel, der zum Wachstum eines
schwarzen Pilzes tief im Innern des Marmors geführt hat; schließlich das römische Viadukt in Segovia (Spanien) durch Autoab-
gase, harte Witterungsbedingungen und sogar Tierexkremente!
Engagierte Teams des *Getty Conservation Institute of California*
oder des *World Monument Fund* unternehmen enorme Anstrengungen, Fundstätten und Monumente aller Zeiten und Erdteile
zu erhalten und zu sichern, aber selbst die scheinbar grenzenlosen
Finanzmittel des Getty-Instituts sind nicht mehr als ein Tropfen

auf den heißen Stein, wenn man sich vor Augen hält, welch enorme Geldsummen benötigt würden, um alles zu retten. Man wird daher harte Entscheidungen treffen müssen (nicht nur bei der Auswahl dessen, was man erhalten will, sondern auch bei der Entscheidung darüber, ob man überhaupt Geld in die Archäologie stecken soll und nicht vielmehr in andere Angelegenheiten, die manchen Leuten viel wichtiger und dringlicher erscheinen). Zugleich müssen weitere Anstrengungen unternommen werden, anfälligere Objekte wie Felskunst, Inschriften usw. wissenschaftlich zu dokumentieren.

Gleichzeitig wird die neue Technologie eine zunehmend wichtige Rolle spielen: So benutzt man etwa bei der wissenschaftlichen Dokumentation von Felskunst immer häufiger Videokameras und Computervergrößerungen; bildliche Darstellungen wird man künftig in digitalisierter Form speichern, und der Gebrauch einer neuen standardisierten Skala (herausgegeben von der IFRAO, der *International Federation of Rock Art Organizations*), die Meßziffern mit einigen Grundfarben kombiniert, wird es bald ermöglichen, mit Hilfe von Computern die Originalfarben von Fotos präzise wiederzugeben, lange nachdem die Diapositive verblichen sind, was ja unvermeidlich ist. Es wurde denn auch schon behauptet, jedes Felskunst-Foto ohne IFRAO-Skala sei schlicht (Film-)Vergeudung! Eine ganz andere Form der Konservierung also.

Die größten Gefahren für archäologische Fundstätten und Zeugnisse ergeben sich nicht so sehr aus natürlichem Verfall oder aufgrund von Vernachlässigung, sondern aus Schäden, die auf unterschiedlichste Art und Weise von Menschen verursacht werden. Wie bereits gezeigt (vgl. S. 104), hat die stetig ansteigende Popularität der Archäologie auch negative Folgen, und der Massentourismus birgt das Risiko, daß die Archäologie ›zu Tode geliebt‹ wird, da Millionen menschlicher Füße und Lungen die archäologischen Stätten zunehmend schädigen; ganz abgesehen von den (gottlob weit selteneren) Schäden, die durch Vandalismus oder, weniger vorsätzlich, durch Kriege oder Manöver bewirkt werden: so haben Übungen des Militärs in der Ebene von

Salisbury und in Südfrankfreich große Schäden verursacht. Ausgerechnet jetzt, wo die Gefahr des Kalten Krieges vorüber ist, läßt man dort Panzer und Feuerkraft auf prähistorische Grabhügel los.

Es gibt aber noch eine andere, weit verhängnisvollere Ursache, die zwar seit Jahrtausenden besteht (vgl. die Grabräuber im alten Ägypten, S. 87), in den letzten Jahren aber gleichsam explosionsartig an Bedeutung gewinnt: die Plünderung archäologischer Stätten durch Leute, die um finanzieller Vorteile willen graben, es nur auf verkäufliche Objekte abgesehen haben und in der Regel alles übrige zerstören. Der Krieg spielt ihnen in die Hände, wie beispielsweise im Libanon, wo die Feindseligkeiten zu einer Massenplünderung der Altertümer des Landes führten und Tausende von Tonnen an Artefakten von Milizionären und skrupellosen Händlern heimlich verschifft und außer Landes gebracht wurden. Die großen Bauten von Angkor Wat in Kambodscha verfielen während des dortigen Konfliktes rasch, und zwar nicht nur aufgrund der anhaltenden Unterbrechung der Wartungsarbeiten, sondern auch wegen der massiven Plünderungen durch das Regime Pol Pots. Das außerhalb Kabuls gelegene Archäologische Nationalmuseum Afghanistans wird nach wie vor beschossen und geplündert, während die Kriegsparteien des Landes ihren Kampf ausfechten.

Der traurigste Aspekt dieser Plünderungen ist die Einbuße an Wissen, die immer dann eintritt, wenn Funde aus ihrem ursprünglichen Kontext herausgerissen werden. In unseren Augen mögen die Objekte schön sein, aber die Informationen, die sie hätten preisgeben können, sind gar nicht zu ermessen. Es ist wie der Unterschied zwischen dem Anblick eines Fotos unbekannter Menschen aus dem letzten Jahrhundert ohne Bildunterschrift und dem Betrachten von Fotos mit vollständigen Bilderklärungen zu Entstehungsdatum, Inhalt und anderen Fakten. Ersteres mag gelegentlich eindrucksvoll, hübsch oder interessant sein (wegen der damals getragenen Mode etwa), doch man lernt unendlich viel mehr aus den kommentierten Bildern. Das ist etwas, was die Sammler von Altertümern nicht begreifen, denn sie kennen zwar von allem den Preis, nicht aber seinen Wert.

Mit Sicherheit sind es die modernen Sammler, die in diesem Stück die Rolle des Schurken spielen. Verarmten Bauern in der dritten Welt kann man wirklich nicht verargen, daß sie die Erde nach ›wertvollen‹ Objekten durchwühlen, um ihre Familie vom Verkauf eines guten Fundes zu ernähren, statt ein Jahr lang dafür hart arbeiten zu müssen. In anderen Ländern aber wie in Großbritannien und den USA gibt es gut organisierte professionelle Banden von Kunstdieben, die nicht nur bestens mit Hi-Tech-Geräten ausgestattet, sondern auch gut bewaffnet sind. Wenn es keinen aufnahmebereiten Markt gäbe, wenn man die Türen tatsächlich zusperrte – wie beim Elfenbeinhandel vor wenigen Jahren –, würden die Preise fallen, Märkte verschwinden und der Handel wahrscheinlich zurückgehen. So wie die Dinge jedoch liegen, blüht der Handel trotz der strengen Gesetze, die in einigen Ländern gelten. In China beispielsweise können Diebe für das Plündern von Grabstätten und den illegalen Export von Altertümern hingerichtet werden, und dennoch fließen enorme Mengen davon mit rasanter Zuwachsrate nach Hongkong und von dort zu Sammlern auf der ganzen Welt. Allein 1989/90 wurden in

China 40.000 alte Gräber von Dieben geplündert; und in der ersten Hälfte der Jahres 1994 beschlagnahmten die Zollbehörden von Hongkong geschmuggelte Artefakte im Wert von 5,5 Millionen Dollar – das Vierfache der Gesamtmenge des Vorjahres; dabei wird nur ein winziger Bruchteil der Schmuggelware abgefangen.

Zu Recht hat man bemerkt, die wirklichen Diebe seien die Sammler. Viele von ihnen versuchen, ihr Treiben mit der Behauptung zu rechtfertigen, daß all diese Kunstwerke ohne sie nicht konserviert würden und die Museen ohnehin nicht über die Mittel verfügten, sich in angemessener Weise um ihre Sammlungen zu kümmmern. Beide Angaben enthalten ein Quentchen Wahrheit, das jedoch von einer häßlichen kleinen Tatsache überschattet wird: Es sind in letzter Instanz der Markt und die astronomischen Summen, die für Objekte bezahlt werden, um Schweizer Apartments oder Kamineinfassungen in Manhattan zu schmücken, die diesen gigantischen Diebstahl in Gang halten und dazu führen, daß Zehntausende alter Gräber und anderer Fundstätten jedes Jahr geplündert und vernichtet werden. Selbst Museen werden jetzt ausgeraubt: Objekte, die dokumentarisch erfaßt sind (und niemals offen verkauft werden könnten) werden anscheinend auf Bestellung gestohlen – vermutlich im Auftrag einiger trauriger, selbstsüchtiger und größenwahnsinniger Spinner, die sich privat daran ergötzen, während sie ihre Katze kraulen und von der Weltherrschaft träumen.

Die Popularität der Archäologie hat jedoch auch ihre freundlichere und demokratischere Seite: sie besteht im Aufblühen von Zentren für das Kulturerbe und Museen weltweit, die komplett ausgestattet sind mit interaktiven Computer-Terminals; die ultramoderne Vorführungen bieten, die verblüffend und lehrreich zugleich sind und dabei noch Spaß machen; Orte, wo man jedwede Art von experimenteller Archäologie betreiben kann, und sogar Entdeckungszentren ›zum Anfassen‹, die einem Gelegenheit bieten, einen echten Archäologen zu treffen (bitte kommen Sie nicht alle auf einmal). In den reicheren Museen gibt es bereits Hologramme, und es wird eine Technologie der virtuellen Realität entwickelt, die es ermöglicht, nicht mehr vorhandene Orte (wie z. B. die mittelalterliche Abtei von Cluny in Frankreich) zu besichtigen oder solche, die nicht für den Massentourismus freigegeben werden können (wie die ausgemalten Höhlen von Lascaux und Cosquer). Letztendlich wird daher ein Großteil des archäologischen Tourismus zu Hause, im Lehnstuhl stattfinden, was den Druck auf die Fundstätten verringern wird, wenngleich der zunehmende Tourismus und die sich stets erweiternden Horizonte der Touristen den Druck beständig auf neue Gebiete verlagern.

All diese Dinge befinden sich im Anfangsstadium und waren noch vor ein oder zwei Jahrzehnten gänzlich unbekannt. In Anbetracht des extremen Entwicklungstempos der Technologie ist es unmöglich vorauszusehen, wie die Zukunft der Archäologie in diesem Bereich aussehen wird, genausowenig wie im Bereich der Datierungsverfahren, der Satellitenaufklärung oder in bezug auf genetische Anhaltspunkte für Ursprung und Entwicklung der Menschen sowie der von ihnen domestizierten Pflanzen und

Tiere. Die Abhängigkeit von hochgradig spezialisierten ›Eier-köpfen‹ wird sich sicherlich noch erhöhen. Auch kann mit einiger Gewißheit angenommen werden, daß der Trend, mit weniger mehr zu erreichen (vgl. S. 17), sich fortsetzen wird, während in Ländern, wo die einheimische Bevölkerung gegen die prähistorische Feldforschung protestiert oder in diesen Dingen konsultiert werden muß, die historische Archäologie zunehmend an Bedeutung gewinnen wird (wie bereits in Australien und anderswo).

Mit einiger Sicherheit läßt sich sagen, daß die zukünftige Archäologie anonymer sein wird und jenen Trend weg von den großen Persönlichkeiten fortsetzt, den wir bereits in diesem Jahrhundert beobachten konnten. Die Nabelschau wird zweifellos weitergehen, während gleichzeitig das Wissen um die Unzulänglichkeit unserer Grundannahmen ebenso wächst wie die Einsicht, daß andere Menschengruppen ebenfalls einen Anspruch auf die verbliebenen Zeugnisse der Vergangenheit haben – die militanten Aktionen von Minderheiten (vgl. Kap. 8) werden bald auch in anderen Teilen der Welt wie Südamerika und Südafrika zu beobachten sein.

Solange aber die Archäologie etwas Neues zu bieten hat und sich so ihre öffentliche Finanzierung und Förderung redlich verdient, wird sie weiter florieren, denn sie bleibt das einzige Fach, das 99 % der menschlichen Vergangenheit untersucht. Nur die Archäologie kann uns über die fundamentalen Ereignisse unserer Vergangenheit Auskunft geben – wann, wo und wie die Menschheit überhaupt entstand; über die Entwicklung der Kunst, des Handwerks und der Schrift; über die Ursprünge und die Verbreitung der Landwirtschaft ebenso wie über die Entstehung komplexer Gesellschaften und die Entwicklung der Städte. Dies sind nur einige von vielen Themen, die von Forschern auf der ganzen Erde untersucht werden. Überall gibt es noch viel zu tun, um weitere Teile in das gigantische Puzzle des historischen Wissens über den Menschen einzupassen. Mit ihrem unvergleichlichen Langzeitblick ist die Archäologie unser einziges Mittel, ›das große Ganze‹ zu sehen. Wenn wir wissen wollen, wohin die Reise geht, müssen wir unsere Flugbahn zurückverfolgen, um zu sehen, woher wir eigentlich kommen; dafür gibt es die Archäologie.

Kleine Einführung
in die Altertumswissenschaft

von Mary Beard und John Henderson

(übersetzt von Barbara von Reibnitz)

Vorwort zur deutschen Ausgabe

Der Text, den Sie lesen werden, beginnt mit einem Museumsbesuch, und zwar im *British Museum* in London. Wir konzentrieren uns dabei auf eine bestimmte Gruppe griechischer Skulpturen, die aus einem entlegenen Bergtempel im Süden Griechenlands stammt: aus dem Tempel des Apollon in Bassai. Wir erzählen zuerst, wie sie zu Beginn des 19. Jahrhunderts entdeckt,
versteigert und nach England gebracht wurden. Dann versuchen
wir, den geschichtlichen Hintergrund auszuleuchten: in welchem
religiösen, sozialen und politischen Kontext standen diese Skulpturen, wie waren sie mit Literatur und Mythologie verknüpft –
dies alles gefragt im Hinblick auf die griechische *und* die römische Antike. Und schließlich wollen wir zeigen, inwiefern diese
Skulpturen unser heutiges Antikeverständnis beeinflußt haben.
Jedes Kapitel nimmt seinen Ausgangspunkt in Bassai: vom Tempel und seinen Skulpturen lassen wir uns zu ganz verschiedenen
Fachrichtungen, Vorlieben, Vorurteilen, Wiederentdeckungen
und auch Widersprüchen führen, die in ihrer Gesamtheit das
ausmachen, was wir unter Altertumswissenschaft verstehen.

Ebensogut hätten wir einen anderen Ausgangspunkt wählen
können: ein anderes Museum, eine andere klassische Stätte, einen
anderen antiken Überlieferungsbestand. Es gibt in ganz Europa
eine große Auswahl an Objekten, an die sich Geschichten aus der
und über die Altertumswissenschaft knüpfen ließen – Geschichten, die Parallelen und Überschneidungen mit den von uns er-
zählten zeigen könnten, aber auch neue Gesichtspunkte und Einsichten ganz eigener Art produzieren würden. Nehmen wir an,
wir hätten unseren Ausgangspunkt in Deutschland gesucht, dann

*Abb. 1: »Künstler erhalten Aufträge durch König Ludwig I.«
Ölgemälde von Wilhelm Kaulbach (1848)*

hätte uns unser Museumsbesuch in die Münchner Glyptothek
führen können, mit ihrer klassizistischen Fassade, ihrem Säulen-
portikus und ihren Giebeln voller Skulpturen. Dieser Bau veran-
schaulicht so gut wie das British Museum, welche Bedeutung der
Klassizismus des 19. Jahrhunderts besaß (vgl. Abb. 1). Hier hätten wir unsere Reise in die Antike wahrscheinlich bei den Skulpturen beginnen lassen, die sich stolz im Mittelpunkt des Museums präsentieren. Wir wären dem Museumsführer durch die
Eingangshalle gefolgt, vorbei an den lateinischen Inschriften, die
an das Vermächtnis König Ludwigs erinnern, der mit diesem Bau
(1816–1830) ein repräsentatives Haus für seine Sammlung schaffen wollte, »würdig der Denkmäler der Bildhauerkunst der Alten«. Wir hätten uns dann nach links gewendet und wären zuerst
den steifen, sanft lächelnden Plastiken der griechischen Archaik
begegnet, wir hätten im Vorübergehen einen Blick geworfen auf
die Prozession berühmter Meisterwerke und die wilde Folge von
Fragmenten, mit den Köpfen antiker Götter, Philosophen und
Helden, um die sich all die berühmten Mythen ranken, wir wären
an den Grabstelen mit ihren Trauerszenen, den Darstellungen des
Todes und den Gebärden der Verzweiflung vorbeigekommen und

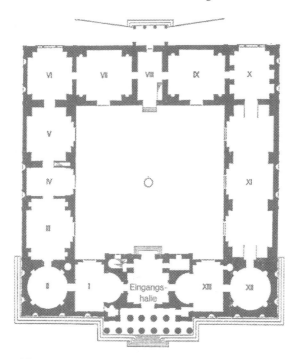

Abb. 2: Glyptothek München, Plan des Erdgeschosses

hätten endlich die große Installation erreicht, die die drei Räume (VII–IX) gegenüber dem Haupteingang, auf der anderen Seite des Innenhofs, einnimmt.

Die in diesen Räumen ausgestellten Skulpturen stammen allesamt aus einem einzigen griechischen Heiligtum, dem Tempel der Göttin Aphaia auf der Insel Aigina dreißig Kilometer südlich von Athen (vgl. Karte S. 265). Fast alle standen ursprünglich in den Giebeln auf einer der beiden Stirnseiten des Tempels: majestätische Göttinnen und eine Unzahl von Kriegern – Körper, Gliedmaßen, Köpfe, Helme, Schilde und Köcher (vgl. Abb. 3). Der Museumsführer erklärt, beide Giebeltableaus hätten Szenen aus den Trojanischen Kriegen dargestellt: die eine Herakles, den starken,

männlichen Helden, und seinen Gefährten Telamon, den Gründungsheros der Insel Aigina; die andere die Erstürmung Trojas
durch eine Allianz griechischer Führer mit Telamon an der Spitze,
die nach Rache brannten für die Ent- und Verführung der schönsten Frau Griechenlands, Helena, durch den trojanischen Prinzen
Paris. Mittelpunkt beider Szenen sei die Gestalt der kriegerischen
Göttin Athene gewesen.

Diese Skulpturen waren im Jahr 1811 Ziel einer internationalen Gruppe von Forschungsreisenden, die sich zu Zwecken der
Archäologie und des Abenteuers zusammengetan hatte: der bay-
rische Architekt Karl Haller von Hallerstein (die bärtige Figur
rechts in Abb. 1), der schwäbische Maler Jacob Linckh und die
beiden englischen Architekten (und Lords) C.R. Cockerell und
John Foster. Sie fanden den abgelegenen Tempel in Ruinen,
mächtige Blöcke aufgetürmt, wo sie gerade hingefallen waren,
rund um die Reste der noch aufrecht stehenden Säulen. Noch
heute bietet der Tempel dem Besucher einen imposanten Anblick,
auf einer pinienbewachsenen Anhöhe hoch über dem Meer. Die
Reisegruppe hatte zwei Ziele: zum einen wollte sie die Architektur der Tempelanlage untersuchen und dokumentieren, zum anderen war sie, inoffiziell und insgeheim, auf der Jagd nach Skulpturen, die man an sich bringen und abtransportieren konnte. Mit
einer Mischung aus Geschäftstüchtigkeit und nackter Bestechung
gelang es, die erbeuteten Funde nach Malta verschwinden zu
lassen, wo sie rasch dem meistbietenden Käufer zugeschlagen
wurden: Kronprinz Ludwig von Bayern (Abb. 1, in der Mitte).

Auf dem Weg von Malta nach München wurden die Skulpturen nach Rom gebracht, um dort in einer Spezialwerkstatt unter
Anwendung der neuesten Techniken zusammengesetzt, gereinigt
und restauriert zu werden: das Beste war dem König gerade gut
genug. Nach den Standards des 19. Jahrhunderts meinte das eine
Totalrestaurierung mit möglichst weitgehenden Ergänzungen; die
Oberflächen wurden geglättet, fehlende Teile wurden vorsichtig
ergänzt und um grössere Lücken zu füllen, wurden von einem
führenden Künstler der Zeit (B. Thorvaldsen) neue, »neo-klassi-
sche« Glieder angefertigt. Waren diese Maßnahmen als Entwei-

hung und Verunstaltung des antiken Originals unter dem Deck-
namen der »Restaurierung« zu werten oder als kongenialer
Nachvollzug hellenischen Schönheitsempfindens? Aus der Sicht
des 20. Jahrhunderts, die durch die kompromißlose Bevorzugung
des Originalzustands bestimmt ist, war es fraglos eine Verunstaltung; die Ergänzungen wurden daher auch in den 60er Jahren
systematisch entfernt. Für Ludwig und seine Zeitgenossen aber
war es gerade die strahlende Vollkommenheit der Skulpturen, die
sie zum würdigen Mittelpunkt der prachtglänzenden Marmorsäle
dieses avantgardistisch neo-klassischen Museumsbaus und
Schatzhauses machten. Jedes Detail mußte perfekt sein. Wenn
sich irgendwelche Einwände dagegen erhoben, daß Griechenland
solcher Meisterwerke einfach beraubt worden war, konnte der
Baumeister des Museums, Leo von Klenze, aus voller Überzeugung antworten, die Skulpturen seien in Griechenland, diesem
»tragisch heruntergekommenen Land« schlichtweg nicht sicher
gewesen; das kulturelle Erbe, das sie darstellten, wäre dort »zum
Besitz und Spielzeug von Barbaren« geworden. Deutschland, da
war er sich sicher, war ein besserer Ort für die Bewahrung und
Erhaltung des klassischen Altertums.

Es gibt jedoch noch engere Parallelen zwischen den Skulpturen
von Aigina und Bassai. So wurden sie beide von der gleichen
Gruppe enthusiastischer Antikenjäger gerettet (oder geraubt), zuerst die von Aigina, dann die von Bassai. Im Grunde ist es reiner
Zufall, daß die Beutestücke aus Aigina nicht im British Museum
gelandet sind: der Unterhändler, der aus London geschickt worden war, um sie zu ersteigern, hatte es nämlich geschafft, zur
richtigen Stunde am falschen Ort zu sein (vgl. S. 148). Umgekehrt
wäre, wenn die Schiebereien hinter den Kulissen erfolgreich gewesen wären, der Fries von Bassai jetzt in München, oder aber
das (napoleonische) Paris hätte sich die Funde von Bassai und
Aigina alle beide verschafft.

Mit den Skulpturen von Aigina lassen sich ganz ähnliche Fragestellungen verbinden wie mit denen von Bassai: Sind sie wirklich ›schön‹ – oder waren sie es? Ungeachtet ihrer Repräsentation
als Glanzstücke der Glyptothek stammen sie noch aus der Epo-

che, die dem großen, dem ›klassischen‹ Zeitalter der griechischen Kunst vorausging; es gibt durchaus Leute, die ihren von anderen so bewunderten strengen Ernst niemals geschätzt haben. Und weiter: wie waren die Figuren ursprünglich auf den Tempel verteilt? Wir werden sehen, daß die Rekonstruktion des Frieses von Bassai ein echtes Puzzlespiel ist (vgl. S. 212 ff.). Für Aigina gilt das in noch höherem Maße: denn wir wissen nicht, wie die Figuren sich auf die beiden Giebel verteilten und wie sie dort angeordnet waren – gar nicht zu reden von dem Problem, daß bei späteren Ausgrabungen weitere Reste von Skulpturen gefunden wurden, die unmöglich alle in die Giebel gehören konnten (eine ernsthaft vorgeschlagene, aber kaum zu haltende Erklärung ging davon aus, älterer Figurenschmuck des Tempels sei in der Antike durch jüngeren ersetzt und die alten Stücke auf dem umliegenden Gelände deponiert worden). Und dann: was stellten diese Figuren wirklich dar? Wie gesagt, der Museumsführer versichert, daß auf beiden Stirnseiten des Tempels Taten der lokalen Heroen während des trojanischen Krieges gezeigt worden seien. Aber selbst das ist Spekulation; und es erklärt sicherlich nicht, warum

*Abb. 3: Westgiebel
des Tempels der Aphaia
auf Aigina (Montage):
Die Zerstörung Trojas
unter Athenes Führung*

Athene in beiden Szenen eine beherrschende Rolle spielte. Ja, die Präsenz der Göttin selbst ist ein Rätsel: Warum war Athene so prominent in einem Tempel, der der Aphaia geweiht gewesen sein soll? Und wer oder was war überhaupt Aphaia? Wir werden sehen, daß die Identität des Gottes von Bassai, Apollon Epikurios, schon in der Antike Gegenstand von Spekulationen war (vgl. S. 166). Auch Aphaia mit ihrem nur an diesem Ort bezeugten Kult war eine Art Unikat und hat phantasiereiche Hypothesen über ihren Ort in Religion und Mythologie der Griechen veranlaßt (War sie vielleicht eine Variante der großen Göttin Artemis? War sie ein kretischer Import, wie Pausanias meint, der hier wie auch in Bassai unsere einzige Informationsquelle ist? Oder war sie gar eine lokale Sonderform der Göttin Athene, wie die Tempelskulptur nahelegen könnte?) Die Lösung solcher Fragen sind das Geschäft (und die Genugtuung) der Altertumswissenschaft.

Hätten wir unseren Ausgangspunkt in Aigina genommen, dann hätte die Einführung in die Altertumswissenschaft, die wir hier geben wollen, einen anderen Weg genommen und es wären andere Aspekte beleuchtet worden. Anders als das abgelegene Bassai spielte Aigina nämlich eine bedeutende Rolle in der griechischen Geschichte und der Entwicklung der antiken Kultur – so wurden hier z.B. die ersten Münzen geprägt, und die Geschichte der Münzprägung hätte ganz andere Zusammenhänge in unser Visier gebracht; Pindar, der große griechische Lyriker, hat Siegeslieder gedichtet, die die Insel feierten, und so hätten wir sehr viel mehr über Pindar gehört und seine Bedeutung für die nachfolgende Literatur (vermittelt über den Römer Horaz bis in unsere Tage) als über die idyllische Hirtenwelt, die Bassai evoziert und die Vergil und seine Nachfolger unsterblich gemacht haben. Ausgehend von Aigina wäre ein anderer Text entstanden; das gilt auch für den deutschen Kontext: denn für zwei Jahrhunderte haben die Skulpturen von Aigina (und das, was sie darstellten) ihre Spuren in fast allen Bereichen der deutschen Kultur hinterlassen; ihre Ausstrahlung war derjenigen ähnlich, die die Reliefs von Bassai, wie Sie sehen werden, in England besaßen. Man kann sich die verschlungenen Pfade vorstellen, die von Ludwig I. bis zu Eduardo Paolozzi führen, der die Aigineten 1988 in einer postmodern-ironischen Ausstellung der Glyptothek travestiert hat. Der Ausgangspunkt München hätte einen anderen, und doch vielleicht auch sehr ähnlichen Text ergeben, der jedenfalls ebensogut eine kleine Einführung in die Altertumswissenschaft hätte werden können.

1   Museumsbesuch

Diese Einführung in die Altertumswissenschaft beginnt mit einem kurzen Besuch im Museum. Wir haben dazu das *British Museum* in London ausgesucht, und zwar einen ganz bestimmten Raum, in dem sich ein ganz bestimmtes Monument des alten Griechenland befindet. Ein Gang ins Museum ist gut geeignet, um sich mit griechischer und römischer Kultur zu beschäftigen. Aber wir nehmen unseren Besuch zum Ausgangspunkt, um zu fragen, was denn eigentlich Altertumswissenschaft ist, und damit beginnen wir einen Erkundungsgang, der uns weit über den Bereich eines Museums und der in ihm ausgestellten Objekte hinausführen wird.

Zunächst aber folgen wir dem im Museumsplan ausgewiesenen Weg durch die Ausstellungsräume, dem auch die meisten Museumsführer folgen: die große Aufgangstreppe hinauf, zwischen den mächtigen Säulen des klassizistischen Portikus hindurch in die Eingangshalle, vorbei am Buchladen, vorbei an den Begräbnisurnen und den riesigen »Ali Baba«-Gefäßen, die das prähistorische, »heroische« Griechenland repräsentieren (Raum 1 und 2), vorbei an den ersten steifen Marmorskulpturen, die den Übergang zur »Klassik« bilden (Raum 3 und 4). Dann schlängeln wir uns zwischen den Vitrinen mit rot- und schwarzfigurigen griechischen Vasen hindurch (Raum 5), bis wir am Fuß einer schmalen Treppe angelangt sind, die uns aus dem Haupttrakt herausführen wird (obwohl wir das Paradestück des Museums, die Parthenonskulpturen, noch gar nicht gesehen haben). Wir schlagen also einen Seitenweg ein, aber einen, der sich lohnen wird.

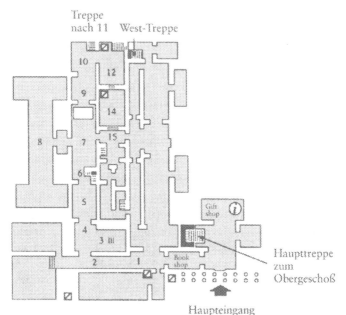

Abb. 4: Plan des British Museum: wie man zum Bassai-Raum kommt

Treppe
nach 11   West-Treppe

Räume im Erdgeschoß 1–15

Haupteingang
Great Russell Street

1/2 Prähistorisches Griechenland	9 Karyatiden-Raum
3/4 Archaisches Griechenland	10 Payava-Raum
5 Klassisches Griechenland	11 Griechische Vasen der Spätzeit
6 Bassai-Skulpturen	12 Mausoleum von Halikarnassos
7 Nereidenmonument	14 Hellenistisches Griechenland
8 Parthenon-Skulpturen	15 Römische Kunst
(Elgin Marbles)	

Wir steigen die Stufen hinauf zu Raum 6, der sich im Zwischen-stock befindet. Unterwegs passieren wir eine romantische Rui-nenlandschaft, gemalt von irgendeinem Lord, der die Abzeichen seines Standes, Hund und Gewehr, gut sichtbar in sein Bild integriert hat. Am Ziel unseres Weges angelangt, betreten wir

126

einen eigens konzipierten Ausstellungsraum. Sorgfältig plazierte Spotlights sind auf eine Reihe behauener Steinplatten gerichtet, von denen jede einzelne ungefähr einen halben Meter hoch ist. Sie zeigen eine Folge kämpfender Körper – Männer, Frauen, Pferde, Halb-Pferde – und sind zu einem Fries angeordnet, der in Augenhöhe den gesamten Raum umläuft. (Es gibt keinen Zentimeter Leerfläche: der Raum wurde offensichtlich maßgebaut.) Ein paar Informationstafeln geben Auskunft. Diese Platten, lesen wir, wurden gegen Ende des 5. Jahrhunderts v. Chr. gemeißelt. Sie bildeten den Fries im Inneren des Apollontempels von Bassai in Arkadien, einer abgelegenen Gegend im Südwesten Griechenlands. (Alle Orte, die in diesem Text erwähnt sind, finden sich auf den Karten am Ende des Textes, S. 264 ff.)

Der Fries, so die Erklärungstafeln weiter, zeigt zwei der bekanntesten Szenen aus der griechischen Mythologie. Ein Teil der Figuren stellt Griechen in der Schlacht gegen die halb mann-, halb pferdeartigen Kentauren dar (diese hatten, ihrem tierischen Charakter entsprechend, eine Hochzeitsfeier gestört und versucht, die Frauen zu rauben); die anderen sind Griechen (genauer: griechische Männer unter der Führung von Herakles), die gegen fremde, wilde Kriegerfrauen, die Amazonen, kämpfen. Es handelt sich, so wiederum die Tafeln, um eine der berühmten zwölf Arbeiten des Herakles (lateinisch: Hercules): um den Diebstahl des Gürtels der Amazonenkönigin.

Daß dieser Fries sich hier im British Museum befindet, ist eben jenem Lord (und seinen Freunden) zu verdanken, an dessen Gemälde wir vorhin vorbeigekommen sind. Die Überreste des Tempels von Bassai wurden Mitte des 19. Jahrhunderts durch eine Gruppe englischer, deutscher und dänischer Archäologen und Forschungsreisender entdeckt. Im Laufe weniger Monate machten sie ein kleines Vermögen, indem sie die Skulpturen an die britische Regierung verkauften. Einige Stücke landeten in Kopenhagen, ein paar sind noch in Griechenland, der Hauptanteil aber ging nach England.

So weit so gut, doch die Informationen der Tafel verweisen auf ein Problem. Dieser Museumsraum wurde zwar ›maßgebaut‹, aber wofür eigentlich? Die 23 einzelnen Steinplatten, die hier säuberlich aneinandergereiht ausgestellt sind, wurden weit verstreut zwischen den Ruinen des Tempels gefunden, hier eine und dort eine, ohne jeden ersichtlichen Zusammenhang. Niemand konnte klar sagen, was zusammengehört, wie man dieses riesige Stein-Puzzle lösen sollte, ja nicht einmal, was es überhaupt genau darstellt. Wenn Sie sich die Abzeichnungen des Frieses am Ende des Textes (S. 262) ansehen, haben Sie nur *einen* Lösungvorschlag von vielen möglichen vor Augen. Was wir im Bassai-Raum des Museums sehen, entspringt lediglich einer, wenn auch plausiblen, Vermutung darüber, wie das Ganze einmal ausgesehen haben könnte.

Und wie könnte es nun ausgesehen haben? Auch wenn wir das ungelöste Puzzle einmal beiseite lassen, sind wir durch die Informationstafeln doch bereits vorgewarnt, daß die Skulpturen in der originalen Anordnung niemals den Anblick geboten haben können, den wir hier vor uns haben. Denn im Tempel befanden sie sich nicht in Augenhöhe, wie hier, sie wurden nicht angestrahlt, um die Aufmerksamkeit auf sich zu ziehen, sondern sie befanden sich weit oben, in sieben Meter Höhe an der Innenwand des Heiligtums, kaum beleuchtet, wahrscheinlich kaum zu erkennen, wenn man Staub und Spinnweben hinzurechnet. Natürlich muß man nicht eigens betonen, daß wir uns in einem Museum befinden, dessen Aufgabe darin besteht, alle diese »Kunstwerke« für den Betrachter sauber, ordentlich und mit Erklärungen versehen auszustellen, sei es zu Zwecken bewundernder Betrachtung oder wissenschaftlichen Studiums. Ebensowenig muß man betonen, daß der Tempel von Bassai kein Museum, sondern ein religiöses Gebäude war, daß diese Skulpturen zu einem heiligen Ort gehörten, den man (wie wir sehen werden) nicht wegen Informationstafeln und Erklärungen aufsuchte. (Die Geschichten von Herakles und den Amazonen, vom Kampf der Griechen gegen die Kentauren kannte man damals von Kindesbeinen an.) Mit anderen Worten: es existiert eine offenkundige Kluft zwischen historischem Kontext und moderner Präsentation.

Museen arbeiten natürlich genau mit diesem historischen Abstand, und als Museumsbesucher haben wir uns daran gewöhnt, ihn als gegeben hinzunehmen. Wir wundern uns nicht, wenn wir eine prähistorische Speerspitze, die einst blutig und todbringend im Schädel eines unseligen Kämpfers steckte, nun in einem noblen Schaukasten ausgestellt sehen. Wir nehmen gar nicht erst an, daß die wunderbaren musealen Rekonstruktionen römischer Küchen, mit all den appetitlichen Zutaten und den fröhlichen Kochsklaven aus Wachs, etwas von der (sehr viel härteren) Realität römischer oder sonstwelcher Küchen- und Hausarbeit vermitteln sollen. So sind Museen eben. Ihre Ausstellungen machen uns nicht glauben, sie präsentierten eine ›unmittelbare‹ Vergangenheit.

Und doch knüpft sich gerade an diese Kluft zwischen damals und heute, zwischen musealer Anschauung und historischer Realität, eine Reihe von Fragen. Auch wenn uns, wie im Fall von Bassai etwa, klar ist, daß die Skulpturen ursprünglich zu einem religiösen Heiligtum und nicht zu einem Museum gehörten – was heißt denn »religiös«? Wie haben wir uns »religiöse« Handlungen vorzustellen, die in einem griechischen Tempel vollzogen wurden? Waren »religiöse« Gegenstände für die Griechen nicht auch ›Kunstgegenstände‹, ebenso wie für uns? Besagter Tempel stand an einem Berghang in einem Niemandsland, am Ende der Welt sozusagen – wir werden darauf noch zurückkommen. Warum ein Tempel gerade *dort*? Kam man dorthin ausschließlich als frommer Pilger, ohne jedes ›touristische‹ Interesse, das die wunderbare Aussicht hätte erregen können? Wollte keiner der antiken Besucher etwas *wissen* über diese Szenen, die da kaum sichtbar in sieben Meter Höhe dargestellt waren? Wie weit unterschied sich ein Tempelbesuch damals tatsächlich von einem Museumsbesuch heute? Können wir uns über den Abstand, der uns trennt, wirklich im Klaren sein? Im Klaren darüber, was genau uns mit den Tempelbesuchern des 5. Jahrhunderts v. Chr. (Pilgern, Touristen, Verehrern der Gottheit) verbindet und was uns von ihnen trennt?

Auch das, was in dieser Zeit zwischen damals und heute

geschehen ist, wirft Fragen auf. Es geht nicht nur um uns und um
die Erbauer und ersten Besucher des Tempels. Was bedeutete
dieser Ort für die Bewohner des *römischen* Griechenland? Ungefähr 300 Jahre, nachdem der Tempel gebaut worden war, hatte
sich die Supermacht Rom Griechenland einverleibt, als Provinz
des mächtigsten Reichs, das die Welt bis dahin gesehen hatte.
Hatte die römische Eroberung Einfluß darauf, wer den Tempel
besuchte und mit welchen Erwartungen man kam? Und dann:
was hatte es eigentlich mit den kühnen Forschungsreisenden auf
sich, die sich so mannhaft gegen die Wegelagerer im damals
türkischen Griechenland verteidigten, um den Tempel freizulegen
und die Skulpturen nach England zu bringen? Muß ihr Unternehmen uns heute in Verlegenheit bringen (als Akt imperiali-
stischer Ausbeutung etwa)? Waren diese Leute Touristen wie wir?
Was bedeutete Bassai für ihre Auffassung der Antike? Können
wir diese Auffassung, soweit sie in der (zumindest teilweise)
gemeinsamen Wertschätzung antiker Literatur, Kunst und Philosophie gründet, heute noch teilen?

Es ist der Abstand zwischen unserer Welt und der Welt der
Griechen und Römer, mit dem sich die Altertumswissenschaft
beschäftigt. Ihre Fragen entstehen aus der Nähe und Ferne zu
dieser Welt, wie sie sich in unserer Literatur, unserer Sprache,
unserer Kultur und unseren Denkgewohnheiten spiegelt. Für die
Altertumswissenschaft handelt es sich nicht nur darum, die antike Welt ›freizulegen‹ – obwohl diese Arbeit ein wichtiger Bestandteil ist, wie die Entdeckung von Bassai oder die Ausgrabung
des äußersten Vorpostens des römischen Reichs an der schottischen Grenze zeigen. Es handelt sich auch darum, uns zu dieser
Welt in ein Verhältnis zu setzen und über dieses Verhältnis nachzudenken. Mit diesem Verhältnis und seiner geschichtlichen Entwicklung beschäftigt sich unser Text, ausgehend von einem vertrauten Phänomen, das doch, wie wir sehen werden, merkwürdig
und rätselhaft werden kann: vereinzelte Stücke eines antiken
griechischen Tempels, ausgestellt im Herzen des modernen London. »Museum« bedeutete im Lateinischen ursprünglich »Tempel der Musen« – ist ein modernes Museum ein geeigneter Ort,

um die Schätze eines antiken Tempels aufzubewahren? Oder sieht es nur so aus?

All diese Fragen, die sich an Bassai knüpfen lassen, bieten einen Zugang zu dem, was wir als die Sache der Altertumswissenschaft im weitesten Sinn beschreiben möchten. Altertumswissenschaft beschäftigt sich ja nicht nur mit den materiellen Überresten der antiken Kultur, mit griechischer und römischer Architektur, Skulptur, Keramik und Malerei. Sie beschäftigt sich auch, um nur einiges zu nennen, mit Dichtung, Drama, Philosophie, Wissenschaft und Geschichtsschreibung der Antike – mit Texten, die noch heute gelesen und diskutiert werden. Die Texte werfen ähnliche Fragen auf wie die Monumente: wie ist eine Literatur zu lesen und zu verstehen, die eine mehr als 2000jährige Geschichte aufzuweisen hat und in einer Gesellschaft entstanden ist, die von der unsrigen sehr weit entfernt ist? Wenn man z.B. Platons philosophische Abhandlungen lesen will, muß man sich klar machen, daß sie der Gesellschaft des 4. Jahrhunderts v. Chr. angehören, in der man nicht Bücher schrieb, sondern Papyrusrollen, jede einzelne von Sklaven eigenhändig abgeschrieben – einer Gesellschaft, für die Philosophie noch eine Angelegenheit war, die sich im öffentlichen Raum des städtischen Lebens abspielte und im gesellschaftlichen Zusammenhang gemeinsamer Mahlzeiten und Gelage verankert war. Selbst als die Philosophie im Laufe des 4. Jahrhunderts Gegenstand schulmäßigen Studiums wurde, blieb die Differenz zu unserem ›akademischen‹ Betrieb beträchtlich – auch wenn Platons Schule, benannt nach einer Vorstadt Athens, die erste »Akademie« war. Andererseits betrifft die platonische Philosophie fraglos nicht nur die Griechen, sondern, über alle Entfernung hinweg, auch uns. Platon ist noch immer der weltweit meistgelesene Philosoph, und wenn wir ihn heute lesen, lesen wir ihn als Bestandteil unserer eigenen philosophischen Tradition, in der Perspektive all der Philosophen, die nach ihm kamen und ihn auch gelesen haben ... In diesem komplexen Wechselverhältnis zwischen Lektüre, Interpretation und Diskussion der Überlieferung liegt die Herausforderung der Altertumswissenschaft.

Der Tempel von Bassai ist einzigartig und unwiederholbar; die

Fragen, die er auslöst, löst nicht jedes Monument oder jeder Text in gleicher Weise aus. Unser Text wird den verschiedenen Spuren folgen, die von diesem Tempel, seinen Skulpturen und seiner Geschichte ausgehen: angefangen bei dem mythischen Konflikt, der auf seinen Wänden dargestellt ist (Männer im Kampf gegen Frauen, Männer im Kampf gegen Monster), über die Fragen nach Zweck, Funktion und Benutzung bis hin zur Arbeit der Sklaven, die ihn erbaut haben, der Landschaft, die ihn umgibt, den antiken Besuchern, die ihn bewunderten und nicht zuletzt den späteren Generationen, die ihn wiederentdeckt und neu interpretiert haben.

Natürlich ist jedes Stück antiker Überlieferung für sich einzigartig. Zugleich aber sind all diesen Überresten bestimmte Probleme, Geschichten, Fragen und Bedeutungen gemeinsam. Sie belegen damit einen ganz bestimmten, unverwechselbaren und unersetzbaren Platz in der Geschichte ›unserer‹ Kultur. Aus dem Nachdenken darüber ergibt sich die Sache der Altertumswissenschaft.

2 Vor Ort

Von der Entdeckung des Tempels von Bassai zu erzählen, heißt die Geschichte einer Expedition erzählen, und diese Geschichte handelt von Freundschaft, Glück und Zufall, von Diplomatie, zwielichtigen Verkaufstechniken und von Mord. Sie zeigt zudem, wie unterschiedlich die Aufgabe der Altertumswissenschaft auch heute noch beschrieben und aufgefaßt werden kann.

Die Handlung beginnt in den Anfangsjahren des 19. Jahrhunderts in Athen, das damals noch keine wuchernde, moderne Metropole war, sondern eine schmutzige, kleine Provinzstadt unter türkischer Herrschaft, mit nicht mehr als 1300 Häusern kaum größer als ein Dorf, jedenfalls kein Zentrum des Tourismus. Nirgendwo gab es eine geeignete Unterkunft, höchstens ein Kloster oder, wenn man Glück hatte, eine entgegenkommende Witwe. Auch auf Hilfe im Notfall konnte man nicht rechnen, es sei denn von anderen Reisenden oder von den wenigen Ausländern, die sich am Ort niedergelassen hatten. Man tat also gut daran, es mit Lord Byron, dem damals berühmtesten englischen Reisenden, zu halten und sich unter die Einheimischen zu mischen (Abb. 5). Oder besser noch, man bewarb sich um die Gunst von Louis-Sebastien Fauvel, der einen Großteil seines Lebens in Athen verbracht und während dieser Zeit eine beachtliche Anzahl heute kaum noch verständlicher Ehrentitel auf sich vereinigt hatte, wie z.B. den eines »Französischen Consuls« (Abb. 7). Fauvel kannte Gott und die Welt, und er konnte so ziemlich alles erreichen, selbst einen Passierschein zum Parthenon, der damals von einer türkischen Festung umgeben war und eine Moschee

Abb. 5: Lord Byron als Einheimischer – in orientalischer Kleidung

Abb. 6: Der junge Architekt:
Charles R. Cockerell

beherbergte. (Beide sind längst zerstört worden, um den Tempel freizulegen als Symbol für ein paganes oder ein christliches Griechenland.)

Hier also tat sich im Jahre 1811 unsere Reisegruppe zusammen: zwei deutsche Maler-Architekten und zwei dänische Archäologen, die sich bei einem Studienaufenthalt in Rom kennengelernt hatten, sowie zwei englische Architekten, C. R. Cockerell (Abb. 6) und John Foster, die soeben via Konstantinopel (dem heutigen Istanbul) aus England angekommen waren. Die erste gemeinsame Reise führte sie zu den Ruinen eines Tempels auf der Insel Aigina, unweit von Athen. Man ging an Land, als gerade im Auftrag von Lord Elgin die letzte Schiffsladung mit den Parthenonskulpturen nach England abging. Eine hübsche Anekdote will, daß unsere Gruppe in einem kleinen Fischerboot Lord Elgins Schiff passierte und Lord Byron, der sich ebenfalls an Bord befand, um nach England zurückzukehren, mit einem Ständchen eines seiner Lieblingslieder beehrte. Sie wurden zu einem Abschiedstrunk an Bord gebeten; verheißungsvoller Auftakt für eine erfolgreiche Expedition. Die Tempelskulpturen, die sie dann in Aigina ausgruben, landeten an prominenter Stelle in dem neuen Museum, das sich Ludwig I. von Bayern in München bauen ließ, und sind auch heute noch in der dortigen Glyptothek zu sehen (siehe Vorwort).

Das nächste Ziel war Bassai – ein entlegener und sehr viel gefährlicherer Ort. Die Gegend war mit Malaria verseucht. Der erste Europäer, der 1765 den Tempel gesehen hatte, der Franzose Joachim Bocher, konnte von seinem Fund gerade noch berichten. Als er sich kurz darauf noch einmal auf den Weg machte, wurde er, so Cockerell, von »gesetzlosen Banditen Arkadiens« ermordet. Doch unsere Gruppe hatte die Beschreibung gelesen, die ein griechischer Reisender im 2. Jahrhundert n. Chr. von dem Tempel gegeben hatte, und war überzeugt, es müsse sich dabei um ein

◀ *Abb. 7: Chez Fauvel: der französische Konsul in seinem Haus in Athen*

Bauwerk des gleichen Architekten handeln, auf den auch das größte Meisterwerk der Antike zurückging, der Parthenon. Mit der Vision, einen zweiten Parthenon zu finden, verließen sie Athen und kamen Ende des Jahres 1811 in Bassai an.

Cockerell entdeckte den Fries als erster. Nachdem man bereits ein paar Tage im Freien campiert hatte, bemerkte er beim Herumstöbern zwischen den Ruinen, wie ein Fuchs aus seinem Bau unter dem Tempelschutt hervorkam. Er sah sich die Sache näher an, fand in der Höhle unter dem Steinschutt eine antike Marmorplatte und identifizierte sie richtig als Teil des Tempelfrieses. Zusammen mit den Reisegefährten grub er sie sorgfältig wieder ein. Dann machte die Gruppe sich auf, um in Verhandlungen mit den türkischen Behörden die Erlaubnis für die Ausgrabung und den Abtransport der restlichen Teile zu erhalten. Im folgenden Jahr kamen sie zurück, allerdings ohne Cockerell, der nach Sizilien gegangen war, und mit nur einem der Dänen – der andere war an Malaria gestorben. Sie mobilisierten ein ganzes Heer einheimischer Arbeiter, hielten den Überfällen der Banditen stand, die wohl in der Mehrzahl Nachbarn, wenn nicht Verwandte der Arbeiter waren, gruben den Fries sowie einige kleinere Reste von Skulpturen aus, transportierten sie etwa 30 km weit bis zum Meer und von dort zu der nahegelegenen Insel Zante, die damals glücklicherweise unter englischer Besatzung stand. Nun mußte man nur noch verkaufen.

Diese Geschichte läßt sich unterschiedlich darstellen, z.B. als Erzählung über aristokratisch-privilegierte Kultureliten. Die Beschäftigung mit der Antike als *Grand Tour*, als Zeitvertreib der englischen Nobilität und ihrer europäischen Standesgenossen (die deutschen Namen sprechen bereits für sich: Baron Haller von Hallerstein, Baron Otto Magnus von Stackelberg, vgl. Abb. 8). Sie alle waren Sprösslinge einer Oberschicht, die den lateinischen und griechischen Sprachunterricht üblicherweise durch eine Bildungsreise nach Griechenland ergänzte, Sauftouren und Rangeleien wegen der einheimischen Mädchen waren dabei natürlich inbegriffen. Es war eine Elite, die vermögend genug war, um zu reisen, sich dabei aber auch, gegebenenfalls sehr rasch, weiter zu

Abb. 8: Der baltische Baron Otto Magnus von Stackelberg mit seinem Lieblingshund vor dem Tempel von Bassai, portraitiert von Karl Vogel von Vogelstein

bereichern verstand – man denke an den geschickten Verkauf der Antikenfunde.

Doch die Sache ist vielschichtiger. Man muß sich genauer vor Augen führen, was diese Leute tatsächlich in Griechenland suchten. Einige Mitglieder der Bassai-Gruppe hatten nämlich weit konkretere Ziele, als man bei einer *Grand Tour* voraussetzen würde. Cockerell etwa war zwar sicherlich vermögend, aber seine Reise hatte durchaus auch ein berufliches Motiv. Er kam als Architekt nach Griechenland, auf der Suche nach exemplarischen Stücken antiker Baukunst, an denen er sich schulen konnte. Vor allem wollte er sehen, inwieweit die Überreste der antiken Tempel den Empfehlungen des römischen Architekten Vitruv entspra-

chen, dessen Handbuch immer noch als Standardwerk galt. Es
ging also nicht nur um ideale Werte wie »Kultur« und »Schönheit«, die Antike bot auch anwendungsbezogene Modelle, Kon-
struktionsvorlagen für den modernen Bautechniker.

In ähnlicher Weise übten sich damals junge Künstler durch das
Studium antiker Plastiken, durch fortwährendes Kopieren und
Wiederkopieren antiker Statuen, sei es nach Gipsabgüssen, sei es
an den Originalen selbst. Sie unterzogen sich dieser Arbeit nicht
in kunsthistorischem Interesse, sondern um an den damals als
einzigartig geltenden Vorbildern praktisch zu lernen. Das sind
vergangene Zeiten. Heute sucht man für die künstlerische Ausbildung nicht mehr nach griechischen oder römischen Anleitun-
gen. Im Gegenteil, zu Beginn dieses Jahrhunderts warf man die
Gipsabgüsse zu Hunderten aus den Magazinen der Kunsthoch-
schulen hinaus, man zertrümmerte sie in übertriebenem Freiheits-
drang, um sich von den Normen »klassischer« Bildung zu lösen,
die man (zu Recht oder Unrecht) als einengenden Zwang erach-
tete. Und doch bleibt die Alte Welt als Paradigma, sei es für die
künstlerische oder architektonische Gestaltung, sei es als mora-
lisches Leitbild, in unseren Diskussionen präsent. So manche der
jüngsten Kontroversen über Architektur entzündet sich an der
Frage, inwieweit die »klassischen« Architekturformen auch heute
noch vorbildlich oder erstrebenswert sein können.

Ein anderer Gesichtspunkt, der zur Komplexität der hier beschriebenen historischen Konstellation gehört, liegt in der bunten
Mischung der Nationalitäten, die sich in unserer Reisegruppe
nach Bassai zusammenfanden: Deutsche, Dänen und Engländer,
nicht zu vergessen die unschätzbare Unterstützung eines Franzosen. Denn immerhin befand sich Europa damals mitten in den
Napoleonischen Kriegen. Unsere Gruppe war also nicht einfach
eine Gruppe gleichgesinnter Aristokraten, sie war im Grunde eine
Gruppe potentieller Kriegsgegner. Das Interesse an der Antike
und ihrer Wiederentdeckung brachte diese Männer zusammen,
und zwar nicht allein, um auf diese Weise fern vom Kriegschau-
platz ihre akademischen und kulturellen Interessen teilen zu können. Die Beschäftigung mit der Antike konnte die nationali-

stischen Bestrebungen Europas im 19. Jahrhundert sehr viel grundlegender in Frage stellen.

Die Wiederentdeckung Griechenlands war in gewisser Weise eine Wiederentdeckung der kulturellen Wurzeln Europas in seiner Gesamtheit. Sie öffnete den Blick für den Beginn der europäischen Zivilisation, jenseits lokaler und nationaler Streitigkeiten. Daß solche Streitigkeiten dann beim Verkauf der antiken Fundstücke sehr rasch wieder aufflammen konnten, ist unwesentlich gegenüber der Tatsache, daß sich damals alle gebildeten Europäer auf Griechenland als den gemeinsamen Ursprung beziehen konnten. Wir werden in Kapitel 8 sehen, daß noch 200 Jahre später das antike Athen weltweit als die Keimzelle der Demokratie gelten kann, als gemeinsamer historischer Bezugspunkt des bevorzugten politischen Systems – und das gilt auch, wenn wir uns uneinig darüber sind, was der Begriff »Demokratie« eigentlich genau meint, was er historisch bedeutete und welche Form heute die beste ist. Auch Streitigkeiten und Kriege können sich, für alle Beteiligten, ausnehmen wie Wiederholungen antiker Auseinandersetzungen, ausgetragen buchstäblich auf demselben Grund. Für alle, die eine klassische Bildung erfahren haben, können die Ereignisse grenzüberschreitend vertraute Anklänge gewinnen.

Aber das Entscheidende ist zuletzt doch, daß es sich bei der Reise nach Bassai um eine Expedition handelte. Lange Zeit erschöpfte sich die Beschäftigung mit der Antike eben nicht in Bibliotheksaufenthalten und der Lektüre der erhaltenen Texte, oder in Museumsbesuchen, bei denen man säuberlich ausgestellte Plastiken bewunderte. Man unternahm Entdeckungsreisen, um die Antike auf ihrem eigenen Terrain aufzusuchen, wo immer sich Spuren von ihr erhalten hatten.

Altertumswissenschaftler waren und sind auch heute noch Forschungsreisende. Sie wanderten monatelang durch karge türkische Berggebiete, auf der Suche nach den Befestigungsanlagen aus der Zeit der römischen Eroberung. Sie gruben Bruchstücke antiker Papyri aus dem ägyptischen Sand, der irgendwann auch römisch geworden war. Wie Cockerell und seine Freunde zogen sie auf abgelegenen Pfaden durch das ländliche Griechenland, um

Abb. 9: Ausstellung der Fundstücke: Cockerells Gemälde des Tempels
von Bassai nach der Ausgrabung

die lange Zeit vergessenen antiken Stätten zu zeichnen, auszu-
messen und (später) auch zu photographieren. Sie mieteten Esel
und ritten durch die syrische Wüste, von Kloster zu Kloster, um
die Bibliotheken nach Manuskripten abzusuchen, in der Hoffnung, irgendeinen verlorenen antiken Text zu finden, den ein
mittelalterlicher Mönch getreulich abgeschrieben hatte. Sich für
die antike Überlieferung zu interessieren, bedeutete damals ganz
konkret, *hinzugehen*, sich auf die Reise ins Unbekannte zu begeben.

Bei einer solchen Reise geht es um mehr als nur um »Entdeckungen« – das wird wohl jeder Forschungsreisende erfahren
haben. Unausweichlich sind hier Spannungen zwischen Erwartung und Realität involviert, etwa zwischen der Vorstellung von
antiker Größe, mit der man in Griechenland den Ursprung der
Zivilisation suchte, und den Gegebenheiten des Landes, das man
tatsächlich vorfand. Wir wissen nicht, welche Erwartungen
Cockerell hegte, als er zu seiner Reise aufbrach, und was in ihm
vorging, als er Athen erreichte. Aber trotz der landschaftlichen
Schönheit und trotz aller Ruinenromantik waren offenkundig
viele Reisende des 19. Jahrhunderts enttäuscht über das armselige
Dorf, das sie an der Stelle des alten Athen vorfanden, abgestoßen
von Schmutz und Krankheit und von der feindseligen Verschla-
genheit, die sie bei der Mehrzahl der Bewohner wahrzunehmen
glaubten. »Tränen steigen mir in die Augen«, schrieb einer der
frühen Besucher, »aber es sind keine der Freude.« De Quincey hat
es in seiner Beschreibung des »Modernen Griechenland« ein-
prägsam formuliert: »Durch welche Unannehmlichkeiten hält
dieses Land die Reisenden fern? Durch Räuber, Fliegen und
Hunde.« Wie konnte man angesichts solchen Niedergangs am
Bild vergangener Größe festhalten?

Es gab sehr unterschiedliche Reaktionen. Manche Besucher
nahmen die objektiven Schwierigkeiten positiv. Der Kampf gegen
Krankheit, Betrug und Straßenraub erhöhte den Heroismus der
Entdeckungsreise. Atemberaubende Erzählungen von hinterhälti-
gen Überfällen oder von tapferem Sterben unter einem weit
entfernten Himmelsstrich verstärkten die romantische Aura eines

solchen Unternehmens. Andere versuchten, unter der trostlosen Oberfläche den wenn auch verborgenen, so doch noch immer vorhandenen Kern einer edleren Vergangenheit zu finden. Zumindest konnte man die Türken zum eigentlichen Gegner erklären, wie es Lord Byron tat, als er nach Griechenland zurückkehrte, um für dessen Unabhängigkeit zu kämpfen und zu sterben. Aber manch einer zog auch eine ganz andere Konsequenz: er suchte die Begegnung mit Griechenland ausschließlich mit den Mitteln der Imagination.

Es gab also konkurrierende »Wiederentdeckungen« der Antike. Einige der wirkungsmächtigsten Vergegenwärtigungen des klassischen Griechenland gingen auf Männer zurück, die das Land selbst niemals gesehen hatten, deren Antike vollkommen »imaginär« war. Keats etwa, dessen Dichtungen im England des frühen 19. Jahrhunderts den Glanz griechischer Kunst und Kultur feierten (am bekanntesten ist vielleicht seine »Ode auf eine griechische Vase«), war zwar in Rom gewesen, aber den Sprung nach Griechenland hatte er nicht gewagt. Seine Kenntnis der antiken Literatur, ebenso wie der gelehrten Forschung über sie, war begrenzt; der griechischen Sprache nicht mächtig, verließ er sich ausschließlich auf Übersetzungen und auf das, was er in den Museen zu Gesicht bekam.

Die unterschiedlichen Antikebilder mußten natürlich miteinander in Konflikt geraten. Keats wurde wegen seiner Unkenntnis Griechenlands und des Griechischen bereits von seinen Zeitgenossen erbarmungslos verspottet. Eine besonders boshafte Rezension seiner Gedichte (sie war so boshaft, daß manche überzeugt waren, sie trage Schuld an seinem Tod) nannte ihn einen »Cockney-Dichterling«, dessen romantisches Antikebild einzig seiner Phantasie entsprungen sei. Lord Byron hat es besser erfaßt:

> John Keats starb an Kritik und ward begraben,
> Just als er groß ward, wenn auch nicht verständlich;
> Er konnte ohne Griechisch so erhaben
> Von Göttern reden (oder lernt' es endlich),
> Wie einst die Götter selbst geredet haben.
> Der arme Kerl! es ging ihm wirklich schändlich.

Und doch war es Keats' Vorstellung von griechischer Schönheit und Erhabenheit, ob nun bloße Phantasie oder nicht, die zum Maßstab wurde, nach dem man das zeitgenössische Griechenland ebenso wie die Reste seiner großen Vergangenheit beurteilte.

Deutlich tritt der Konflikt zutage in der Auseinandersetzung über die Verbringung der Parthenonskulpturen ins British Museum. Bereits damals gab es Leute, die darin eine skandalöse Verstümmelung des originalen Bauwerks sahen, einen frevelhaften Diebstahl griechischer Kunstschätze. Die Debatte darüber entstand nicht erst im 20. Jahrhundert. Lautstärkster Kritiker war Lord Byron – und darin liegt die ironische Pointe unserer Anekdote über die Abschiedsparty auf See mit Cockerell und seinen Freunden: Byron, der soeben die Entweihung des Parthenon durch Lord Elgin in einem beißenden Gedicht gegeißelt hatte, reiste nun auf eben dem Schiff nach England zurück, das auch die sogenannten »Elgin-Marbles« an Bord hatte. Er hatte den schottischen Edelmann als den schlimmsten Übeltäter in der langen Reihe der Plünderer gezeichnet, die das Heiligtum der Pallas Athene beraubt hatten:

> Von allen Plündrern jenes Heiligtums,
> Wo Pallas, eh sie floh, am längsten blieb,
> Im letzten Überbleibsel alten Ruhms,
> Wer war der letzte, ärgste, rohste Dieb?
> Schottland, erröt! – Dein Sohn, der solches trieb!

Noch bezeichnender aber ist die Tatsache, daß viele Engländer, die einer bestimmten Sicht klassischer Vollendung verhaftet waren, ihren Augen nicht trauen mochten, als die Parthenonskulpturen schließlich ausgestellt wurden. Die angeschlagenen Marmorstücke wichen so stark von den Vorstellungen ab, die man sich von dem berühmtesten Bauwerk der alten Welt gemacht hatte, daß man glaubte, es handele sich um eine Verwechslung: diese Skulpturen konnten nicht die Originale sein, es mußte sich um viel jüngere Repliken handeln, die wohl erst in römischer Zeit angebracht worden waren.

Ein anderer, wichtiger Aspekt der Bassai-Expedition liegt darin, daß es sich um eine Expedition nach Griechenland und

Abb. 10: Work in progress: Ausgrabung des Tempels von Bassai

nicht nach Italien handelte. Ein Teil der Gruppe war zwar schon in Rom gewesen, und Cockerell hatte die feste Absicht, ebenfalls dorthin zu gehen, wenn nach Beendigung der Napoleonischen Kriege ein Aufenthalt möglich sein würde – denn 1811 war sowohl Rom als auch Neapel den Engländern verschlossen. Dennoch spiegelt die Wahl Griechenlands als Ziel ihrer Expedition einen allgemeineren Tendenzwandel des späten 18. und frühen 19. Jahrhunderts: Höhepunkt einer Antikenexkursion war nicht mehr Rom, man strebte zu den weiter entfernten Gestaden Athens und darüberhinaus.

Dieser Orientierungswandel erklärt sich zum Teil durch die Vorstellung der Antikenbegegnung als Entdeckungsreise. Wenn man sich die Erkundung der klassischen Stätten als heroische Reise in fremde und abgelegene Gegenden dachte, dann war Rom ein bißchen zu harmlos geworden. Früher war sicher auch die Erforschung Italiens schwierig und ›exotisch‹ gewesen. Um 1800 aber gab es zumindest in Rom schon zahlreiche Hotels, relativ bequeme Reisearrangements, Führer und Handbücher – die Infrastruktur für eine florierende, junge Touristenindustrie war vorhanden. Wer anstelle einer zunehmend bürgerlichen ›Urlaubsreise‹ das Abenteuer des Unbekannten suchte, wählte nun Griechenland, mit seinen unentdeckten Bauwerken, seinen Verstecken in den Bergen und seinen gefährlichen Krankheiten.

Zugleich gehorchte diese Verschiebung von Italien nach Griechenland jedoch einer Logik, die in der antiken Konstellation selbst begründet war. Rom war damals eine Weltmacht; dank einer außergewöhnlichen Reihe von militärischen Erfolgen hatte die kleine Stadt in der Mitte Italiens im Verlauf von etwa 300 Jahren den Großteil der damals bekannten Welt unter ihre Kontrolle gebracht. In kultureller Hinsicht aber war sie den eroberten Ländern und vor allem Griechenland weiterhin tief verpflichtet. Der römische Dichter Horaz formulierte die paradoxe Situation sehr treffend, als er in seinem Brief an den Kaiser Augustus schrieb, die Eroberung Griechenlands sei zugleich eine Eroberung Roms gewesen, denn die römische Kunst und Literatur, ja die gesamte Kultur verdanke sich eigentlich den Griechen. »*Graecia capta ferum victorem cepit.*« – »Das stolze Rom ist erobert worden durch das unterworfene Griechenland.«

Die Frage, inwieweit Rom tatsächlich ›parasitenhaft‹ an der griechischen Kultur partizipierte, ob die Römer tatsächlich rohe Barbaren waren, die erst durch die Griechen ›zivilisiert‹ wurden, ist nicht leicht zu beantworten. Ebenso problematisch ist die Behauptung, irgendeine Gesellschaft, sei es die römische oder irgendeine andere, besitze keine ›eigene‹ Kultur, sondern lediglich eine ›geborgte‹. Aber die Römer selbst beschrieben ihr Verhältnis zu den Griechen häufig in dieser Relation und leiteten einen großen Teil ihrer Kunst und Architektur, wie auch ihrer literarischen Formen, sei es Prosa oder Poesie, von den Griechen ab. Horaz etwa präsentierte seine Dichtungen als thematische und formale Nachahmungen griechischer Vorbilder. Um den Status eines römischen Klassikers zu erlangen, betonte er seine Abhängigkeit von einer 500 Jahre früher verfaßten und in Griechenland längst als klassisch kanonisierten Literatur. Die römischen Tempel wiederum glichen schon fast Museen, so reich waren sie mit griechischen Kunstwerken, mit römischen Kopien griechischer Arbeiten oder mit Abwandlungen griechischer Sujets ausgeschmückt.

Wenn man sich mit Rom beschäftigte, ob an Ort und Stelle zwischen den Ruinen oder durch die Lektüre lateinischer Literatur in den Bibliotheken, wurde man immer auch auf Griechenland verwiesen und entdeckte im Spiegel der römischen Kultur die griechische. Das gilt für die Reisenden des 19. Jahrhunderts wie für uns heute, ebenso, wie es bereits für die Römer galt. Im gleichen Maß, wie sie sich der Suche nach Neuheit und neuen Territorien einer unbekannten Welt verdankte, ist die Expedition nach Bassai also Teil der kulturhistorischen Passage, die von Rom nach Griechenland führt.

Der Tempel von Bassai belegt das in einem ganz speziellen Detail. Die Römer schmückten ihre Säulenkapitelle bekanntlich am liebsten im sogenannten korinthischen Stil – eine Bezeichnung, die auf die Antike zurückgeht. Der römische Architekt Vitruv erklärt sie als griechisches Erbe, sie gehe auf einen Bewohner der griechischen Stadt Korinth zurück. Das korinthische Kapitell war das am reichsten verzierte Säulendekor, das man in Griechenland und Rom kannte. Seine fein gearbeiteten Voluten und sein Rankenwerk wurde zum Inbegriff römischer Prachtentfaltung, zur Schau gestellt an den Fassaden der stolzesten Bauwerke Roms. Wie begründet auch immer Vitruvs Erzählung sein mag, das früheste bekannte Beispiel eines ›korinthischen‹ Kapitells wurde jedenfalls am Tempel von Bassai gefunden (stolz präsentiert auf Cockerells Zeichnung, vgl. Abb. 9). Die Entdeckung durch Cockerell und seine Freunde hat dieses Kapitell allerdings nur fragmentarisch überlebt. Eine Erklärung dafür lautet, die türkischen Behörden hätten es absichtlich zertrümmern lassen, als sie merkten, welch enorme Ausbeute an kostbaren Plastiken sie den Reisenden überlassen hatten. Aber unsere Gruppe hatte das Kapitell schon gezeichnet und so als das griechische Urbild des so eminent ›römischen‹ Architekturelements dokumentiert.

Was schließlich die Plastiken selbst betrifft, so endete die Geschichte in internationalen Streitigkeiten. Die Beauftragten des Prinzen Ludwig von Bayern hatten es fertiggebracht, sich sämtliche in Aigina aufgefundenen Skulpturen zu sichern, wobei ihnen eine schwer verständliche Fehlleistung auf seiten der Engländer als der anderen Hauptbieter zustatten kam, eine Fehlleistung, die so unglaublich war, daß manche Leute sie auf absichtliche Irreführung zurückführen wollten: denn der britische Agent hatte sich nach Malta begeben, wohin die Stücke aus Sicherheitsgründen verbracht worden waren, um sie aus der unmittelbaren Gefahrenzone des Kriegsgebiets zu entfernen – offensichtlich ohne zu wissen, daß die Versteigerung in Zante weiterging. Dieses Mißgeschick steigerte jedoch die Entschlossenheit der britischen Regierung, wenigstens die Bassai-Plastiken in ihren Besitz zu bringen. 1814 wurde, wiederum in Zante, eine Versteigerung abgehalten. Ludwig, der an den aiginetischen Kostbarkeiten genug hatte, hielt sich aus dem Rennen heraus. Fauvel bot für die Franzosen halbherzig mit und konnte von den Briten mit einem Gebot von 19.000 £ leicht aus dem Feld geschlagen werden.

Die Plastiken wurden auf ein Kanonenboot geladen und ›heim‹ ins British Museum gebracht. Dort setzten sie eine bis heute anhaltende Diskussion in Gang: über ihren Wert und Ort in der Kunstgeschichte, wie auch über die politischen Implikationen der Erforschung Griechenlands.

3 Dort sein

Wir alle haben schon einmal eine Reise nach Bassai gemacht – auch wenn wir noch nie in Griechenland gewesen sind. Wir haben Reiseprospekte durchgeblättert, Plakate angeschaut und uns, in Gedanken zumindest, auf den Weg gemacht zu den Tempelruinen in den Bergen.

Griechenland bietet heute vielerlei Verlockungen – mehr und andere als vor 200 Jahren. Es ist ein Land der Sonne, der weiten Strände und Badeparadiese; ein Land, in dem man die Zeit vergessen kann, wo alte Männer stundenlang in den Cafés sitzen, Ouzo trinken und Backgammon (oder Bouzouki) spielen; ein Land, in dem die Tradition der Gastfreundschaft noch lebendig ist. Ganz wesentlich aber ist unser Bild von Griechenland bestimmt durch die Verbindung von antiken Ruinen und zerklüfteter Gebirgslandschaft, wie sie für Bassai typisch ist. Mag sein, daß sich auch in anderen Weltgegenden ein ähnliches Panorama finden läßt, in bestimmten Regionen der Türkei etwa – für uns aber verkörpert der Anblick von Bassai »Griechenland« und wir brauchen keine Bildunterschrift, um zu wissen, wo es liegt.

Gleichzeitig ist die griechische Landschaft die Landschaft der Antike. Ganz Europa, wie auch Teile Afrikas und Kleinasiens sind übersät mit den Überresten des klassischen Altertums. Soweit das römische Reich reichte, von Schottland bis zur Sahara, finden sich Spuren seiner Geschichte. In der tunesischen Wüste gibt es wunderbar erhaltene römische Städte, mit Häusern, Tempeln, Amphitheatern und Mosaiken, die mit den Ruinen von Pompeji konkurrieren können. Der Hadrianswall, der Nordengland durchschneidet und einst die zivilisierte Welt Roms von der barbarischen Wildnis schied, hinterläßt auch heute noch einen mächtigen Eindruck. Und dennoch, unsere Vorstellung von klassischer Antike knüpft sich an das Bild jenes griechischen Tempels in der wilden Bergwelt.

Jeden Sommer besuchen Tausende von Touristen Bassai (neugriechisch: Βασσές, Vasses, bzw. Vassai) und setzen so ihre Reiseträume in Realität um.

Bassai ist ein Höhepunkt jeder Tour durch die Peloponnes. Zu Beginn dieses Jahrhunderts, als man noch mit Maultieren dorthin reiste, war L. R. Farnell (Professor in Oxford und Verfasser eines Standardwerks über die Religion der griechischen Stadtstaaten) so überwältigt von der Schönheit, die sich ihm darbot, daß er sagen konnte, fast alle seine irdischen Hoffnungen seien mit dieser Reise in Erfüllung gegangen. Etwas später äußerte H. D. F. Kitto, seines Zeichens Pantheist und um die Mitte dieses Jahrhunderts Professor für Altgriechisch in Bristol, wie bitter enttäuscht er war, daß ihm Apollon nicht im Traum erschienen war, als er bei Vollmond draußen beim Tempel geschlafen hatte. Heute ist Bassai Zwischenstation für Kreuzfahrten durch die griechische Inselwelt (man legt für einen Tag im Hafen an) oder ein bequemer Abstecher für Rucksacktouristen, die auf der Suche nach dem ›unverdorbenen‹ Griechenland sind. Kaum ein moderner Reiseführer, der nicht darüber informierte, wie man nach Bassai kommt und was man dort erwarten kann.

Eine gut asphaltierte Straße führt bis unmittelbar zum Tempelbezirk, und nach kurzer Fahrt durch die Berge erreicht man das Dorf Andritsena mit Hotels, Cafés und Souvenirläden. Es gibt zwar keinen Bus dorthin, aber ein Taxi ist leicht zu finden. Die Anreise ist also längst kein Problem mehr. Es gibt regelmäßige, organisierte Touristenausflüge, und man hat eine aufwendige Autostraße angelegt, mit dem alleinigen Ziel, so viele Besucher wie möglich dorthin (und wieder weg) zu transportieren. Unbeschadet dessen preisen die Führer nach wie vor die Felseneinsamkeit des Ortes. Sie versprechen einen spektakulären Anblick, malen die »wild-erhabene« Lage des Tempels aus und die »kurvenreiche Straße, die sich den Felsen entlang windet«. Der Besuch von Bassai wird uns also noch immer als abenteuerliche Fahrt in eine unbekannte, gefährliche Gegend vorgestellt (vgl. Abb. 11). Genauso erscheint es z. B. in Simon Ravens Roman *Come like Shadows* aus den frühen 70er Jahren: Major Fielding Gray ist dabei, das Script für eine Verfilmung von Homers *Odyssee* zu schreiben und taucht, am Rande eines Nervenzusammenbruchs, in ›Vassae‹ auf. »Er schwitzt Blut und Wasser, weil er die homerischen Hexameter in eine Prosaübersetzung zwängen muß und jammert in einem fort, ›oh Gott, Homer, der große Homer – darf ich mich so an ihm vergehen?‹« usw., bis er von einem Amerikaner geschnappt wird, der dort für die »American School of Greek Studies« arbeitet. Der nimmt ihn ins Schlepptau und führt ihn, während Sasha und Jules irgendwo anders Limonensaft mit Gin schlürfen, »durch den Tempelbezirk des Apollon in Vassae: … ›das Merkwürdige an diesem Tempel ist, daß er an der allereinsamsten Stelle der Gegend gebaut worden ist … Die grauen Säulen wuchsen aus dem grauem Fels empor‹ …, grauer Himmel, graues Gestrüpp, graue Felsen. Kein Mensch und kein Tier in Sicht, geschweige denn ein Haus … abgesehen vom Haus des Apollon. ›Wir befinden uns viertausend Fuß über dem Meeresspiegel …‹.«

Wenn Sie heute bei der Ausgrabungsstätte ankommen, erwartet Sie eine Überraschung anderer Art. Sie können den Tempel nämlich gar nicht *sehen*! Natürlich steht er noch da, und zwar imposanter und stolzer noch als in den Tagen Cockerells und seiner Freunde – denn inzwischen sind viele der verstreuten Steinblöcke gesammelt und wieder zu aufrecht stehenden Säulen zusammengefügt worden. Der ganze Bau aber ist überdeckt von einer Art »überdimensionaler Zirkusplane«, wie es jemand treffend beschrieben hat, von einem riesigen Hightech-Festzelt (vgl. Abb. 12). Seit 1987 ist das so und wird auf absehbare Zeit so bleiben. Das romantische Bild klassischer Ruinen inmitten wilder Felslandschaft hat sich verwandelt in den Anblick eines hochaufragenden grauen Zeltdachs, aufgespannt auf Metallstreben, die mit groben Betonpflöcken im Boden verankert sind.

Abb. 11: Die klassische Ansicht des Tempels von Bassai

Abb. 12: Bassai heute

Aufmerksame Leser sind durch die Reiseführer zwar vorgewarnt, aber sie erfahren zu wenig, um die Enttäuschung irgendwie zu mildern, die jedermann empfinden muß, der in Erwartung
berühmter romantischer Ruinen auf moderne unromantische
Zeltleinwand trifft. Einige wenige Führer legen zwar fast nahe,
den Ausflug vom Programm zu streichen: »Es muß gesagt werden, daß manche Besucher enttäuscht sein werden. Wenn Sie sich
nicht abschrecken lassen ... «. Die Mehrzahl aber versucht ernst-
hafte Gründe anzuführen, warum diese Zeltkonstruktion zum
Schutz der Ruinen notwendig sei: sie fange den sauren Regen ab,
sie biete den Arbeitern Schutz, die in dem langwierigen Restau-
rierungsprojekt tätig sind, sie bewahre (so die offizielle Version)
die empfindlichen Steinfundamente vor der Erosion durch Wasser. Manche versuchen sogar, die Sache attraktiv zu machen: das
Zelt als solches sei ein imposanter Anblick, »eine in ihrer Art
erstaunliche Konstruktion, und wenn man drinnen ist, dann
steigert es auf seine Weise die Atmosphäre« – nach dem Motto:
Leute, kommt und besichtigt die Eisenträger Griechenlands!

So gesehen, springen vor allem die Unterschiede zwischen
einem Besuch in Bassai heute und einer Entdeckungsreise zu
Beginn des 19. Jahrhunderts ins Auge. Für Cockerell und seine
Gefährten war es eine gefährliche Reise durch ein feindliches,
gesundheitsgefährdendes Land; sie riskierten, angesichts von
Räubern und Fieberkrankheiten, buchstäblich ihr Leben. Uns
stehen Hotels und Taxis zur Verfügung, wir können im nahegelegenen Dorf Ansichtskarten kaufen. Heute ist Bassai zum Ziel-
punkt eines angenehmen Tagesausflugs geworden, dank der Unterstützung durch alle Ressourcen des größten Industriezweigs
Griechenlands, der Tourismusbranche.

Die frühen Reisenden hofften nicht nur, auf neue Spuren der
klassischen Vergangenheit zu stoßen, sie wollten auch etwas
finden, das sie für sich selbst oder für ihr Land mitnehmen
konnten. Die Überreste des Altertums mußte man besitzen und
sein eigen nennen können. Die modernen Touristen hingegen
haben gelernt, ihre Besitzlust zu zügeln und sich mit Postkarten
und Souvenirs zu begnügen. Immerhin kann heute mit Gefängnis

bestraft werden, wer irgendein echtes, antikes Stück außer Landes zu bringen versucht – es genügt schon ein kleines Keramikkrüglein, das in der Reisetasche versteckt ist, geschweige denn 23 mächtige Reliefplatten. Die Reiseführer machen die Touristen sehr gezielt auf die Probleme der Erhaltung der Altertümer aufmerksam, auf die Schwierigkeiten und die Kosten, die damit verbunden sind, das antike Erbe an Ort und Stelle zu bewahren. Der Verlust der romantischen Atmosphäre, die einst zu Bassai gehörte, müsse in Kauf genommen werden zum Schutz der archäologischen Stätte. Das große Zeltdach kann so auch allgemeiner als Sinnbild für den Wechsel der Prioritäten in unserem Verhältnis zur klassischen Vergangenheit gesehen werden – für den Wechsel von der Kultur des Erwerbens und Besitzens, die das 19. Jahrhundert geprägt hat, zu einer Kultur behutsamen Bewahrens im 20. Jahrhundert.

Vielleicht aber haben moderne Touristen doch mehr gemein mit den frühen Reisenden, als es auf den ersten Blick scheinen mag. Sie teilen die Lust und die Neugier des Entdeckens, die selbst auf den ausgetretensten Touristenrouten nicht ganz verloren geht. Wie wir gesehen haben, beschreiben die Reiseführer einen bequemen Busausflug oder eine Taxifahrt nach Bassai in ganz ähnlichen Worten wie damals Cockerell seine Reise schilderte. Ihre Verhaltensempfehlungen lassen Ferien in Griechenland noch immer als eine Reise in ein fremdes, potentiell gefährliches Land erscheinen – auch wenn an die Stelle der tragischen Geschichten vom Malariatod inzwischen eindringliche Warnungen vor Reisekrankheit oder Verdauungsproblemen getreten sind und an die Stelle der Erzählungen von Mord und Totschlag durch die »gesetzlosen Räuberbanden Arkadiens« Warnungen vor Taschendieben und betrügerischen Taxifahrern.

Außerdem vertreten die Reiseführer noch immer die Kultur von Erwerb, Besitz und Zurschaustellung. Auch wenn die Reisenden von heute nur Ansichtskarten, Fotos und billige Plastik- oder aber teure Tonrepliken als Andenken mit nach Hause bringen – es gehört ganz wesentlich zum Geschäft des Tourismus, sei es in Griechenland oder anderswo, daß Touristen animiert werden, *etwas mit nach Hause zu nehmen.* Ein Ergebnis unserer Sommerurlaube ist, daß Großbritannien heute dichter mit Antikereminiszenzen übersät ist als jemals im 19. Jahrhundert: angefangen von Plastikrepliken des Parthenon über pseudogriechische Tontöpfe auf unseren Schränken bis zu den Ansichtskarten klassischer Stätten, die wir uns an die Wände gepinnt haben.

Wir sind ja auch froh, daß wir in unseren Museen noch immer die Glanzstücke besichtigen können, die die Teilnehmer der *Grand Tours* von ehedem von ihren Entdeckungsreisen heimgebracht haben – ohne uns große Gedanken um die Eigentumsrechte an diesen Stücken zu machen. In der Tat liegt eine eigene Ironie darin, daß man sich gerade das heutige Restaurierungs- und Denkmalschutzdenken zunutze machen kann, um am Besitz dieser antiken Originale festzuhalten, so fragwürdig die Umstände auch gewesen sein mögen, unter denen unsere Vorfahren sie sich im letzten Jahrhundert angeeignet haben. Eine der häufigsten Rechtfertigungen, warum die Parthenonskulpturen im British Museum verbleiben und nicht an Griechenland zurückgegeben werden sollten, lautet, daß ›wir‹ für ihren Erhalt besser Sorge getragen hätten, als es jemals in Griechenland selbst möglich gewesen wäre.

Wenn Archäologen, Sammler und die Tourismusbranche auf ihre Kosten gekommen sind, kann solcherart gönnerhafte Selbstbeweihräucherung auch noch zum Exportartikel werden: in Form generöser Unterstützungszahlungen an die griechischen Ausgrabungsstätten. In seinem Roman ›Vassae‹ hat Raven seinen großtuerischen amerikanischen Archäologen – »mit einer Nase, die aussah wie ein Golfschläger« – kräftig karikiert: »Außerhalb von Athen«, läßt er ihn sagen, »gibt es in ganz Griechenland keinen Tempel, der so gut erhalten ist. Natürlich haben wir eine Menge dazu beigetragen. Man ist uns sehr dankbar dafür ... Also ... wie Sie sehen, hat er sechs Säulen an der Stirn- und an der Rückseite und fünfzehn an den Längsseiten – anstelle der üblichen zwölf. Siebenunddreißig Säulen stehen noch hier, aber dreiundzwanzig Reliefplatten, die zum Fries gehörten, sind weggeschleppt worden ... raten Sie von wem: natürlich von den Engländern ...«

Was uns aber am ehesten mit all den Entdeckern Griechenlands vor uns verbindet, ist die Spannung zwischen Ideal und Wirklichkeit, die wir von ihnen gewissermaßen geerbt haben, die Spannung zwischen den Erwartungen, die wir an Griechenland knüpfen und der möglicherweise enttäuschenden Realität, auf die wir treffen. Cockerell und seine Zeitgenossen mußten mit der Differenz zwischen ihrem idealisierten Bild Griechenlands und dem armseligen bäuerlichen Leben zurechtkommen, das sie vorfanden. Ein Weg, damit umzugehen, war die Vorstellung der ruhmreichen, heroischen Entdeckungsreise. Wir aber sind nicht nur Erben jenes Ideals klassischer Vollendung, sondern ebensogut auch des romantischen Bildes, das das neunzehnte Jahrhundert entworfen hat. Unvermeidlicherweise hält also Griechenland auch für uns manche Überraschung bereit. So sehr wir auch von der Notwendigkeit archäologischer Konservierung von Denkmälern überzeugt sein mögen, wir können nicht anders als enttäuscht sein, wenn wir am Ziel unserer romantischen Reise nach Bassai auf einen Tempel stoßen, den eine graue Schutzplane so gut wie unsichtbar macht. Auch wir müssen einen Weg finden, um mit dem Konflikt zwischen unsrer Vorstellung und der griechischen Realität umzugehen. Welcher Art auch immer diese ursprünglichen Vorstellungen sein mögen, ob wir mit der Idee einer *Grand Tour* losgezogen sind oder als Rucksacktouristen, wir müssen Ideal und Wirklichkeit zu versöhnen suchen. Natürlich treffen wir nicht überall auf die »besondere Atmosphäre« eines zeltüberdachten Tempels in Wolken; immer aber muß man sich auf einer Griechenlandreise mit unterschiedlichen und einander widersprechenden Bildern der antiken Welt und mit den wechselnden Perspektiven der Altertumswissenschaft auseinandersetzen.

Als moderne Touristen ähneln wir den früheren Reisenden und sind zugleich ganz anders als sie. Wir haben andere Prioritäten, wir interessieren uns in anderer Weise für den Tempel und seine Erhaltung, und die rein physischen Bedingungen und Umstände des Reisens haben sich in unseren Tagen bis zur Unkenntlichkeit verändert. Andererseits teilen wir mit unseren Vorgängern nicht nur das Erlebnis ein und desselben Bauwerks – gleichgültig, ob mit oder ohne Zelt –, wir teilen mit ihnen auch eine Reihe von Fragen im Hinblick darauf, wie wir unseren Besuch auffassen sollen und wie wir mit dem Widerstreit zwischen unserem Idealbild Griechenlands und seiner Realität fertigwerden sollen. Wichtiger noch ist vielleicht, daß wir Griechenland nicht mehr für uns, nicht vollkommen neu entdecken können – es ist bereits in Phantasie und Erfahrung all der Reisenden eingegangen, die vor uns dort gewesen sind.

Dieses Zusammenspiel von Ähnlichkeiten und Unterschieden bietet einen guten Ausgangspunkt, um zu verstehen, was Altertumswissenschaft im Ganzen ist. Es deutet zumindest eine mögliche Antwort an auf die grundlegende Frage, die sich im Hinblick auf die Altertumswissenschaft immer stellt: inwieweit nämlich ist diese Wissenschaft Veränderungen unterworfen? Inwieweit ist sie noch dieselbe, die sie vor 100, 200, 300 Jahren war? Kann noch etwas Neues gesagt oder gedacht werden über Gegenstände, über die man bereits seit mehr als 2000 Jahren gesprochen und geschrieben hat?

Wie unser Besuch in Bassai es schon angedeutet hat, muß die Antwort lauten: die Antike ist immer dieselbe und gleichwohl immer eine andere. Wenn wir uns hinsetzen und die Epen Homers und Vergils lesen, die philosophischen Werke von Platon, Aristoteles oder Cicero, die Stücke von Sophokles, Aristophanes oder Plautus, dann tun wir das gleiche wie alle, die diese Werke vor uns gelesen haben. Wir haben auf diese Weise etwas gemeinsam mit den Mönchen des Mittelalters, die Hunderte von antiken Texten hingebungsvoll abgeschrieben (und so für uns erhalten) haben, mit den Gymnasiasten des 19. Jahrhunderts, die ihre Tage mit dem Studium dieser Texte verbrachten, und ebenso mit den Architekten und Baumeistern, die überall in Europa ihren Vitruv lasen, um daraus (wie Cockerell) etwas für ihr Handwerk zu lernen.

Mehr noch, unser Erleben der Antike ist unvermeidlich durch das ihre beeinflußt. Nicht nur, weil die mittelalterlichen Mönche durch die Auswahl dessen, was sie abschrieben, den Bestand klassischer Texte, der uns heute noch zugänglich ist, bestimmt haben: fast die gesamte uns erhaltene antike Literatur hat nur überlebt dank der Energie, die diese Mönche in Abschriften und Abschriften von Abschriften investiert haben. Unser Verständnis der antiken Überlieferung fußt aber überhaupt maßgeblich auf dem, was frühere Generationen über die Alte Welt gedacht und geschrieben haben. In keinem anderen Fachgebiet hat man so gute und zahlreiche Gesellschaft.

Wir alle sind schon Antikenkundige, ganz gleichgültig, wie viel oder wenig wir selbst über Griechen und Römer zu wissen glauben. Wir können uns auf die Antike niemals als auf etwas vollkommen Unbekanntes beziehen. Denn es gibt keine zweite fremde Kultur, die an unserer Geschichte so viel Anteil hat. Das soll nicht heißen, daß die griechische und römische Tradition von vorneherein und in allen Einzelheiten allen anderen Zivilisationen überlegen ist; es bedeutet auch nicht, daß die antiken Kulturen selbst unbeeinflußt von ihren Nachbarn, beispielsweise den semitischen und den afrikanischen Kulturen, waren. Tatsächlich liegt ja gerade in der Art und Weise, wie die antiken Schriftsteller den außerordentlich verschiedenen Kulturen ihrer Welt begegnet sind, wie sie, um es in heutiger Terminologie zu sagen, den Multikulturalismus ihrer Gesellschaft zur Sprache gebracht haben, ein wesentliches Moment der gegenwärtigen Anziehungskraft der Antike. Daß Snobismus, ja zum Teil auch Rassismus in der Altertumswissenschaft eine (nicht unbedeutende) Rolle gespielt haben, steht außer Zweifel; aber ebenso haben Humanismus und Liberalismus sich unter ihrem Einfluß entwickelt und verbreitet.

Die Antike ist für unser Verständnis von Kultur wie auch für die Ziele, die wir mit ihr verfolgen, von zentraler Bedeutung, und deshalb ist sie für die westliche Zivilisation ein unverzichtbares Erbe. Wenn wir den Parthenon zum ersten Mal erblicken, wissen wir bereits, daß Generationen von Architekten ihn als stilistisches Vorbild für die Museen, Rathäuser und Bankgebäude unserer großen Städte benutzt haben. Wenn wir zum ersten Mal Vergils *Aeneis* in die Hand nehmen, lesen wir sie im Wissen darum, daß dieses Gedicht bereits seit Jahrhunderten bewundert, studiert und nachgeahmt worden ist – daß es, kurz gesagt, ein ›Klassiker‹ ist.

Andererseits aber ist unsere Begegnung mit der Antike auch immer wieder neu. Zwangsläufig lesen wir Vergil anders als ein mittelalterlicher Mönch oder ein Gymnasiast aus dem letzten Jahrhundert. Das liegt zum Teil an den veränderten Umständen und Voraussetzungen unserer Lektüre, wie sich ja auch die Umstände und Voraussetzungen unseres Reisens verändert haben. Eine Reise nach Bassai im Taxi ist etwas anderes als ein Ritt auf dem Rücken eines schlechtgelaunten Maulesels. Die *Aeneis* in einer handlichen Taschenbuchausgabe zu lesen, ist etwas anderes als vor einem handgeschriebenen, in wertvolles Leder gebundenen Band zu sitzen; und in einem bequemen Sessel zu lesen, ist etwas anderes als die Lektüre im Klassenzimmer unter den Augen eines furchteinflößenden viktorianischen Schulmeisters.

Noch auffallender aber sind die Unterschiede in bezug auf die Fragestellungen, Prioritäten und Grundannahmen, mit denen wir den Texten und der Kultur der Antike begegnen. Kein Leser des ausgehenden 20. Jahrhunderts kann irgendeinen Text – sei es nun ein Klassiker oder nicht – genauso lesen wie ein Leser früherer Generationen. Der Feminismus beispielsweise hat auf die wichtige und sehr komplexe Bedeutung der Frauen in der Gesellschaft aufmerksam gemacht, und neuere Arbeiten zur Geschichte der Sexualität haben zu einem wesentlich veränderten Verständnis der antiken Kultur und ihrer Literatur geführt.

Ein Gutteil der viktorianischen Leser mag an der Unterordnung der Frauen in Griechenland und Rom wenig Anstoß genommen haben, ebensowenig wie an der Tatsache, daß Frauen in keiner Stadt politische Rechte besaßen und daß eine große Zahl antiker Denker ihnen keine andere Rolle zusprach, als Kinder zu gebären, Wolle zu weben und möglichst nicht von sich reden zu machen. Zugleich waren die Gelehrten eifrig bemüht, diejenigen Passagen in den alten Autoren, die offen, für ihren Geschmack viel zu offen, über Sexualität zwischen Männern und Frauen, zwischen Männern und Knaben sprachen, entweder zu ignorieren oder aber unter Zensur zu stellen. Altertumswissenschaftler heute hingegen begnügen sich nicht damit, die Misogynie der Griechen und Römer zu bedauern oder ihre freie Erotik zu feiern, sondern sie untersuchen, ob und inwieweit die Texte diese Misogynie unterstützten oder in Frage stellten. Sie fragen nach dem, was die Art und Weise, in der Sexualität in der antiken Kunst und Literatur diskutiert und dargestellt wurde, gesteuert hat. Was z. B. impliziert der Vers Vergils: *varium et mutabile semper femina*, »Frauen (oder: die Frau) sind immer vielschichtige, veränderliche Wesen«? Solche Fragestellungen sind unmittelbares Resultat der Diskussionen des 20. Jahrhunderts über die Rechte der Frau, der Debatten über Geschlechterrollen (*gender*) und Sexualität und Macht (*sexual politics*). Umgekehrt verleiht die Altertumswissenschaft den zeitgenössischen Diskussionen die notwendige historische Tiefenschärfe.

Die Altertumswissenschaft, darauf kommt es uns an, gleicht sich stets und ist doch immer anders. Die Interpretation der Antike ist keine einfache Fortschrittsgeschichte. Die Verlagerung unserer Interessen und Fragestellungen bedeutet immer sowohl Gewinn als auch Verlust; im Lauf der letzten 200 Jahre haben wir z. B. das unmittelbare Verständnis für die Schrecken kriegerischer Auseinandersetzungen von Mann gegen Mann ebenso verloren wie die hautnahe Erfahrung der Ängste, die man bei einer Reise übers offene Meer ohne genaue Seekarten durchzustehen hatte. Worauf es ankommt, ist, daß sich damit auch unser Zugang geändert hat. Die Lektüre Vergils ist kein durch die Jahrhunderte gleichbleibendes Erlebnis – das werden wir in Kapitel 9 sehen; ebensowenig eine Reise nach Bassai.

Unsere kleine Geschichte des modernen Griechenland-Tourismus und der Entdeckungsreisen des 19. Jahrhunderts sollte genau das klarmachen und zugleich illustrieren, wie vielschichtig die Kontinuitäten und Diskontinuitäten unseres Umgangs mit der Antike sind. Die grundlegende These, die wir in unserem Text verfolgen, leitet sich aus diesen Überlegungen ab, die sich während verschiedener Reisen nach Bassai ergeben haben. Wenn die Altertumswissenschaft im Zwischenraum zwischen unserer Welt und der der Antike zu verorten ist, dann bedeutet das, daß sie durch *unsere* Erfahrungen, Interessen und Konflikte ebensosehr bestimmt ist wie durch *ihre*. Die Reise nach Bassai ist so etwas wie eine Parabel für die Komplexität unseres Verhältnisses zur Antike.

Worin die Bedeutung *unseres* Beitrags zur Altertumswissenschaft liegen kann, wird manchmal auf ganz unerwartete Weise deutlich. Wenige hundert Meter von dem Schreibtisch entfernt, an dem ich diese Einführung schreibe, im Fitzwilliam-Museum von Cambridge, hängt ein berühmtes Gemälde von Bassai aus dem 19. Jahrhundert (vgl. Abb. 13). Es wurde gemalt von Edward Lear, den man heute eher durch seine Limericks kennt als durch die Gemälde, mit denen er sich seinen Lebensunterhalt verdiente. Lear hatte Bassai auf einer Griechenlandreise im Jahre 1848 besucht – es war »die schönste sechswöchige Reise, die ich jemals gemacht habe«, schrieb er. Jahre danach, als Lear ein kranker Mann war, an sein Haus gefesselt und knapp an Geld, taten sich Freunde und Gönner zusammen, um ihm das Gemälde abzukaufen und dem Fitzwilliam-Museum zu schenken. Sie fanden, es sei ein passendes Geschenk für dieses Museum, denn dort war bereits ein Gipsabguß des Bassai-Frieses ausgestellt und Cokkerell höchstpersönlich hatte sich als Architekt maßgeblich an den Entwürfen für das Museum beteiligt. Von daher hätte es allerdings auch sehr gut oder vielleicht noch besser ins Ashmolean-Museum in Oxford gepaßt, das ja einer von Cockerells wichtigsten Bauten ist. Dort hängt im Treppenhaus ebenfalls eine Replik des Frieses von Bassai.

Das Gemälde jedenfalls versammelt alle romantischen Aspekte von Bassai: die Trostlosigkeit der Landschaft, den einsamen Tempel, umgeben von Felsen und knorrigen Gebirgsbäumen. Es zeigt das Bassai von Cockerell, das unsere Reiseführer auch heute noch ausmalen. Doch mit diesem Bild verbindet sich noch eine weitere Überraschung.

Die ›griechische‹ Landschaft wurde nämlich in Wirklichkeit auf dem Land in England gemalt. Lear hat zwar mit Sicherheit während seiner Griechenlandreise zahlreiche Skizzen gemacht, die ihm zur Erinnerung an die Landschaften und Szenerien die-

Abb. 13: Edward Lears »Temple of Apollo at Bassae« (1854/55)

nen konnten, die er vor Augen gehabt hatte. Aus seinen Tagebüchern aber geht deutlich hervor, daß er die Einzelheiten der Felsen und der Bäume auf seinem Gemälde nach der Natur gemalt hat, und zwar nach der Natur des ländlichen Leicestershire in Mittelengland.

Daran zeigt sich sehr schön, worin *unser* Beitrag zum Bild der Antike liegen kann. Lear (und seinesgleichen) haben ganz buchstäblich ein ›Griechenland‹ konstruiert, indem sie ihre Reiseeindrücke mit der Anschauung kombinierten, die ihnen die Szenerie ihrer heimatlichen Landschaft bot. Und gerade dieses Konstrukt hilft uns zu verstehen, welche Spannung zwischen dem Griechenland der Imagination und der Realität einer Reise dorthin bestehen kann. Wenn wir mit Lears Bild vor Augen nach Bassai reisen, wie könnten wir nicht überrascht oder enttäuscht sein von dem Anblick, der sich uns vor Ort tatsächlich bietet? Lears Bild war niemals ein getreues Abbild der fremden Landschaft, die er damals gesehen hat. Es war, wie jedes Bild der Antike, (zumindest teilweise) ein Bild des eigenen Landes; es war ebensosehr Teil der eigenen Kultur wie die Antike selbst.

4 Mit dem Führer in der Hand

Der Tourismus ist eine der wichtigsten Formen der Begegnung mit der Antike. Damit ist nicht allein der moderne Tourismus unserer Tage gemeint, die Traumwelt farbiger Poster und Reiseprospekte oder die reale Erfahrung einer Mittelmeerreise. Auch nicht allein die Wiederentdeckung der alten Welt durch *Grand Tourists* wie Cockerell und seine Freunde. Schon die Griechen und Römer selbst huldigten dem Tourismus: sie bereisten mit Reiseführern in der Hand die klassischen Stätten, trotzten Wegelagerern und ließen sich von den Einheimischen das Fell über die Ohren ziehen, auf der Suche nach den meistgepriesenen Sehenswürdigkeiten und begierig auf authentische ›Atmosphäre‹.

Einer dieser antiken Reiseführer hat sich erhalten: die *Beschreibung Griechenlands*, die Pausanias in der zweiten Hälfte des 2. Jahrhunderts n. Chr. verfaßt hat. In zehn Büchern führte er den wißbegierigen Reisenden zu von ihm ausgewählten Glanzpunkten Griechenlands, auf einer Route, die in Buch 1 ihren Ausgangspunkt in Athen nimmt, dann durch den Süden Griechenlands führt und mit Buch 10 im Norden, in Delphi, endet. Im 8. Buch beschreibt er das Gebiet von Arkadien auf der Peloponnes. Eines seiner Reiseziele in Arkadien war der Tempel des Apollon in Bassai.

Pausanias wählt das nahegelegenen Phigalia als Ausgangspunkt und gibt zunächst, wie jeder moderne Reiseführer es auch tun würde, die Entfernung nach Bassai an. Anschließend beschreibt er den Tempel und seine Geschichte.

ἐν δε αὐτῷ χωρίον τέ ἐστι καλούμενον Βᾶσσαι καὶ ὁ ναὸς τοῦ
'Απόλλωνος τοῦ 'Επικουρίου λίθου καὶ αὐτὸς ὁ ὄροφος. ναῶν δὲ ὅσοι
Πελοποννησίοις εἰσί, μετά γε τὸν ἐν Τεγέᾳ προτιμῷτο οὗτος ἂν τοῦ
λίθου τε ἐς κάλλος καὶ τῆς ἁρμονίας ἕνεκα.

Darin [in dem Kotilion-Gebirge] befindet sich ein Ort, Bassai genannt,
und ein Tempel des Apollon Epikurios. Der Tempel ist ganz aus Stein
gebaut, einschließlich des Daches. Unter den Tempeln der Peloponnes
muß man nach dem von Tegea wohl diesen am höchsten schätzen, wegen
der Schönheit des Steines und der Harmonie seiner Proportionen.

Dann erklärt Pausanias den Beinamen, den Apollon in Bassai
erhalten hat: »Epikurios«, »der Helfer«. Er soll ihm aus Dank für
die Hilfe gegeben worden sein, die er den Bewohnern von Phigalia »während einer Seuche gewährt hat – genau wie in Athen, wo
er den Namen ›Abwender des Bösen‹ (›Alexiakos‹) erhielt, weil er
Athen vor der Seuche gerettet hat.«

Die Seuche, auf die Pausanias sich bezieht, ist die berühmte
»Große Pest«, die Athen im ausgehenden 5. Jahrhundert heim-
suchte, zu Beginn des qualvollen Krieges gegen Sparta, der als der
»Peloponnesische Krieg« bekannt ist. Ihre scheußlichen Sym-
ptome – Fieber, Erbrechen, Eitergeschwüre – hat Thukydides, der
selbst von der Krankheit befallen und geheilt worden war, ausführlich beschrieben. In seiner schonungslosen Darstellung, der
Geschichte des Peloponnesischen Krieges, macht er die Pest zum
politischen Symbol für die Katastrophe des demokratischen
Athen. »Das Schlimmste an dem Übel war die Mutlosigkeit, die
jeden sofort überkam, sobald er spürte, daß er erkrankt war (d. h.
sie überließen sich der Verzweiflung, gaben sich innerlich auf und
entwickelten keinen Widerstand); ebenso schlimm aber war, daß
sich jeder ansteckte, der den anderen pflegte, so daß sie hin-
starben wie die Schafe.« Die gleiche Seuche hat auch der römische Dichter Lukrez beschrieben. Für ihn war sie ein eindrucks-
mächtiges Bild für die kosmischen Katastrophen, durch die eine
menschliche Gemeinschaft bedroht werden kann.

Pausanias macht uns glauben, eben diese Seuche habe auch das
südliche Griechenland befallen und unser Tempel sei zu dieser
Zeit erbaut worden, vermutlich zum Dank an den Gott, der die
Krankheit vertrieben hatte. Diese Vermutung erhalte Unterstüt-

zung, so Pausanaias, durch die Person des Architekten. Denn der Tempel von Bassai sei entworfen worden von Iktinos, der auch der Erbauer des kurz vor Ausbruch der Pest vollendeten Parthenon in Athen war.

Die kurze Beschreibung des Pausanias bildet die Grundlage fast aller Darstellungen, die wir in unseren modernen Reiseführern finden. Auch wo sie Pausanias nicht namentlich erwähnen, gehen doch die Informationen, die sie dem heutigen Besucher bieten, auf ihn zurück: die Erwähnung der Seuche als Anlaß für den Tempelbau, die Verbindung mit dem Peloponnesischen Krieg und mit dem Architekten des Parthenon. Und natürlich war es die Beschreibung des Pausanias und sein Hinweis auf Iktinos, die Cockerell und seine Freunde dazu gebracht hatten, sich auf die Suche nach einem Tempel zu begeben, der in ihrer Vorstellung eine Art zweiter Parthenon sein mußte. Cockerell selbst schreibt, »die interessanten Tatsachen, die Pausanias erwähnt«, seien »Grund genug gewesen, sie [ihn und frühere Reisende] von der Wichtigkeit einer solchen Erkundungsreise zu überzeugen.«

Was Pausanias selbst dazu geführt hat, sich nach Bassai zu begeben, ist ungleich schwerer auszumachen. Er sagt nicht ausdrücklich, was ihn dazu brachte, den langen Weg in die Berge hinaufzusteigen, nur um sich dieses Heiligtum anzusehen, das im 2. Jahrhundert n. Chr. zweifellos schon ebenso unzugänglich war wie zu den Zeiten Cockerells. Bei seinem Besuch in der Hauptstadt Arkadiens (Megalopolis, wörtlich »die große Stadt«) hatte er bereits eine bronzene Statue des Apollon gesehen, die etwas früher aus Bassai dorthin gebracht und öffentlich aufgestellt worden war. Vielleicht hat der Anblick dieser Statue ihn dazu bewegt, den Tempel zu suchen, in den sie ursprünglich gehörte. Vielleicht befand er sich aber auch auf der Spur der Bauwerke, die der berühmte Architekt des Parthenon entworfen hatte.

Die Reise nach Bassai und seine Beschreibung des Tempels entspricht jedenfalls den Interessen und Schwerpunkten, die er in seinem Reiseführer durchweg verfolgt. Pausanias stammte aus einer griechischen Sadt in der heutigen Türkei (er nennt uns ihren

Namen nicht). Er schrieb auf Griechisch für ein griechischsprachiges Publikum über die Geographie, die Geschichte und die Sehenswürdigkeiten Griechenlands. Allerdings tat er das 200 Jahre, nachdem die Römer Griechenland erobert hatten. Mit gutem Recht könnte man ihn also auch als römischen Provinzbewohner bezeichnen, der eine Reise durch eine seit langer Zeit bestehende römische Provinz beschreibt, für ein Publikum, das aus griechischsprachigen Bürgern oder Untertanen des römischen Reichs bestand. Die römische Eroberung hatte sehr unterschiedliche Auswirkungen auf Griechenland, nicht nur die der politischen Unterwerfung. Zu Lebzeiten des Pausanias fanden sich an den bedeutendsten Stätten Griechenlands Bauwerke, die von der herrschenden Macht ermöglicht, bezahlt und erbaut worden waren: mit römischem Geld errichtete Tempel zu Ehren der römischen Kaiser, Brunnenanlagen, Statuen, Marktplätze, Badehäuser, finanziert durch römische Mäzene. Einige von ihnen werden von Pausanias im Vorübergehen erwähnt, die meisten aus jüngster Zeit, sein Schwerpunkt aber liegt, wie auch in Bassai, ganz woanders.

Er konzentriert sich auf die Denkmäler, die Geschichte und die Kultur des ›alten‹ Griechenland vor der römischen Eroberung. Seine Route ist eine historisch orientierte Reise durch die antiken Städte und Heiligtümer, die aus einer weit zurückliegenden Vergangenheit lange vor der römischen Herrschaft stammen. Auch was er über die besichtigten Monumente berichtet, bezieht sich fast ausschließlich auf diese ältere Epoche der griechischen Geschichte mit ihren traditionellen Bräuchen, Mythen, Festen und Ritualen. Seine Beschreibung von Bassai zeigt das in charakteristischer Weise: sie versetzt den Leser zurück in die Zeit der großen Pest, rund 600 Jahre vor der Zeit des Pausanias, und erwähnt kein einziges Ereignis aus der jüngeren Geschichte des Tempels. Pausanias verdeckt, und zwar sehr bewußt, alle Differenzen zwischen dem römischen Griechenland seiner Zeit und dem des 5. Jahrhunderts v. Chr.

Die *Beschreibung Griechenlands* ist eben nicht bloß ein praktisches Handbuch für Reisende, ein neutraler Überblick über das, was es an Sehenswürdigkeiten gibt und wie man zu ihnen gelangt. Wie jeder Verfasser eines Reiseführers, sei er antik oder modern, trifft Pausanias zum einen eine inhaltliche Auswahl in bezug auf das, was er aufnimmt und was er wegläßt, und zum anderen eine Entscheidung über die Form, in der er die Gegenstände seiner Wahl beschreibt. Diese Vorentscheidungen bewirken, daß seine Darstellung über eine einfache *Beschreibung* Griechenlands hinausgeht (und zugleich in gewissem Sinne auch hinter ihr zurückbleibt). Pausanias bietet seinen Lesern eine ganz spezifische Sicht Griechenlands und seiner Eigenart, und er vermittelt ihnen dadurch zugleich eine spezifische Möglichkeit, das unter römischer Herrschaft stehende Griechenland wahrzunehmen. Die Eigenart Griechenlands wurzelt für ihn in der Zeit vor Ankunft der Römer, und die Art und Weise, wie er seine Reisenden dieses Griechenland wahrnehmen läßt, blendet das Faktum der römischen Eroberung aus oder drängt es doch vollkommen in den Hintergrund. Mit anderen Worten, sein Reiseführer erteilt gewissermaßen historischen Unterricht über die Kultur Griechenlands. Dieser Unterricht setzt nicht voraus, daß man tatsächlich dort sein oder Pausanias' Routen zu den griechischen Städten und Heiligtümern realiter nachvollziehen muß. Selbst wenn man niemals eine der von ihm beschriebenen Stätten besucht hat, kann man allein durch die Lektüre des Pausanias sehr viel über Griechenland lernen.

Pausanias' Beschreibung des Tempels von Bassai kann uns auch zeigen, wie prekär und unsicher unser Wissen über die antike Welt ist. Heute zählt Bassai zu den berühmtesten und eindrucksvollsten Stätten der Antike; der Apollontempel ist wohl eines der meistphotographierten oder gemalten Bauwerke Griechenlands. Die wenigen Sätze aber, die Pausanias ihm gewidmet hat, sind das einzige, was uns die antike Literatur an Nachrichten überliefert hat. Wäre Pausanias' *Beschreibung Griechenlands* durch irgendeinen Zufall nicht erhalten oder hätten sich, aus welchen Gründen auch immer, die mittelalterlichen Schreiber entschlossen, dieses Werk nicht zu kopieren, dann wüßten wir über den Tempel gar nichts – abgesehen von dem, was seine steinernen Reste uns verraten können, vorausgesetzt irgend-jemand wäre irgendwann zufällig über sie gestolpert. Wir wüßten dann beispielsweise nicht, daß er dem Apollon zugeeignet war (auch wenn die Präsenz Apollons und seiner Schwester Artemis unter den Skulpturen des Frieses uns einen Anhaltspunkt hätten bieten können, wie wir in Kapitel 7 sehen werden). Wir wüßten nichts über den Beinamen »Epikurios« oder über die Verbindung mit der Pest oder darüber, daß der berühmte Architekt Iktinos am Bau des Tempels beteiligt war.

Ein großer Teil unseres Wissens über das Alterum verdankt sich solchen Glücksfällen der Überlieferung. Ja, einige Werke der antiken Literatur, die heute zu den meistgelesenen zählen, haben buchstäblich nur um Haaresbreite überlebt. Die Dichtungen Catulls beispielsweise, einschließlich seiner berühmten Liebesgedichte an die Frau, die er »Lesbia« genannt hat, haben sich nur Dank einer einzigen mittelalterlichen Abschrift erhalten; ebenso ist das Lehrgedicht des Lukrez *Über die Natur der Dinge*, in dem er in lateinischen Versen die Lehre des griechischen Philosophen Epikur (und eine frühe atomistische Theorie der Materie) vermittelt, nur in einer einzigen Handschrift überliefert. Andere Bücher aber sind ganz verloren, wie etwa der größte Teil der *Römischen Geschichte* des Livius oder die Mehrzahl der Tragödien, die die drei großen attischen Tragiker, Aischylos, Sophokles und Euripides, verfaßt haben.

Allerdings ändert sich dieses Bild ständig. Vor zwanzig Jahren z.B. kannten wir von dem Werk eines der namhaftesten römischen Dichter, des Cornelius Gallus, nur eine einzige Zeile, zitiert von einem anderen antiken Schriftsteller. Gallus war der jüngere Zeitgenosse Catulls und ein Freund des Vergil, später Oberbefehlshaber des Kaisers Augustus in Ägypten. In den 70er Jahren wurde bei Ausgrabungen in Südägypten unter den Abfallresten eines römischen Militärlagers ein winziges Stückchen Papyrus entdeckt, auf dem wir acht Verse lesen können, die mit Sicherheit aus der Feder des Gallus stammen. Vielleicht wurde dieses Papyrusfetzchen von einem der Soldaten des Gallus fortgeworfen, vielleicht sogar von Gallus selbst (vgl. Abb. 14).

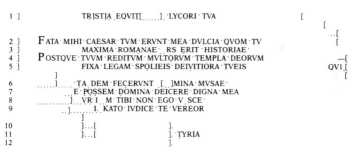

```
 1 ]              TRISTIA EQVIT[      ] LYCORI TVA                    [
                                                                         [
 2 ]     FATA MIHI CAESAR TVM ERVNT MEA DVLCIA QVOM TV              ..[
 3 ]            MAXIMA ROMANAE  RS ERIT HISTORIAE                       [
 4 ]     POSTQVE TVVM REDITVM MVLTORVM TEMPLA DEORVM
 5 ]         FIXA LEGAM SPOLIEIS DEIVITIORA TVEIS                     —[
           ]                                                       QVI [
 6   ......].... TA DEM FECERVNT [ ]MINA MVSAE                         [
 7          ..E POSSEM DOMINA DEICERE DIGNA MEA
 8   .........] VR I M TIBI NON EGO V SCE
 9      ..].......I KATO IVDICE TE VEREOR
                  ]
10           ]...[                    ].
11           ]...[                    ]. TYRIA
12           ]                        ].
```

Abb. 14: Aus einem römischen Abfallhaufen: Papyrusfetzen mit Versen des Cornelius Gallus und ihre textkritische Entzifferung

Ebenso ist im Lauf der letzten hundert Jahre durch Ausgrabungen in Ägypten ein vollständiges Stück des im 4. Jahrhundert v. Chr. schreibenden Komödiendichters Menander ans Licht gekommen, dazu große Teile von vier weiteren Werken. Im Mittelalter hatte sich fast jede Spur von ihm verloren und es existiert keine einzige Handschrift von ihm. Menander war jedoch in der Antike einer der meistgelesenen griechischen Dichter. Weil seine Stücke so schöne moralische Lektionen erteilten, gehörte er zum Lektürekanon jedes Schulkindes in der griechischsprachigen Welt – die sich von Griechenland selbst bis nach Ägypten und über die Küste der heutigen Türkei bis an die Ufer des Schwarzen Meeres erstreckte. Just solche antiken Schulausgaben seiner Stücke haben sich als Altpapier erhalten, das man wiederverwendet hatte, um Mumien darin einzuwickeln.

Unsere Kenntnis der klassischen Literatur hängt also an einem sehr dünnen Faden. Große Teile unseres Wissens bzw. Nicht-Wissens verdanken sich reinem Zufall. So war es einzig und allein ein glücklicher Zufall, daß eine Gruppe von Archäologen beschloß, die Abfallreste des römischen Militärlagers auszugraben, unter denen sich das einzig bekannte Exemplar der Gallus-Verse fand. Ebenso kann durch einen unglücklichen Zufall irgendein mittelalterlicher Mönch seinen Wein über das Manuskript geschüttet haben, das er gerade abschreiben sollte, und jede Spur des nur in dieser einzigen Kopie vorhandenen Werks war verloren. Daß die antiken Texte so ungeschützt waren vor Mißgeschick und auch Mißbrauch, hat natürlich die Phantasie angeregt, hat sowohl schwarze Gedanken wie auch eine Vielzahl romantischer Erfindungen hervorgerufen. So etwa versucht Robert Graves in seinen Romanen *I, Claudius* und *Claudius, the God and his Wife Messalina* die verlorengegangene Autobiographie des römischen Kaisers Claudius neu zu schreiben. Und Umberto Eco erzählt in *Der Name der Rose* die abgründige Geschichte eines Mönchs, der die Bibliothek seines Klosters in Brand setzt und dabei das einzige Exemplar der Abhandlung des Aristoteles *Über die Komödie* zerstört.

Aber Wege und Inhalte der Überlieferung sind natürlich keineswegs nur Sache des Zufalls. Sie ergeben sich zugleich ganz wesentlich aus der Geschichte der Altertumswissenschaft und ihren wechselnden Interessen und Vorlieben, angefangen bei der Antike selbst, über das Mittelalter bis in die Neuzeit. Es ist, anders gesagt, nicht einfach nur Glück, daß in Ägypten so viele Texte des Menander gefunden wurden; diese Funde verdanken sich ganz unmittelbar der enormen Bedeutung, die Menander in der griechischen Schulerziehung besaß. Ebensowenig ist es bloßer Zufall, daß wir so viele mittelalterliche Handschriften von den *Satiren* des römischen Dichters Juvenal besitzen. In vielen dieser Gedichte hat Juvenal leidenschaftliche Klage über den moralischen Verfall der römischen Gesellschaft seiner Zeit (des frühen 2. Jahrhunderts n. Chr.) geführt. Sie wurden von den Mönchen des Mittelalters wieder und wieder abgeschrieben, denn ihre schneidende Kritik der Dekadenz war bestens geeignet, um die mittelalterlichen Predigten auszuschmücken: »Welche Gasse ist nicht voll von finsteren Schwerenötern? Du rügst das Laster und hast doch selbst die bekannteste Ritze unter den sokratischen Lustknaben. Freilich, die rauhen Glieder und die stoppeligen Borsten auf den Armen lassen einen festen Sinn vermuten; doch vom glatten Arsch schneidet dir lachend der Arzt die geschwollenen Hämorrhoiden.« Die Tatsache, daß *wir* heute noch Juvenal lesen können, ist ganz direkt an den Nutzen gebunden, den die mittelalterliche Kirche aus antiken Texten gezogen hat.

Vergleichbares läßt sich auch für die Geschichte der klassischen Archäologie zeigen. Nicht nur, weil eines der Hauptanliegen bei der Ausgrabung klassischer Stätten in Ägypten darin bestand, weitere unbekannte antike Texte zu finden – obwohl dieses Interesse sicherlich eines der treibenden Motive bei der Erforschung Ägyptens war. Denn im 19. Jahrhundert bestimmte die Literatur die Agenda der Archäologen: sie gab vor, welche Stätten gesucht und ausgegraben werden sollten und welche Stätten berühmte Anziehungspunkte wurden. Troja und Mykene etwa wurden im 19. Jahrhundert von Heinrich Schliemann entdeckt, weil er auf der Suche nach den Städten war, die Homer in der *Ilias*, seinem großen Epos über den Trojanischen Krieg, erwähnt. Schliemann wollte das Mykene Agamemnons und Troja, die Stadt von Priamos und Hektor, Paris und Helena, finden. Die Entdeckung von Bassai wiederum verdankt sich, wie wir gesehen haben, der Verbindung, die Pausanias zwischen dem Tempel und dem Architekten des Parthenon geknüpft hat. Hätte der Text des Pausanias sich nicht erhalten, Cockerell und seine Freunde wären nie auf die Idee gekommen, die gefährliche Reise zu dieser abgelegenen Ruinenstätte zu unternehmen, und die britische Regierung wäre kaum in Versuchung gekommen, den Tempelfries anzukaufen und ihn der Obhut des British Museum zu übergeben. In vielerlei Hinsicht hängt also die ganze Geschichte, wie wir sie bisher erzählt haben, an Pausanias und *seinem* Überleben.

Um so merkwürdiger ist es, daß wir heute den Großteil dessen, was uns Pausanias über den Tempel von Bassai berichtet, in Zweifel ziehen. Neuere Untersuchungen zur Architektur des Tempels etwa lassen aufgrund von Fragen des Stils und der Datierung darauf schließen, daß Iktinos selbst möglicherweise doch nicht am Entwurf beteiligt war. Andere Forscher wiederum gehen davon aus, daß die Verbindung, die Pausanias zwischen dem Beinamen Apollons und der großen Pest in Athen zieht, lediglich eine Vermutung, und sehr wahrscheinlich eine unzutreffende, ist. Thukydides jedenfalls sagt ausdrücklich, die Seuche habe diesen Teil Griechenlands nicht befallen. Pausanias suchte vermutlich verzweifelt nach einer Erklärung für die ungewöhnliche Benennung des Gottes als »Helfer«. Die, die er fand oder die man ihm vermittelte, erhöhte auf alle Fälle das Ansehen von Bassai, indem sie seine Grundsteinlegung mit den großen Tagen Athens – und damit auch mit dem Bericht des kanonischen Historikers dieser Zeit – verknüpfte.

Auch darin liegt ein großer Unterschied zwischen der Altertumswissenschaft unserer Tage und der Beschäftigung mit der Antike, wie sie im 19. Jahrhundert üblich war. Cockerell und seine Zeitgenossen lasen die antiken Autoren als mehr oder minder unanfechtbare Informationsquellen über Griechenland und Rom. Wir hingegen gehen davon aus, daß wir in einigen

Fällen mehr über die Monumente, Ereignisse und die historischen Abläufe wissen, die diese Autoren beschrieben haben. Wir sind bereit, den Bericht des Pausanias über Bassai zu hinterfragen, ebenso wie die Ursachen für die Katastrophe des Peloponnesischen Krieges, die Thukydides anführt, oder die Darstellung der Frühgeschichte Roms durch Livius. Es ist ja gerade eine der Grundannahmen heutiger Altertumswissenschaft, daß wir mit Hilfe moderner Analysen mehr über die antike Welt in Erfahrung bringen können, als die Alten selbst zu ihrer Zeit wissen konnten (ebenso wie davon auszugehen ist, daß spätere Historiker eines Tages mehr über unsere Welt wissen werden als wir heute). Eine der Rechtfertigungen für die fortgesetzte Beschäftigung mit der Antike liegt also darin, daß wir das tradierte Wissen über Griechenland und Rom erweitern können.

Paradoxerweise erhöht das die Anforderungen an unsere Lektüre der antiken Texte. Daß die griechische und römische Kultur für uns größere Anziehungskraft besitzt und uns stärker herausfordert als die jeder anderen alten Zivilisation, liegt nicht nur an der anhaltenden Wirkung des antiken Dramas oder an der Ausstrahlung der antiken Kunstwerke. Wichtiger für uns ist die Tatsache, daß die antiken Schriftsteller über ihre eigene Kultur reflektiert haben, daß sie sie diskutiert, kritisiert und zu definieren versucht haben und uns diese Reflexion in ihren Texten übermittelt haben. Zum Teil ist die kulturelle Auseinandersetzung ganz explizit das Ziel ihrer Schriftstellerei. So etwa erklärte Herodot, der »Vater der Geschichtsschreibung«, seinem Publikum in den griechischen Stadtstaaten des ausgehenden 5. Jahrhunderts, daß ihr gemeinsam errungener Sieg über die Invasionsmacht des persischen Großkönigs ebenso auf die Verschiedenheit dessen zurückzuführen sei, was sie dazu beigesteuert hatten wie auf das, was ihnen gemeinsam war – daß sie es nämlich als ihrer aller Sache betrachteten, ihre Autonomie gegen die fremden Nichtgriechen aus dem Osten zu verteidigen. Im 2. Jahrhundert v. Chr. dann versuchte Polybios, der als Kriegsgefangener nach Rom gebracht worden war, klarzulegen, wie und warum Rom zu seiner Vormachtstellung im Mittelmeerraum gekommen war. Implizit ist diese Art kultureller Selbstreflexion in fast allen Texten griechischer und römischer Schriftsteller enthalten. Wenn beispielsweise römische Autoren über die Kultur eroberter Völker schreiben, können wir immer wieder bemerken, wie sie dabei – zumindest unausgesprochen – auch die eigene Kultur abzugrenzen und zu definieren suchen. Wenn Julius Caesar beschreibt, wodurch sich die Gallier von den Römern unterscheiden, dann ist seine Darstellung implizit zugleich eine Reflexion auf die Eigenart Roms.

Wenn wir antike Texte lesen, treten wir zwangsläufig in eine kulturelle Debatte ein mit antiken Autoren, die selbst in einer Debatte mit ihrer eigenen Kultur standen. Natürlich kann man die antike Literatur bewundern. Natürlich muß man sie als Informationsquelle benutzen. Für wie unzuverlässig wir diese Informationen auch halten mögen, wir sind auf sie angewiesen, wenn wir etwas über die Welt des Altertums wissen wollen. Altertumswissenschaft ist jedoch mehr als das. Sie ist die Auseinandersetzung mit einer Kultur, die selbst schon in einem Prozeß der Auseinandersetzung mit der eigenen Kultur und mit der Bestimmung dessen, was Kultur überhaupt sein solle, begriffen war. Unsere Begegnung mit Bassai ist eingebettet in eine Tradition der Betrachtung und des Nachdenkens über diesen Ort, die weit hinter seine »Entdeckung« im 19. Jahrhundert zurückreicht in die Antike selbst.

Im Fall von Pausanias betrifft diese Debatte das Wesen der griechischen Kultur innerhalb des Imperium Romanum und damit auch das Verhältnis von Griechenland und Rom. Wir haben bereits in Kapitel 2 gezeigt, daß die römischen Schriftsteller sich Griechenland gegenüber verpflichtet fühlten und daß die römische Kultur sich selbst (was sie nicht selten auch heute noch wird) als parasitär im Hinblick auf ihre griechischen Wurzeln betrachtete. Inzwischen sollte jedoch deutlich sein, daß diese Beziehung sehr viel komplizierter ist, als es auf den ersten Blick scheinen mag. Selbst wenn die römische Kultur in mancher Hinsicht abhängig ist von Griechenland, so ist doch unser Blick auf Griechenland vielfältig durch Rom und die römische Darstellung griechischer Kultur vermittelt. Wir sehen Griechenland sehr oft durch die Brille Roms.

Das römisch vermittelte Griechenbild begegnet uns in vielerlei Gestalt. Für die Geschichte der griechischen Skulptur etwa ist es wichtig, daß viele der berühmtesten, von den antiken Autoren meistbesprochenen und gepriesenen Werke nur als Kopien von der Hand römischer Bildhauer überliefert sind. Die Friesskulpturen von Bassai werden in der antiken Literatur nirgends als Kunstwerke beschrieben. Die Bewunderung galt in der Antike nicht den Tempeldekorationen, sondern der freistehenden Plastik: dem »Diskuswerfer« von Myron, dem großen Bildhauer des 5. Jahrhunderts, der »verwundeten Amazone« von seinem Zeitgenossen Phidias oder der »nackten Aphrodite«, die Praxiteles im 4. Jahrhundert v. Chr. für die Stadt Knidos schuf. Alle diese Werke kennen wir nur in der Gestalt, in der die Römer sie nachgebildet haben.

Pausanias zeichnet ein Bild Griechenlands, das, wie wir gesehen haben, die Spuren römischer Herrschaft systematisch verdunkelt. Wir hingegen dürfen nicht vergessen, daß er ein Einwohner des römischen Imperiums gewesen ist. Auch wenn er Rom ausblendet, ist sein Bild Griechenlands das eines ›Römers‹, und es ist, unvermeidlich, auch ein Bild des römischen Reiches. Der einsame Tempel am Berghang in einer abgelegenen Ecke Griechenlands ist Teil der Weltsicht, die Pausanias als Untertan des römischen Reiches entwickelt hat.

Auch in unserem heutigen Bild von Bassai treffen zweierlei Perspektiven zusammen: der Blick auf die besondere Geschichte dieses Tempels in seiner Einmaligkeit und Unwiederholbarkeit und seine Verortung im größeren Zusammenhang der Geschichte Griechenlands und Roms wie auch im Rahmen unserer Auffassung der antiken Kultur insgesamt. Jedes Gebiet und jeder einzelne Gegenstand der Altertumswissenschaft ist Teil eines sehr viel größeren Zusammenhangs.

5 Unter der Oberfläche

Pausanias' Beschreibung des Tempels von Bassai legt uns die Frage nahe, was wir denn eigentlich über das Altertum wissen wollen. Nach Ansicht vieler heutiger Archäologen ist Pausanias auf seinen Reisen durch Griechenland ziemlich blind herumgetappt. Er hat nicht nur ein gut Teil Fehlinformationen über die Stätten verbreitet, die er besuchte, er hatte auch einen sehr beschränkten Maßstab für das, was er überhaupt in den Blick nahm. Sein Bild Griechenlands bezieht sich überwiegend auf die großen Städte, nur ab und zu werden Angaben über ländliche Sehenswürdigkeiten eingestreut, wie etwa Bassai. Aber wie steht es mit dem Griechenland, das außerhalb der städtischen Zentren lag, wie mit den lokalen Märkten, den Landwirtschaftsbetrieben, die die Nahrungsmittel für die Städte produzierten, und mit den Bauern, die sie bearbeiteten? Darüber hat Pausanias so gut wie gar nichts zu berichten.

Er sagt auch nichts über die ›andere‹ Geschichte der Sehenswürdigkeiten, die er erwähnt: nichts über die Geschichte der Menschen, die die Monumente gebaut haben, nichts über die finanziellen Mittel, die dafür aufgewendet wurden, nichts über die Männer und Frauen, die mit diesen Denkmälern lebten und für ihren Unterhalt sorgten. Mag sein, daß solcherart Information nicht in der Perspektive seines Vorhabens lagen. Auch die modernen Reiseführer widmen schließlich den Steinmetzen und den anderen Arbeitern, die die bewunderten Bauten geschaffen haben, wenig Raum. Für uns aber ergeben sich auch bei kurzem Nachdenken über diesen einsam gelegenen Tempel in den Bergen unvermeidlich Fragen nach seiner Baugeschichte und seiner Funktion. Wem lag daran, ihn ausgerechnet hier, an diesem entlegenen Ort, zu errichten? Wie wurde er gebaut? Wozu diente er?

Die meisten modernen Erforscher des Orts, angefangen bei Cockerell und seinen Freunden, haben sich gefragt, welche Techniken den antiken Handwerkern zur Verfügung standen, um die diffizilen Säulenreihen so präzis und gerade zu plazieren und die Mauern so exakt auszurichten. Wie war das möglich mit den Werkzeugen und den begrenzten technischen Hilfsmitteln des 5. Jahrhunderts v. Chr.? Cockerell fügt seiner Beschreibung des Tempels detaillierte Zeichnungen bei, um die Konstruktion von Dach und Säulen zu veranschaulichen, und zum Schluß führt er sehr fachmännisch das ausgefeilte System der mathematischen Proportionen an, die beim Entwurf des Bauwerks zugrundegelegt worden sein müssen.

Die deutschen Teilnehmer der Gruppe haben ihren Fundberichten Angaben über grob eingeritzte Buchstaben hinzugefügt, die sie auf einigen der Mauerblöcke gefunden hatten. Vermutlich dienten diese als Markierungen, damit die Arbeiter wußten, wo die Blöcke genau plaziert werden sollten (vgl. Abb. 15). Vor

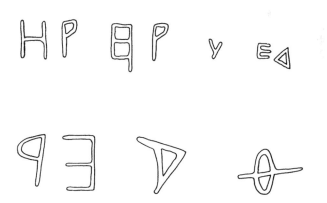

Abb. 15: *Griechische Buchstaben, hinterlassen von den Erbauern des Tempels von Bassai*

kurzem haben Archäologen diese Buchstaben noch einmal genau untersucht, insbesondere im Hinblick auf ihre Form. Die Schreibweise griechischer Buchstaben war viel weniger standardisiert als unsere und unterscheidet sich deutlich je nach Region. Die Buchstabenmarkierungen auf den Mauerblöcken sahen anders aus als diejenigen, die normalerweise in der Gegend von Bassai verwendet wurden, und hatten weit mehr Ähnlichkeit mit den Buchstabenformen der Athener. Damit haben wir also einen klaren Hinweis darauf, daß zumindest die Facharbeiter, die am Bau dieses Tempels beteiligt waren, nicht aus Arkadien stammten (das zu jener Zeit eine ziemlich unterentwickelte Region gewesen ist), sondern möglicherweise aus Athen (als Truppe des Architekten Iktinos?). Solche winzigen Detailinformationen vermitteln uns also immerhin eine Ahnung von der Baugeschichte und von den beteiligten Personen.

Auch andere Probleme der Arbeitsorganisation beim Bau des Tempels müssen sich den Forschern des 19. Jahrhunderts gestellt haben. Als sie den zeitaufwendigen Transport der 23 Friesfragmente mit Maultieren aus den Bergen zum Meer hinunter organisierten, muß ihnen klar geworden sein, welche Schwierigkeit es bedeutete, das ganze Material und anderes mehr erst einmal dort hinaufzubringen. Auch wenn der billigere lokale Kalkstein, aus dem die Hauptmauern gebaut waren, in der Nähe gebrochen worden war, so waren doch Männer, Lasttiere und Organisation nötig, um die Steinblöcke heranzuschaffen. Der kostspieligere Marmor, der für den Fries und die Skulpturen benutzt wurde, mußte von weiter her besorgt werden und verursachte entsprechenden Mehraufwand an Geld und Arbeit.

Aber weder Cockerell noch andere Mitglieder der Reisegruppe legen großes Gewicht auf Fragen der Materialbeschaffung und des Transports, obwohl sie sich über deren Bedeutung sehr wohl im klaren gewesen sein müssen. Für heutige Archäologen und Historiker stehen solche Fragen im Zentrum, nicht nur im Hinblick auf Bassai, sondern auf Kultur und Geschichte des Altertums überhaupt. Der Gütertransport von einem Ort zum anderen war im alten Griechenland und Rom generell so teuer, daß man ihn sich zweimal überlegte; der Transport auf dem Landweg aber war fast unerschwinglich. Man hat zum Beispiel geschätzt, daß der Transport einer Ladung Getreide für 75 Meilen über Land soviel kostete wie per Schiff über die ganze Länge des Mittelmeers. Wie also hat man den Transport dieser Steinblöcke mit ihrem enormen Gewicht organisiert? Wer hat ihn bezahlt? Und dann: wie wurden die Baumaterialien beschafft? Wie wurde der Stein gehauen ohne maschinelle Werkzeuge?

Diese Fragen bringen uns auf das Problem der Sklaverei. Auch wenn es verschiedene Ansichten über die Quellen des Reichtums gibt, der die Basis der antiken Kultur bildete, so lassen sich doch fast alle Fragen des antiken Versorgungs- und Transportwesens, zumindest teilweise, aus der Existenz einer großen Anzahl von Sklaven erklären. Griechenland und Rom waren berüchtigte Sklavenhaltergesellschaften, berüchtigter vielleicht als alle anderen, die wir kennen. Das privilegierte Leben, das der Bürger in der antiken Welt führte, hing ab von der Muskelkraft dieser Menschenherden, die über keinerlei politische Rechte verfügten und ausschließlich als Arbeitskräfte definiert wurden – als »stimmbegabte Maschinen«, wie es der Universalgelehrte Varro im 1. Jahrhundert v. Chr. formuliert hat. Nach der zuverlässigsten Schätzung machten die Sklaven im Athen des 5. Jahrhunderts v. Chr. 40 Prozent (ungefähr 100.000) der gesamten Bevölkerung aus und in Italien erreichten sie im 1. Jahrhundert die Drei-Millionen-Grenze. Es gibt kein Phänomen der antiken Kultur, vom Bergbau bis zur Philosophie, von der Baukunst bis zur Dichtung, das ohne Bezugnahme auf die Sklaverei zu erklären ist.

Die Sklaverei ist in Griechenland und Rom eine offenkundige und allgegenwärtige Erscheinung und doch ist sie bisweilen nicht leicht wahrzunehmen, sie ist für uns wie für die Menschen der antiken Welt, die keine Sklaven waren, eine Art blinder Fleck. Wohl hat sie Spuren hinterlassen, die eine deutliche Sprache sprechen: die Halsketten von Sklaven, die man bei Ausgrabungen überall in der alten Welt gefunden hat, tragen Inschriften wie moderne Hundehalsbänder: »wenn gefunden, bitte zurückgeben an …« (vgl. Abb. 16); die Ketten und Handfesseln, die man auf den Landwirtschaftsbetrieben des römischen Italien gefunden hat; die kleinen Figuren, die auf griechischen Vasen abgebildet sind und mit ihren rasierten Köpfen deutlich als Sklaven gekennzeichnet sind, damit beschäftigt, ihren von Arbeit freigestellten Herren, den Bürgern, Wein einzuschenken. Die Sklaverei gehört zu den Grundvoraussetzungen, die auch in den Werken der antiken Literatur durchgängig präsent sind. Oft etwa beziehen sich römische Schriftsteller en passant auf das Gesetz, das es verbot, vor Gericht die Aussagen von Sklaven als Beweismaterial anzuführen, wenn sie nicht durch Folter erzwungen waren. Es war also nicht nur so, daß sie gefoltert werden *durften*, ihre Aussagen waren nur gültig, *wenn* sie es wurden. Nach allem, was wir wissen, hat kein Grieche oder Römer daran je auch nur den geringsten Anstoß genommen.

Aber das Phänomen der Sklaverei kann auch sehr viel schwerer zu fassen sein als diese Beispiele nahelegen. Ihre Spuren lassen sich keineswegs immer ohne weiteres identifizieren. Wenn wir an die Mauerblöcke von Bassai denken: Woher können wir wissen, wessen Hand die Kennzeichen eingeritzt hat? Natürlich kann es die Hand eines Sklaven gewesen sein, des Anführers einer Sklavenmannschaft vielleicht, die (von woher?) als Arbeitskräfte bei

Abb. 16: Römische Sklavenkette, gefunden am Hals eines Skeletts, mit der Botschaft: » Wer mich fängt, soll mich zurückgeben an meinen Besitzer Apronianus, Beamter im kaiserlichen Palast, beim Goldenen Tuch auf dem Aventin, denn ich bin ein entlaufener Sklave« (auf der Abb. ist nur die Adresse zu sehen: »ad mappa aurea in abentin«).

diesem großen Bauvorhaben eingesetzt wurde. Aber genauso gut kann es auch die Hand eines freien Handwerkers gewesen sein, Mitglied einer aus Bürgern gebildeten Gruppe von Facharbeitern, die für die grobe Arbeit auf eine Sklaventruppe zurückgriff. Es gibt so gut wie keine Anhaltspunkte, die uns etwas über den Status der Arbeiter sagen, die hier tätig waren.

Sklaverei war zudem keine einheitliche, feste Kategorie. Es gab Sklaven sehr verschiedenen Typs und sehr unterschiedlicher Herkunft: Kriegsgefangene, Schuldsklaven, im Land aufgewachsene Kinder von Sklavinnen, gebildete Lehrer, analphabetische Arbeiter und noch vieles andere mehr. Nicht notwendigerweise war man lebenslänglich Sklave. Es gab Wege aus der ebenso wie in die Sklaverei. Millionen von Sklaven erhielten, zumindest in Rom, nach einer bestimmten Dienstzeit die Freiheit. Millionen von römischen Bürgern waren direkte Nachkommen von Sklaven. Der römische Dichter Horaz zum Beispiel, dessen Überlegungen über die Schuld Roms gegenüber Griechenland wir weiter oben bereits angeführt haben, sagt uns aus eigener Erfahrung, was es bedeutet hat, Sohn eines Freigelassenen zu sein, der es zu etwas gebracht hat.

An einem kleinen Stück Bronze, das man in einem anderen Heiligtum in der Nähe von Bassai gefunden hat, läßt sich dieses Problem der Sichtbarkeit der Sklaven gut zeigen. Auf dem Metall ist die Freilassung dreier Sklaven durch ihren Herren Kleinias inschriftlich festgehalten: Kleinias erlegt jedem eine Buße auf (die an den Apollon von Bassai zu zahlen ist), der »Hand auf sie legt«, d.h. ihren neuen Status nicht respektiert. Einerseits fällt auf, daß man sogar hier, in dieser abgelegenen Berggegend, Beweise für die Präsenz von Sklaven findet. Sogar der Gott Apollon ist ins System der Sklaverei integriert. Andererseits ist deutlich, daß diese Sklaven erst in dem Moment öffentlich wahrgenommen und damit auch für uns erkennbar werden, in dem sie aufhören, welche zu sein. Ihr Leben als Sklaven ist vollkommen unsichtbar für uns.

Lange Zeit war die Frage, wie man das System der antiken Sklaverei bewerten solle, ein zentraler Diskussionspunkt der Altertumswissenschaft. Inwiefern beeinflußt die Existenz der Sklaverei unsere Auffassung der alten Welt? Was bedeutet es für unsere Bewunderung zum Beispiel der athenischen Demokratie, wenn wir erkennen, daß es eine Sklavenhalterdemokratie war, ja, daß sie als Demokratie nur möglich war unter der Voraussetzung massenhaft vorhandener Sklaven? Inwieweit müssen wir das bedauern wie auch die mannigfachen, brutalen Grausamkeiten, die sonst noch im Kontext der antiken Kultur verübt wurden? War es schlimmer, ein athenischer Sklave oder eine athenische Frau zu sein? Ist es angemessen, Griechen und Römer mit den moralischen Maßstäben unserer Zeit zu beurteilen? Oder ist es gar nicht möglich, diese zu überspringen?

Die Altertumswissenschaft beschäftigt sich damit, die komplexen Voraussetzungen solcher Urteile offenzulegen, ebenso wie die komplexen Voraussetzungen des sozialen, wirtschaftlichen und politischen Lebens in der Antike, zu dem die Sklaverei als ein Teil gehörte. Es ist nur ein erster Schritt, wenn man in der Lage ist, zu sagen, daß der Bau des Tempels von Bassai, wer auch immer die Mauerblöcke markiert haben mag, nur mit einer Vielzahl von Sklaven zu bewerkstelligen war, die die Steine schlagen, behauen und nicht zuletzt tragen mußten. D. h., es ist nur ein erster Schritt, dieses berühmte Bauwerk als ein Produkt der Sklaverei zu benennen. Wir müssen auch noch allgemeiner über die verschiedenen Voraussetzungen nachdenken, die den Bau des Tempels ermöglicht haben: durch welche Art von Reichtum ist er finanziert worden, welcher Art war die Gesellschaft, angefangen bei den Sklaven, über die Bauern bis zu den Adligen, die ihn unterhielt und in seiner Nähe lebte?

Fragen dieser Art stehen ganz oben auf der Agenda der heutigen klassischen Archäologie. Die Mehrzahl der Archäologen ist heute nicht mehr mit der Entdeckung und Ausgrabung herausragender klassischer Monumente beschäftigt oder mit den Kostbarkeiten antiker Kunst, die in ihnen zu finden sein könnten. Sie suchen nicht mehr nach den Bauten des Iktinos oder den Plastiken des Phidias. Ihre Aufmerksamkeit hat sich auf den ›Unterboden‹ der antiken Kultur verlagert, auf die Lebensbedingungen der Kleinbauern auf dem Land, auf das Verhältnis von Siedlungsform und Landschaft (kleine Dörfer, einzelne Gehöfte, ländliche Marktplätze), auf die Feldfrüchte, die angebaut, auf die Viehsorten, die gehalten, auf die Nahrungsmittel, die verzehrt wurden.

Dieses veränderte Forschungsinteresse hat dazu geführt, daß andere Grabungsorte ausgewählt und andere Grabungsfunde konserviert und analysiert werden. Heute untersuchen die Archäologen eher Bauernhöfe als Tempel und sehen ihre vorrangigen Studienobjekte in den Materialien, die früher zum Grabungsschutt geworfen wurden. Die mikroskopische Analyse dessen, was durch die Eingeweide von Menschen und Tieren gegangen und in den Abfallgruben gelandet ist, kann alle möglichen Informationen über die Ernährungsweise der Menschen und über die von ihnen produzierten Nahrungsmittel ergeben. Knochenreste unterrichten uns nicht nur darüber, welche Tiere gehalten wurden, sondern auch in welchem Alter sie geschlachtet wurden. Mit Hilfe solcher Details sehen wir die lokale Landwirtschaft in größerem Zusammenhang. Wir können nicht nur erschließen, was an Nahrungsmitteln verzehrt wurde, sondern auch, was von außerhalb importiert werden mußte. So läßt sich auch ermessen, welchen Stellenwert der Handel und der aus ihm resultierende Gewinn für die regionale Ökonomie hatten.

Ein eindrückliches Beispiel für den Wechsel der Prioritäten bei der Ausgrabung eines einzigen Ortes bietet die römische Stadt Pompeji. Vor hundert Jahren konzentrierten sich die Archäologen auf die Freilegung der vornehmen Häuser der Stadt, weil sie die Malereien und Skulpturen finden wollten, mit denen sie ausgeschmückt waren. In letzter Zeit hat man sich auch den unbebauten Zonen der Stadt zugewandt, den Gärten, Gemüseplantagen und Obstgärten. Indem man die Hohlräume, die die Wurzeln der Bäume und Pflanzen in der vulkanischen Lava hinterlassen hatten, mit Gips ausgoß, konnte man ihre verschiedenen Arten identifizieren. Zum erstenmal gewinnen wir so eine deutliche Vorstellung, wie ein römischer Garten ausgesehen hat und welche Sorten von Obst und Gemüse in einem gewöhnlichen Hinterhausgarten wuchsen.

Bestimmte Fragestellungen, die heute von Interesse sind, führen die Archäologen sogar dazu, von Grabungen ganz Abstand zu nehmen. Wenn man wissen will, wie ganze Landstriche in der Antike genutzt wurden oder welche Siedlungsformationen eine bestimmte Region aufweist, erhält man aus Grabungen keine Antwort, sondern nur aus der systematischen Feldbegehung und Prospektion der jetzt vorfindbaren Landschaft. Dabei sucht man nach allen Arten von antiken Besiedlungsspuren, seien es offen auf dem Boden liegende Tonscherben oder Münzen, seien es noch aufrechtstehende Baureste wie in Bassai. Die Feldbegehung macht normalerweise ein Team von Archäologen nötig, die nur wenige Meter voneinander entfernt ein genau bezeichnetes Gebiet parallel abwandern und auf einer Karte jeden Fund sorgfältig vermerken. Dieses Verfahren hat sich als sehr erfolgreich erwiesen, um die Siedlungsdichte verschiedener Orte und Gegenden sowie den Wechsel in der Nutzung des Bodens nachzuweisen. Außerdem hat man auf diesem Weg buchstäblich Hunderte von bis dahin unbekannten ländlichen Wohnorten entdeckt. Der Erfolg war so überzeugend, daß führende Archäologen der Meinung sind, alles in allem sei es das beste, den Spaten zugunsten der Gebietsprospektion ganz zu verabschieden (vgl. Abb. 17).

Die Gebietsprospektion kann bestimmte Fragen zu den großen Denkmälern beantworten, sie kann aber auch zuvor verborgene Aspekte des alltäglichen Lebens auf dem Land erhellen. Im Fall von Bassai hat sich aus der Untersuchung der umgebenden Region eine mögliche Antwort ergeben auf die irritierende Frage, wozu dieser viele Meilen von der nächsten Stadt entfernte Tempel eigentlich gedient haben mag. Es hat sich gezeigt, daß das vereinzelt gelegene Heiligtum eine für diesen Teil Arkadiens typische Erscheinung ist: es gab eine ganze Reihe von heiligen Stätten, die gewissermaßen im Niemandsland angesiedelt waren, in der äußersten Grenzregion des von der Stadt kontrollierten Gebiets. In dieser Region lebte der Großteil der Bevölkerung über die Landschaft verstreut und verschaffte sich seinen Lebensunterhalt durch die Jagd und durch Ziegen- und Schafzucht. Wenn das Heiligtum für eine überwiegend ländliche Bevölkerung bestimmt

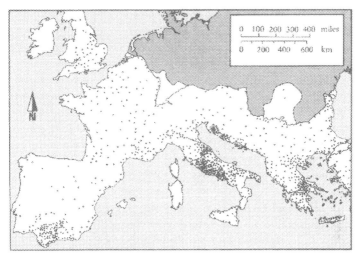

Abb. 17: Die Verteilungskarte ist ein unverzichtbares Hilfsmittel der Archäologie und der Gebietsprospektion. Das vorliegende Beispiel zeigt die Verteilungsdichte städtischer Ansiedlungen im römischen Reich

war, war es also völlig angemessen lokalisiert – dies die erste Erkenntnis. Seine besondere Lage an der äußersten Grenze des von der nächstgelegenen Stadt, Phigalia, kontrollierten Gebiets aber spielte, dies die zweite Einsicht, ein wichtige Rolle in Zusammenhang mit den Ritualen, durch die die Stadt als politisches und administratives Zentrum und das abgelegenere Land mit seiner vereinzelt lebenden Bevölkerung zur Einheit zusammengeschlossen werden sollten. So kann man zum Beispiel annehmen, daß rituelle Prozessionen, an denen führende Mitglieder der lokalen Gemeinde beteiligt waren, von Phigalia zum entfernt gelegenen Tempel von Bassai führten; dabei wurde die Einheit von Stadt und Land im Über-Land-Gehen sozusagen ausagiert, bestätigt und verstärkt.

Vielleicht scheint es so, als hätten wir uns mit diesen Überlegungen inzwischen von den Fragestellungen des Pausanias recht weit entfernt; tatsächlich aber verdanken wir ihm gerade dabei nicht wenig. Denn von den heiligen Prozessionen, die bei einem bestimmten Tempel in der Stadt ihren Ausgangspunkt nahmen und ins Land führten, wissen wir nur aus seiner Beschreibung Phigalias. Zwar nennt er Bassai nicht ausdrücklich als das Ziel der Prozessionen, aber es ist so gut wie sicher, daß sie dorthin führten. Er beschreibt die Prozessionen von Phigalia auch nicht in Einzelheiten; dafür erwähnt er jedoch im Zusammenhang mit einer anderen südgriechischen Stadt ein Ritual, das sehr ähnlich gewesen sein dürfte: eine Prozession, angeführt von Priestern und hohen Beamten der Stadt, gefolgt von Männern, Frauen und Kindern, die eine Kuh zu ›ihrem‹ Bergtempel hinaufführten, um sie dort zu opfern.

Auch in anderer Hinsicht steht Pausanias' *Beschreibung Griechenlands* hinter so manchem Projekt der modernen archäologischen Gebietsprospektion. So etwa ist bei ihm ein konstantes Thema die Klage über den Verfall der einstmals mächtigen Städte, die er besucht: sie verdienen inzwischen kaum noch den Namen einer Stadt, existieren teilweise nur noch als Ruinen, werden nur noch von spärlichen Überresten der Bevölkerung bewohnt, die in verfallenden Häusern ihr Leben fristet. Dieses Bild des Niedergangs aus einstiger Größe ist die Kehrseite des Idealbilds, das Pausanias von der vergangenen Blüte Griechenlands mehrere Jahrhunderte vor seiner Zeit entwirft. Die Archäologie unserer Tage hat daraus wesentliche Anregungen erhalten.

So haben neuere Gebietsanalysen versucht, den von ihm konstatierten Bevölkerungsschwund zu verifizieren und zu untersuchen, wie sich die Besiedlungsstrukturen Griechenlands unter römischer Herrschaft verändert haben. Dabei hat sich ein Bild ergeben, das Pausanias teils bestätigt, teils aber auch die Entwicklung in neuem Licht zeigt. Wir können inzwischen davon ausgehen, daß es sich nicht einfach um eine Geschichte der Entvölkerung und des Niedergangs handelt. Vielmehr scheint es unter römischer Herrschaft eine Tendenz zur Konzentration der Bevölkerung in größeren städtischen Zentren gegeben zu haben, die dazu führte, daß manche der von Pausanias besichtigten Orte verlassen worden waren.

Es gibt in der Altertumswissenschaft verschiedene Ansätze, alte und neue, um die klassische Vergangenheit zu verstehen. Die moderne Archäologie neigt dazu, immer die neuesten Methoden wissenschaftlicher Analyse und die neuesten Erklärungsmodelle sozialen und wirtschaftlichen Wandels anzuwenden. Am effektivsten ist es wohl, die neuen Techniken mit den lange bekannten Aussagen der antiken Autoren zu kombinieren. Neue Methoden der Untersuchung bringen nicht nur neue Ergebnisse, sondern fordern auch dazu heraus, die alten Texte neu zu lesen. So lassen sich aus den Werken des Pausanias und anderen scheinbar längst bekannten Quellen Informationen gewinnen, die jahrhundertelang übersehen oder falsch interpretiert worden sind. Ein Altertumswissenschaftler kann in der Bibliothek sitzen und seinen Pausanias lesen und ein anderer kann einen antiken Abfallhaufen untersuchen: beide Beschäftigungen sind Teil ein und desselben Unterfangens.

6 Große Theorien

Daß wir heute Pausanias' Beschreibung von Bassai lesen können, verdanken wir, wie gesagt, den Mühen ganzer Generationen von Schreibern und Abschreibern, die Jahrtausende hindurch in ununterbrochener Folge gearbeitet haben. Seit der Renaissance haben Gelehrte diese Arbeit fortgesetzt, indem sie die klassischen Texte edierten und veröffentlichten. Das moderne Buch- und Bibliothekswesen läßt es als sehr unwahrscheinlich erscheinen, daß irgendeiner der griechischen und römischen Texte, die wir heute besitzen, jemals wieder verlorengeht. Und doch ist man weiterhin weltweit darum bemüht, möglichst originalgetreue Textausgaben der klassischen Literatur zur Verfügung zu stellen – Texte, heißt das, die dem, was vor 2000 Jahren tatsächlich geschrieben worden ist, möglichst nahekommen.

Altertumswissenschaftler reisen quer durch Europa, um Handschriften aufzustöbern und zu vergleichen. Sie prüfen und verbessern die vorhandenen Editionen und geben sie neu heraus. Dazu gehört z. B. das heikle Geschäft, Fehler zu identifizieren, die von unsorgfältigen Abschreibern gemacht und in den späteren Ausgaben unbemerkt reproduziert wurden. Der neue Editor muß Vorschläge machen, wie man solche Fehler korrigieren kann, um dabei dem richtigen Wortlaut des Textes möglichst genau zu entsprechen. Manchmal wird er dabei schon durch die Korrektur von ein oder zwei Buchstaben den Leser, der das Werk zu Rate zieht, mit einem – sei es in einer wichtigen Detailfrage, sei es in einer grundsätzlichen Angelegenheit – veränderten Bild der alten Welt konfrontieren.

Wie genau kannten z. B. die Römer die Geographie der Provinz Britannien? Das ist eine Frage, die nicht nur im Zusammenhang der antiken Wissenschaft und der Technik der Kartographie wichtig ist, sondern auch für die Diskussion über die imperialistischen Strategien Roms. Wieviel, können wir annehmen, wußten die Römer tatsächlich über die von ihnen eroberten Territorien? Die Antwort auf diese Frage kann z. B. davon abhängen, ob wir glauben, der römische Historiker Tacitus habe die Form der Insel mit einem »Diamant« verglichen, *scutula*, wie es auf Lateinisch (und in allen Handschriften) heißt, oder aber mit einem »Schulterblatt«, *scapula*, wie ein neuerer Editor 1967 vorgeschlagen hat.

Es ist verständlich, daß die Arbeit an zuverlässigen Ausgaben der griechischen und römischen Autoren unter den Gelehrten der Zunft traditionell in hohem Ansehen stand. Sie ist allerdings auch mit Risiken verbunden: die Mehrzahl der Versuche, einen ›besseren‹ Text zu produzieren, erlangt nur vorübergehend Anerkennung und ist schnell vergessen. Aber es gibt keine Alternative: wir müssen wenigstens den Versuch unternehmen, uns ein möglichst präzises Bild davon zu verschaffen, was die antiken Autoren wirklich geschrieben haben. Vor allem bei Werken, deren Text noch heute sehr umstritten ist – sei es, daß er sprachliche Schwierigkeiten enthält, sei es, daß die handschriftliche Überlieferung unzuverlässig ist –, kann sich niemand, der sich ernsthaft mit dem Werk beschäftigen will, der Diskussion über das, was da eigentlich geschrieben steht, entziehen. Das gilt gerade für die bekanntesten literarischen Texte der Antike, wie etwa die Tragödien des attischen Dramatikers Aischylos. Die Ausgaben seiner Texte sind voll von Korrekturen und Verbesserungsvorschlägen, aber auch von Eingeständnissen der Ratlosigkeit (vgl. Abb. 18).

In anderen Fällen besteht relativ wenig Zweifel daran, daß die griechischen oder lateinischen Worte, die wir lesen, dieselben sind, die der Autor einst niedergeschrieben hat. Die Dichtungen des Vergil und des Horaz z. B. wurden immer als Klassiker verehrt und sorgfältig überliefert, von der Zeit ihrer Entstehung an bis heute. Sie stellen wenig Anforderungen an eine Textverbesse-

83 Τυνδάρεω: -ρέου et -ρέα Mˢˢᶜʳ   84 Κλυταιμήςτρα M (ut solet):
-μνήςτρα rell. (ut solent); non amplius notatur   87 πυθοῖ F;
πευθοῖ Scaliger   θυοςκεῖς Turnebus: θυοςκινεῖς MVFTr, θυοςκοεῖς
var. lect. in schol. vet. Tr   89 τε θυραίων Enger: τ' οὐρανίων codd.
91 δώροιςι Tr: -οις rell.   94 χρίμ- M: χρήμ- V, χρίςμ- FTr
98 αἴνει Wieseler: αἰνεῖν MV, εἰπεῖν FTr   101 ἃς ἀναφαίνεις
H. L. Ahrens: ἀγανὰ φαίνεις M, ἀγανὰ φαίνει V, ἀγανὰ φαίνους' FTr
102 ἄπλειςτον M   103 θυμοβόρον FTr (cf. M�� ἥτις ἐςτὶ θυμοβόρος
λύπη τῆς φρενός)   λύπης φρένα MVF: λυπόφρενα Tr; λύπης φρένα
θυμοβορούςης Diggle   104 ὅςιον κράτος Ar. Ran. 1276 codd.
excepto R δὲ δῖον   105 ἐντελέων Auratus   καταπνείει Aldina:
-πνέ*ει M, -πνεύει rell. et fort. Mᵃᶜ   106 μολπᾶν Mᵃᶜ; fort. μολπᾶι
δ' ἀλκᾶν

Abb. 18: Der kritische Apparat ist ein unverzichtbares Hilfsmittel für
die Edition antiker Texte. Das vorliegende Beispiel zeigt verschiedene
Lesarten der überlieferten Handschriften und Verbesserungsvorschläge
der Editoren zu einer Passage aus einer Aischylos-Tragödie; alle Erklärungen sind lateinisch.

rung. Immer aber sind die Herausgeber klassischer Texte damit
befaßt, Sprache und Inhalt der Werke, mit denen sie sich beschäftigen, zu erklären. Diese Texterklärung hat normalerweise
die Form eines Zeilenkommentars; dem Text folgend werden
Zeile für Zeile Erläuterungen gegeben, die auf mögliche Fragen
des Lesers antworten. Solche Kommentare müssen verschiedene
Arten von Lesern mit unterschiedlichem Bildungshintergrund im
Blick haben. Oft werden sowohl diejenigen berücksichtigt, die
Griechisch und Latein erst lernen, als auch diejenigen, die bereits
über die grundlegenden Sprachkenntnisse verfügen und Hilfe-
stellungen für schwierige Textstellen brauchen. Außerdem wird
das Hintergrundwissen über die antike Kultur vermittelt, das
man braucht, um zu verstehen, was der antike Autor geschrieben
hat.

Das ist an sich keine neue Situation. Altertumswissenschaftler
haben immer für ein Publikum geschrieben, das mehrheitlich kein
Latein und Griechisch konnte. Immer haben Leser ohne lateinische oder griechische Sprachkenntnisse wissen wollen, was die

antiken Autoren sagen, was sie meinen und was sie für uns bedeuten. Und immer haben diese Leser dabei nach Unterstützung gesucht. So haben jahrhundertelang Übersetzungen der antiken Autoren, meist aus der Feder derselben Gelehrten, die auch die Texte ediert und die Kommentare dazu verfaßt haben, eine wichtige Rolle bei der Vermittlung der alten Welt an die modernen Leser gespielt.

Es gibt Leser, die sich dennoch vom Zugang zur antiken Kultur ausgeschlossen fühlten, weil sie nicht über die Kenntnis der Originalsprachen verfügten. Andere haben sich gern der Übersetzungen bedient und sich daran gemacht, auf der Basis ihrer Muttersprache Kenner des Altertums zu werden. Wir haben schon in Kapitel 2 darauf hingewiesen, daß Keats, einer *der* (in jedem Sinne des Worts) ›klassischen‹ englischen Dichter, kein Griechisch konnte. Auch Shakespeare, um noch einen anderen großen Namen zu nennen, konnte so gut wie kein Griechisch (»wenig Latein und noch weniger Griechisch«) – ohne daß er deswegen die alten Autoren vernachlässigt hätte. Er war sehr bewandert in den Werken des griechischen Schriftstellers Plutarch, der im 2. Jahrhundert n. Chr. eine Reihe von Lebensbeschreibungen berühmter Griechen und Römer verfaßt hatte. Plutarchs *Leben Julius Caesars* war eine wichtige Quelle für Shakespeares *Julius Caesar*, das Stück, in dem das sprichwörtlich gewordene »it was [all] Greek to me« [1. Akt, 2. Szene; im Sinne der »böhmischen Dörfer« im Deutschen] geprägt wurde. Shakespeare aber las seinen Plutarch ausschließlich auf Englisch, in der Übersetzung von North.

Über die Jahrhunderte haben sich die Textausgaben und die Kommentare sehr verändert, wie alle anderen Aspekte der Altertumswissenschaft auch. Am auffälligsten ist vielleicht der Wechsel in den Festlegungen dessen, was als zur Altertumswissenschaft gehörig betrachtet wurde und was nicht, wie auch die Verschiebung der Grenzen zwischen der Altertumswissenschaft und anderen Disziplinen. Jahrhundertelang gehörten zu den Fragen, die an die Altertumswissenschaft und an die antiken Texte gestellt wurden, Themenbereiche, die wir heute als weit entfernt von jeder Beschäftigung mit Griechenland und Rom auffassen, die aber eigentlich unmittelbar aus dem Studium der antiken Welt und ihrer Literatur entstanden sind.

Die griechische Philosophie etwa, vor allem die Werke von Platon und Aristoteles, hat nicht nur Diskussionen ausgelöst, die heute als genuin philosophisch gelten, sondern auch solche über Politik, Ökonomie, Biologie und anderes mehr. Karl Marx hat sein theoretisches System aus der Auseinandersetzung mit der Philosophie und der Geschichte Griechenlands und Roms entwickelt. Seine Doktorarbeit war ein Vergleich der philosophischen Systeme des Demokrit und des Epikur, beides frühe Vertreter der atomistischen Theorie der Materie. Und die moderne Anthropologie knüpft, besonders in den großen theoretischen Entwürfen einer »Universalkultur«, an Vorstellungen an, die von verschiedenen Altertumswissenschaftlern gegen Ende des Jahrhunderts und später vertreten wurden. Diese Verbindung von Anthropologie und Altertumswissenschaft bringt uns, ein bißchen unerwartet vielleicht, zurück zu Pausanias und seiner *Beschreibung Griechenlands*.

Die Übersetzung, die wir in Kapitel 4 für Pausanias' Bericht über Bassai herangezogen haben, stammt von Sir James Frazer, dem Begründer der modernen Anthropologie. Er hat die *Beschreibung Griechenlands* ediert, kommentiert und übersetzt. Seine monumentale, sechsbändige Ausgabe erschien im Jahre 1898. Frazer hatte auf den Spuren des Pausanias in den frühen 90er Jahren mehrere Reisen nach Griechenland unternommen. Sein Kommentar enthält eine Reihe poetischer Passagen, in denen er im hohen viktorianischen Ton von Landschaften, Pflanzen und Wegen schwärmt; er taucht gewissermaßen die Reiserouten des Pausanias ins Licht seines eigenen hochemotionalen Beschreibungsstils. An manchen Stellen bedauert er gar, daß Pausanias sich für die Naturszenerie so wenig interessiert habe: »Wenn er [scil. Pausanias] zu den Bergen emporblickt, dann nicht wegen der schneebedeckten Gipfel, die im Sonnenlicht vor dem tiefblauen Himmel glitzern, oder wegen der dunklen Pinienwälder, die ihre Kämme säumen, sondern um uns zu sagen, daß auf ihren

Gipfeln Zeus oder Apollon oder der Sonnengott Helios verehrt werden ...«. Im Zusammenhang mit den Arbeiten an seinem Pausanias-Kommentar hielt sich Frazer 1890 auch in Bassai auf. Er hat sich den Ort sehr sorgfältig angesehen, hat Zeichnungen gemacht und Messungen vorgenommen, die er später in seinen Kommentar zu dem entsprechenden Abschnitt des Pausanias-Textes einarbeitete.

Für einen Gelehrten des ausgehenden 19. Jahrhunderts war es nicht unbedingt naheliegend, sich an eine große Ausgabe des Pausanias zu setzen. Die *Beschreibung Griechenlands* wurde zwar in den Anfängen der Archäologie, als man nach den klassischen Stätten Griechenlands suchte, als wertvolle Quelle geschätzt, aber sie besaß nie den Rang eines literarisch anspruchsvollen Textes und wurde daher auch weder in der Schule noch im Studium als eigenständiges Werk oder gar Kunstwerk gelesen. Zum Teil hängt das allerdings auch damit zusammen, daß es sich hier um einen griechischen Text aus römischer Zeit handelt: als solcher fällt er sowohl aus der ›klassischen‹ Epoche der athenischen Kultur (im 5. und 4. Jahrhundert v. Chr.) heraus, als auch aus der lateinischen Klassik, die sich vom 1. Jahrhundert v. Chr. bis zum Zenith des römischen Reichs im 2. Jahrhundert n. Chr. erstreckt. Erst in sehr viel neuerer Zeit hat sich die wissenschaftliche Forschung auch dem umfangreichen Bestand an griechischen Texten zugewendet, die von den Zeiten des Pausanias an über den Zusammenbruch des römischen Reichs hinaus verfaßt worden sind, und zwar bis zum Aufstieg des griechischsprachigen Reichs von Byzanz, das seinen Mittelpunkt in Konstantinopel (Istanbul) hatte. Das gleiche gilt für die Flut lateinischer Texte aus der römischen Spätantike, heidnische wie christliche.

Aber auch andere Faktoren spielen bei der Vernächlässigung des Pausanias außerhalb archäologischer Kreise eine Rolle. Die *Beschreibung Griechenlands* ist kein literarisch geformter Text, sondern eher eine Auflistung von Notizen und Anmerkungen; sie stammt von einem sonst ganz unbekannten Autor und wirft kein neues Licht auf die Interpretation der ›klassischen‹ Texte. Die sorgfältige Sammlung von Detailinformationen, die Pausanias zu

den einzelnen Stätten und Denkmälern des griechischen Festlands
zusammenträgt, fesselt den Leser nicht durch tiefgreifende oder
anregende Analysen größeren Maßstabs.

Frazer hatte jedoch besondere Gründe, sich mit Pausanias zu
beschäftigen. Ihn interessierte gerade die Genauigkeit, mit der
dieser Autor nicht nur über die religiösen Stätten, die öffentlich
vollzogenen Rituale und die Mythen der griechischen Welt be-
richtete, sondern auch, um mit Frazer zu sprechen, »über die
geheimnisvollen Sitten, Gebräuche und die abergläubischen Vorstellungen verschiedenster Art«. Als Frazer mit der Arbeit an
Pausanias begann, hatte er gerade die erste Ausgabe des Riesen-
unternehmens beendet, durch das er vor allem bekannt geworden
ist, sein Werk *Der goldene Zweig*. Darin wollte er aus aller Welt
und allen historischen Zeiten die »geheimnisvollen Sitten und die
abergläubischen Vorstellungen« zusammenstellen und durch eine
einheitliche, globale Theorie erklären – er entwickelte eine der ersten und weitgreifendsten Universaltheorien der Anthropologie.
Dieses Unternehmen wuchs sich zu Frazers Lebzeiten in immer
größere Dimensionen aus, von der bescheidenen zweibändigen
Ausgabe aus dem Jahre 1890 bis zur monumentalen dritten
Auflage, die in zwölf Bänden zwischen 1910 und 1915 erschien.

Der goldene Zweig beginnt in allen Auflagen mit einem klassischen Problem. Das Rätsel, das Frazer erklären will, bezieht sich
auf das merkwürdige Gesetz, dem der Priester des Diana-Tempels
von Nemi, in den Bergen südlich von Rom, unterworfen ist.
Römische Schriftsteller überliefern, dieser Priester, der den Titel
eines »Königs« trug, habe sein Priesteramt erhalten, indem er
zuerst einen Zweig eines bestimmten Baumes im Heiligtum abge-
schnitten und dann seinen Vorgänger im Priesteramt getötet
habe. So lebte jeder Priester der Diana in Todesangst, denn die
nächsten Bewerber um das Priesteramt planten bereits seinen
Tod. Wann immer dieser Brauch etabliert worden war, er wurde
jedenfalls im 1. Jahrhundert n. Chr. noch praktiziert. Eine Anekdote erzählt, Kaiser Caligula habe einen Rivalen ausgesandt, um
den amtierenden Priester herauszufordern, der die fatale »Kö-
nigsherrschaft« bereits zu lange innehatte.

Frazers Ausgangsthese bestand darin, diesen merkwürdigen Brauch mit einer Episode in Vergils *Aeneis* zu verknüpfen. Er identifizierte den Zweig, den der Anwärter auf das Priesteramt schlagen mußte, mit dem mythischen »goldenen Zweig«, der es Aeneas, dem Helden Vergils, erlaubte, sicher in die Totenwelt hinabzusteigen, bevor er zu seiner Mission, der Gründung Roms, zurückkehren konnte. Wenn Aeneas vom Schicksal auserwählt sei, dann werde, so hieß es, »der Zweig von selbst sich biegen und leicht pflücken lassen« – *ipse volens facilisque sequetur*. Um diese Identifikation zu stützen, brachte Frazer ›Beweise‹ aus allen möglichen anderen Quellen, historischen und geographischen Räumen zusammen (von nordischen Sagas bis zu den Bräuchen der australischen Aborigines, von der griechischen Mythologie bis zu den englischen Kornpuppen). Frazer erweiterte sein Material von Auflage zu Auflage, schrieb Anmerkungen zu seinen Anmerkungen und versammelte Parallelen aus der religiösen Überlieferung des gesamten Erdkreises, die er aus seinen eigenen, unvergleichlich breitangelegten Lektüren und aus den Hinweisen anderer Forscher und Korrespondenten zog, die ihm in großer Zahl und aus der ganzen Welt ihre Beobachtungen einschlägiger Parallelen zur Stützung seiner These übermittelten.

Aus seinem Material leitete Frazer weitreichende Theorien ab, allgemeine Theorien des Opfers, Theorien über Tod und Wiedergeburt des Königs (deshalb hatte der Titel »König«, den der Priester von Nemi trug, so große Bedeutung), Theorien über die geistige Entwicklung der Menschheit, vom primitiven Glauben an die Magie über die Stufe der Religion bis zur Entstehung der modernen Wissenschaft. Der argumentative Rahmen, von dem er ausging, löste sich mit der Zeit immer mehr auf, aber der enorme Informationsapparat, den er aufgebaut hatte, brach deshalb nicht zusammen. Wie wir es auch bei Pausanias beobachtet haben, führte die Skepsis gegenüber Frazers Informationen nicht dazu, sein Unternehmen als Ganzes zu verwerfen. In *Der goldene Zweig* bot Frazer seinen Lesern, ausgehend von der antiken Welt, Zugang zu universalem »Wissen« und zu der daran geknüpften Macht. Sein bedeutendes Werk (das sich, ungeachtet aller Skepsis der Wissenschaftler, in der einbändigen Ausgabe noch immer tausendfach jährlich verkauft) ist exemplarisch für die Kraft des systematisierenden Denkens, die der zivilisierten Vernunft eigen ist. Das war Frazers universale Mission. Sie erwuchs unmittelbar aus der Arbeit an seinen Texteditionen, unter denen die Pausanias-Ausgabe unverzichtbar ist und von manchen als seine beste und bleibende Leistung bezeichnet wird.

Frazers Versuch einer universalen Erklärung der kulturellen Entwicklung der Menschheit hat seine Wurzeln nicht zufällig in altertumswissenschaftlicher Gelehrsamkeit und im großen Korpus der Mythen, die in der antiken Literatur und Kunst repräsentiert sind. In ganz Europa waren diese Mythen gemeinsamer Besitz der Gebildeten und sie verlangten nachdrücklicher als alles andere nach Erklärung. Heute sind Frazers Ansatz und Methode zwar außer Kurs, aber die Herausforderung für die Altertumswissenschaft ist geblieben: Wie sollen wir uns die griechische Mythologie erklären? Warum hat gerade dieses Repertoire von Erzählungen so viele Schriftsteller und Künstler in seinen Bann gezogen?

Auf den Spuren der griechischen Mythen und durch den Wunsch, mehr über sie zu erfahren, eröffnet sich uns auch heute noch am ehesten der Zugang zur Altertumswissenschaft. Diese Geschichten sind in der antiken Literatur wieder und wieder erzählt worden, nicht nur in den griechischen Tragödien und in den Epen Homers (in der *Ilias* und im Bericht über die Abenteuer, die der listige Held Odysseus auf seiner langen Reise in die Heimat und zu seinem treuen Weib Penelope erlebte), sondern in anderen Versionen auch in der römischen Literatur. Der lateinische Dichter Ovid beispielsweise, ein Zeitgenosse von Vergil und Horaz, hat in seinen *Metamorphosen* eine reiche Sammlung von Verwandlungssagen kunstvoll miteinander verwoben. Es waren Erzählungen von Gestaltwandlungen, von der Entstehung des Kosmos angefangen bis zu Ovids eigener Zeit: die Erzählung von Daphne, die sich auf der Flucht vor den Avancen des Gottes Apollon in einen Lorbeerbaum verwandelte; von Midas, der durch seine Berührung alles in Gold verwandelte; von Julius

Caesar, der bei seinem Tod in einen Gott verwandelt wurde, und viele andere mehr. Auch in seinen *Fasti*, einem langen Gedicht über den religiösen Kalender Roms und die mit ihm verknüpften Feste, hat Ovid Mythen wiedererzählt. Dieses Werk hat Frazer in einer anderen monumentalen, mehrbändigen Ausgabe ediert und übersetzt.

In den letzten hundert Jahren hat man diesen Erzählungen sehr viel theoretische Aufmerksamkeit geschenkt. Sigmund Freud etwa hat gleichzeitig mit den Ursprüngen der griechischen Mythologie auch den Funktionsapparat der menschlichen Psyche erforscht. In seiner Interpretation der Geschichte vom Inzest, den Oedipus mit seiner Mutter beging, nachdem er seinen Vater getötet hatte (Freud hat daraus den »Oedipuskomplex« entwickelt), oder der unsterblichen Episode aus Ovids *Metamorphosen*, der Erzählung von der Selbstanbetung des Narziß, der sich, als er in einen Fluß blickte, in sein eigenes Spiegelbild verliebte (aus der Freud das Phänomen des »Narzißmus« ableitete). Die Bedeutungen, die sich in diesen Erzählungen und ihren verschiedenen Versionen und Interpretationen finden lassen, vermehren sich immer weiter, die weniger plausiblen ebenso wie die wirklich erhellenden. Diese Art Schneeballeffekt hat alle, die sich mit der griechischen und römischen Antike beschäftigen, dazu gebracht, immer wieder neu darüber nachzudenken, was die Mythen einst bedeutet haben und wie sich ihre späteren Interpretationen von dieser ursprünglichen Bedeutung unterscheiden und diese vielleicht auch vertieft haben. Inwiefern hat Freuds Oedipus unsere Lektüre des sophokleischen *König Oedipus* verändert? Können wir heute gar nicht umhin, Sophokles mit der Brille Freuds zu lesen?

Frazer und seine Generation aber waren bei ihrem Studium der Mythologie und Kultur der Griechen durch andere Fragestellungen bestimmt, vor allem von Fragen der Religion. Zu Frazers Zeiten, d.h. im späten 19. Jahrhundert, studierte man Altertumswissenschaft innerhalb eines institutionellen Rahmens, der weitgehend christlich geprägt war. Die wenigen Universitäten, die es gab, waren überwiegend dem Adel und den zukünftigen Geistlichen vorbehalten. Die meisten Universitätsdozenten waren ebenfalls Geistliche. Die Größe Griechenlands und der Glanz römischer Macht aber waren heidnische Errungenschaften. Auch wenn das Erziehungswesen christlich dominiert war, die Beschäftigung mit der Antike konnte eine Weltsicht vermitteln, die anders war als die Christentums. Mehr noch: auf die Autorität der klassischen Autoren konnte sich eine ganze Reihe radikaler Abweichler von der kirchlichen Orthodoxie stützen.

Die religiösen Erfahrungswelten des Altertums wurden eingehend studiert, von den Mythen über Götter und Göttinnen über die Rituale des öffentlichen Tieropfers bis zu fremdartigen lokalen Riten und Überlieferungen. Die Utopie, die Platon, der große Philosoph des 4. Jahrhunderts v. Chr., entworfen und in seinen *Gesetzen* und seinem *Staat* ausführlich dargestellt hatte, ermutigte radikale Denker dazu, ein rein säkulares Bildungsdenken zu entwickeln und zu propagieren. Lebensformen und moralische Werte, die vom Christentum verworfen wurden, fanden Unterstützung und politische Rückendeckung durch Theorie und Praxis der Griechen und Römer. So zog man etwa die Diskussion über Liebe und Eros, die Platon im *Symposion* gegeben hatte, heran, um bestimmte Formen männlicher Homosexualität zu rechtfertigen; für Platon waren sexuelle Beziehungen zwischen Männern und Knaben nicht nur eine gegebene Tatsache, sie wurden von ihm (wie von seinen aristokratischen Zeitgenossen) als die höchste und edelste Form sexuellen Begehrens verherrlicht.

Sämtliche Extremismen, von den Forderungen nach allgemeinem Wahlrecht und Demokratie bis zu Vegetarismus, Pantheismus, freier Liebe, Eugenik und Genozid, fanden in der Antike Vorläufer und Begründungen. Es ist ein erstaunliches Phänomen, daß der Guru des ausgehenden 19. Jahrhunderts, der Altphilologe Friedrich Nietzsche, seine überspannt-schwärmerische Philosophie des kosmischen Spannungsverhältnisses zwischen apollinischer Mäßigung und dionysischer Entfesselung an den gleichen Texten entwickelt hat, an denen Studenten der Altertumswissenschaft die Klarheit der Syntax und die erhebenden moralischen Aussagen studieren konnten.

In der (diesseitig orientierten) Welt von heute vermag der Tempel des Apollon Epikurios in den Bergen Arkadiens bei jedem Besucher eigene, persönlich gefärbte Begeisterung zu wecken; Pausanias aber (unterstützt durch seinen modernen Interpreten Sir Frazer) schrieb seinen Führer für die uns so fremde, ›primitive‹ Welt vor Christi Geburt. Immerhin lag es im Interesse vieler Leute, einen möglichst großen Teil des paganen Erbes für die ›Zivilisation‹ zu reklamieren – auch wenn das einigen Aufwand an Neuinterpretation, Glättung anstößiger Stellen und Ausschluß all dessen bedeutete, was nicht ins viktorianische Bild ›klassischer Kultur‹ paßte. So entspringen Begriffe wie »platonische Liebe« oder »platonische Beziehung« einer Platon-Lektüre, der sich heute niemand mehr anschließen könnte; im Gebrauch dieses Adjektivs schlägt sich die ganze Geschichte der Platon-Interpretation nieder. Die schreckenerregenden Verbrechen und das Leiden der griechischen Tragödie wurden als streng moralische Gleichnisse gelesen, während die Texte des athenischen Komödiendichters Aristophanes für den Gebrauch in Schule und Universität normalerweise sorgfältig von allen offen sexuellen und obszönen Anspielungen gereinigt wurden, die doch gerade das Kapital dieser Gattung ausmachten. Ja, man konnte sogar Heiden zu Christen machen, noch bevor deren Zeit gekommen war. Nicht nur Dante fand für Vergil, die »von Natur aus christliche Seele«, einen Ehrenplatz in der Geschichte des Christentums. Zahlreiche Gelehrte interpretierten noch im 19. Jahrhundert eines seiner früheren Gedichte, das etwa eine Generation vor Christus geschrieben war, als »messianisch« bzw. als Vorhersage von Christi Geburt. Genauso aber konnte ein Forscher wie Frazer in den Grenzregionen der klassischen Welt die »Relikte« und »Spuren« von ursprünglicher Wildheit und primitivem Aberglauben zu finden hoffen.

Durch Frazers Erläuterungen wurde aus Pausanias' trockenem, weithin auf Sensationen und Effekte verzichtenden Reisebericht eine schrecklich-schöne Darstellung des ursprünglichen Menschen an der Grenze zur Wildnis, vor der Unterdrückung seiner tierischen Natur durch die kulturelle Repression. Während sich

Pausanias nostalgisch auf die große Zeit Athens im 5. Jahrhundert v. Chr. bezog, suchte Frazer auf seiner Reise in die Geschichte nach dem Naturzustand der Menschheit, der für ihn im archaischen Griechenland wie im kolonialen Hinterland des 19. Jahrhunderts durch die sogenannten »Wilden« verkörpert wurde. Die Entwicklung konnte für manche ihren Abschluß und Höhepunkt im Triumph der neuzeitlichen, christlichen, europäischen Rationalität finden. Für viele aber bestand die eigentliche Attraktion darin, mit Hilfe dieser Rationalität unter die Oberfläche der klassischen Zivilisation vorzudringen. Indem man erotisch brisante und fremdartig grausame Motive der griechischen Mythologie mit Nachrichten von unerklärlichen und rätselhaften Kultpraktiken verband, die man in entlegenen Ecken und Winkeln von Pausanias' Griechenland aufspürte, schuf man einen Spielraum für wilde Phantasien – und tut es noch immer.

Durch welches Interesse auch immer man seine Forschungen leiten läßt, schon die Analyse eines einzelnen Satzes in einem antiken Text schließt die Auseinandersetzung mit einer Unzahl früherer Interpretationen ein. In der Geschichte der Altertumswissenschaft treffen hochfliegende und weitgespannte Theorien über die menschliche Existenz in ihrer Totalität zusammen mit kleinteilig-pedantischen Anstrengungen, die auf die genaue Analyse fehlerhafter Wörter in unzuverlässigen Handschriften verwandt werden. Aus ihrem Zusammentreffen schreibt sich die Geschichte des Faches her.

7 Die Kunst der Rekonstruktion

Pausanias' Beschreibung von Bassai konzentriert sich, wie wir sahen, auf den Beinamen, der dort dem Gott Apollon gegeben wird: *Epikurios*, »der Helfer«. Eine Erklärung dieser Bezeichnung hatte er schon bei der ersten Erwähnung des Heiligtums versprochen – als er die »gegen vier Meter hohe, bronzene Statue ... hergebracht [aus Bassai] ... zur Verschönerung von Megalopolis«, der Hauptstadt Arkadiens, als Sehenswürdigkeit pries. Am Ort angelangt, beschäftigt sich seine *Beschreibung* in der Tat fast ausschließlich mit den Gründen für Apollons Epitheton. Nur sehr Weniges bezieht sich dabei auf unmittelbare Beobachtung, und das obwohl Pausanias im nächsten Paragraphen darauf insistiert, sein Bericht sei eine Beschreibung aus erster Hand. Er erwähnt kurz, der Tempel sei ganz aus Stein, Dach und Gebälk inbegriffen, und nehme unter allen Tempeln der Peloponnes wegen seiner Schönheit und seines Ebenmaßes den zweiten Platz ein. Über das Innere des Tempels aber erfahren wir nichts, außer daß die Statue des Gottes, die er ja in Megalopolis gesehen hat, nicht mehr da ist. Ebensowenig erwähnt er irgendwelches Schmuckwerk an der Außenfassade, seien es nun Skulpturen oder Malereien, obwohl er das Gebäude als Sehenswürdigkeit ersten Ranges einordnet.

Moderne Beschreibungen des Ortes haben ihre eigenen Prioritäten. Der nahezu vollständige Erhalt des Frieses und der fast totale Verlust der übrigen Skulpturen des Tempels haben, fast unvermeidlich, das Hauptaugenmerk auf den Fries gelenkt. Es besteht jedoch keinerlei Einigkeit darüber, welche Bedeutung ihm zukommt. Pausanias' Interessen, soweit sie die besondere »religiöse« Geschichte des Ortes und die »künstlerische« Wertung seiner Ausschmückung angehen, decken sich zwar mit den unseren. Uns beschäftigt aber darüberhinaus auch, was Pausanias wahrscheinlich als selbstverständlich ansah oder zu erwähnen für unter seiner Würde hielt – und zwar die Rolle, die der Tempel im Leben der örtlichen Gemeinschaft spielte, sowie die Bedeutung, die die Besucher den in Stein gemeißelten mythischen Darstellungen beimaßen. Aber so abwegig es wäre, die Sichtweise des Pausanias als repräsentativ für die Antike insgesamt zu qualifizieren, so falsch wäre die Annahme, irgendeine moderne Sicht, und sei es die eigene, könne allgemeine Geltung beanspruchen.

Griechische und römische Tempel sind eine ausgesprochen konservative Gebäudeform. Die Grundanordnung ist leicht erkennbar und findet sich, von Spanien bis Syrien, überall in der antiken Welt: ein rechtwinkliger Steinsockel, der Säulen trägt, die um einen zentralen Raum angeordnet sind, der sich – oft zweigeteilt, die Stirnseite getrennt von der Rückseite – unter einem festen Dach befindet (vgl. den Grundriß von Bassai, Abb. 19). In der Regel waren bestimmte Teile dieser Tempel mit Skulpturen ausgeschmückt. Oberhalb der Säulen befand sich häufig eine

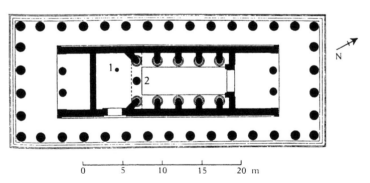

Abb. 19: Grundriß des Tempels von Bassai:
1 Statue des Apollon; 2 Säule mit korinthischem Kapitell

Reihe gemeißelter Marmorplatten, und in den Dachgiebeln an der Stirn- und Rückseite wurde ein Gruppe reliefierter Figuren – manchmal eher ungeschickt, manchmal fachmännisch – in die Dreiecksform eingepaßt, die durch die Schrägen des Dachvorsprungs gebildet wurde. Innerhalb des Hauptraumes nahm die Statue der Tempelgottheit den Ehrenplatz ein, normalerweise mit Blick auf den Haupteingang; aber es konnten auch andere Skulpturen zu diesem zentralen Götterbild hinführen und so den Anspruch unterstreichen, der Tempel sei die angemessene Herberge der Gottheit.

Ein Großteil der Ausschmückungen war in leuchtenden Farben bemalt. Die Skulpturen, die wir heute wegen ihres leuchtend weißen Marmors bewundern, waren ursprünglich in knalligem Rot, Blau oder Grün gehalten. Dies ist einer der Aspekte des ursprünglichen Erscheinungsbildes eines antiken Tempels, mit dem wir Heutigen am schwersten zurechtkommen – zum Teil wohl deswegen, weil er so gewaltsam mit unserer Vorstellung von klassischer Perfektion kollidiert bzw. mit der romantischen Vision eines schneeweißen Tempels, der auf einem kahlen Bergrücken thront. In welchem Umfang die einzelnen Skulpturen bemalt waren, ist unter Archäologen allerdings umstritten. Die bisherigen Analysen der erhaltenen Farbspuren lassen noch keine eindeutigen Schlüsse zu. Manche meinen, Farbe sei vor allem bei wichtigen Details verwandt worden, um ihnen durch solche Hervorhebung die Aufmerksamkeit des Betrachters zu sichern, oder es habe sich nur um eine zarte Tünche auf dem Hintergrund des jeweiligen Frieses gehandelt, um so die Figuren deutlicher hervortreten zu lassen. Andere gehen weiter und glauben, daß man leuchtende Farbe auf den gesamten Marmor aufgetragen hat – was freilich die Detailwirkung der formvollendeten Meißel- und Modellierungsarbeit vermindern würde, die wir heute so besonders schätzen. Auf jeden Fall war ein gewisses Maß an Kolorierung ein wichtiges Element des antiken Tempels und gehörte zum Standardrepertoire seiner Dekoration.

Die Tempel waren in ihrer Bauform jedoch nicht nur konservativ. Obgleich sie sich vom Typ her offensichtlich gleichen, war jeder auch eine einmalige Erscheinung, eine Improvisation, ein Experiment. Wie der Tempel von Bassai zeigt, gab es innerhalb des allgemeinen Musters vielfältige Variationsmöglichkeiten – sowohl architektonisch als auch in bezug auf die Ausschmückung. Wir werden später zum Fries selbst zurückkehren. Konzentrieren wir uns vorläufig auf den Skulpturenschmuck an der Außenseite des Gebäudes und auf die Ausgestaltung des Innenraumes. Hier zeigen sich verschiedene Möglichkeiten, wie sich der Tempel in seiner Eigenart zeigen konnte.

Anders als der Fries sind die an der Außenseite befindlichen Skulpturen nur in kleinen Fragmenten erhalten. Es scheint so, als seien in den Giebeln des Gebäudes keine Skulpturen angebracht worden; dem Grundmuster entsprechend, befand sich jedoch eine Folge von sechs Relief-Platten (der architektonische Fachausdruck dafür lautet »Metopen«) über den Säulen an den beiden Schmalseiten. Ein Bruchstück davon scheint Teil einer Figur zu sein, die die Lyra spielt, eines der unverwechselbaren Symbole des Gottes Apollon (vgl. Abb. 20). Andere Fragmente scheinen sich zu einer männlichen Gestalt zusammenzufügen, die in einen Umhang gehüllt ist, ähnlich wie in vielen Darstellungen des Gottes Zeus, des Vaters des Apollon. Auf anderen sind wirbelnde Gewänder zu sehen, die vielleicht zu einer Gruppe tanzender Frauen gehörten. Aus diesen Fragmenten läßt sich unmöglich mit letzter Sicherheit ableiten, welche Szenen genau auf den Platten dargestellt waren; es ist jedoch genügend vorhanden, um den Gedanken nahezulegen, daß die dargestellten Gestalten in festem Bezug zu einer bestimmten örtlichen Legende standen.

Mit ziemlicher Sicherheit zeigte der Tempel seine Identität als »Tempel des Apollon Epikurios« durch die Darstellung des Leier spielenden Gottes (mit einer Gruppe tanzender Nymphen oder Musen) auf einer Metope über der Eingangstür. Die Präsenz von Apollons Vater Zeus aber könnte auf eine wohlbekannte Erzählung anspielen, durch die diese abgelegene Gegend Arkadiens einen zentralen Platz in der griechischen Mythologie erhalten hat. Als nämlich Zeus geboren wurde, so erzählt es der Mythos, wurde er inmitten dieser wilden Hügellandschaft in einer Höhle

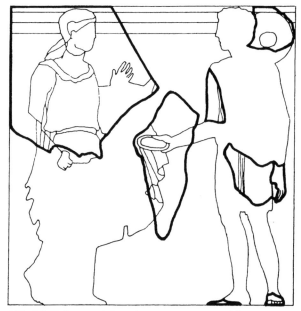

Abb. 20: Rekonstruktion einer zertrümmerten Metope:
Das Fragment mit Apollon als Leierspieler ist sichtbar
auf Abb. 9.

versteckt, um ihn vor seinem Vater Kronos, der ihn unbedingt
vernichten wollte, in Sicherheit zu bringen; seine Ammen schütz-
ten das Versteck, indem sie sein Geschrei durch höchst unmelodi-
schen Lärm übertönten. Falls diese Geschichte in Bassai dargestellt war, so verkündete sie jedem, der die Verweise zu kombinieren verstand, die Vorrangstellung Arkadiens bei der mythischen Entstehung der Weltordnung, bei der Einsetzung des Zeus
als Herrscher über den gesamten Kosmos.

Es fällt nicht schwer, sich eine lärmende Prozession vorzustellen, die sich von Phigalia kommend die Berghänge hinauf-
windet, um sich am freistehenden Altar des Apollon vor dem
Tempel zu versammeln. Man sieht die in ehrfürchtigem Schwei-

gen verharrende Menge, während die Priester sich darauf vorbereiten, den Göttern Gebete und Opfergaben darzubringen. Jeder, der zu der Ausschmückung oberhalb der Tempeltüren emporblickte, konnte die stolze Behauptung ›lesen‹, daß die zivilisierte Musik Apollons mit seiner Leier ihren Ursprung in jenem wilden Lärm hatte, der seinen Vater Zeus schützen sollte – weit zurück in der Vergangenheit, am Anfang der Zeiten und ganz in der Nähe dieses Ortes.

Vieles hieran ist Mutmaßung. Pausanias berichtet uns nichts dergleichen – und wir konnten lediglich von ein paar kleinen Marmorfragmenten ausgehen (eine Hand, die Leier spielt, Teil eines Torsos, vereinzelte Bruchstücke eines Umhanges), um nicht nur die Skulpturen selbst, sondern auch etwas von ihrer Bedeutung und ihrer Wirkung zu rekonstruieren. Eine der Aufgaben der Altertumswissenschaft besteht genau in dieser Art von Rekonstruktion, im Zusammensetzen verstreuter Fragmente, um eine Vorstellung davon zu erhalten, wie das Ganze einmal aussah und was es bedeutete. Zum größten Teil sind es in der Tat bloße Vermutungen. Sie sind tatsächlich fast immer strittig. Andere Leute haben beispielsweise eine andere Vorstellung davon, was diese Metopen über dem Eingang des Tempels von Bassai dargestellt haben könnten. Aber es sind nicht *nur* Vermutungen. Es kommt vor allem darauf an, die erhaltenen Reste, wie fragmentarisch sie auch sein mögen, im Kontext all der anderen Dinge zu sehen, die wir über die Antike wissen.

Unsere Rekonstruktion basiert zum Teil auf unserer Kenntnis anderer erhalten gebliebener Darstellungen des Gottes Apollon, der ja häufig Lyra spielend abgebildet wurde. In diesem Tempel muß das Fragment einer Lyra spielenden Hand den Gedanken nahelegen, es handele sich hier um eine Darstellung des Gottes selbst. Die Rekonstruktion beruht jedoch auch zum Teil auf unserer Vertrautheit mit den antiken Mythen und Erzählungen über diesen Landstrich sowie auf unserem Wissen, daß Arkadien ein besonders bedeutsamer Platz in der Geschichte von Apollons Vater Zeus war. Anders gesagt, der Prozeß der Rekonstruktion des Tempels führt uns in die gesamte Kultur der Region.

Die Rekonstruktion der Außendekoration zeigt zugleich eine der Formen, durch die der Tempel, innerhalb des vorgegebenen Musters, seine Besonderheit zum Ausdruck brachte: die Skulpturen über dem Eingang haben vermutlich auf den Gott Bezug genommen, der mit diesem Tempel verbunden war, und zudem auf eine bestimmte, mit der Gegend verbundene Erzählung. Die Gestaltung des Innenraums jedoch zeigt die Besonderheit dieses Tempels in ganz anderer Weise.

Das Innere des Tempels diente dazu, das Bildnis des Gottes zu beherbergen sowie die Weihgaben und Danksagungen aufzubewahren, die sich im Laufe der Jahrhunderte ansammelten. Der Innenraum spielte keine oder doch nur eine geringfügige Rolle bei den Zeremonien und Ritualen, die sich auf den draußen befindlichen Altar und die auf ihm dargebrachten Tieropfer konzentrierten. Die Cella selbst war ein düsterer Ort. Die von uns ausgewählte Rekonstruktion des 19. Jahrhunderts (Abb. 21) bemüht sich redlich, die Szene ein wenig zu erhellen, indem sie eine Lichtöffnung ins Dach einsetzt. Ein solches Arrangement läßt sich jedoch nicht beweisen, und heute glaubt niemand, es habe tatsächlich etwas dieser Art gegeben. Insgesamt sollten wir uns also ein weit düstereres Ambiente vorstellen, als es unsere Abbildung zeigt.

In anderer Hinsicht ist diese Rekonstruktion jedoch durchaus zutreffend. Die bemerkenswerte Neuerung der hier verwendeten Halbsäulen (anstelle der üblichen Reihen freistehender Säulen) hatte den Effekt, die Wände als weiter entfernt erscheinen zu lassen und eben dadurch den Eindruck, den die Dimensionen des Innenraums auf den Besucher machten, effektvoll zu erhöhen. An allen vier Seiten befand sich ein durchlaufender Fries, der unheimliche Schatten in die Düsternis warf. Beim Eintreten sahen die Besucher – genau wie in dem Gemälde – direkt vor sich eine einzelne Säule, die sich von allen anderen innerhalb des Gebäudes grundlegend unterschied. Es handelt sich um die berühmte »korinthische« Säule, auf die wir in Kapitel 2 Bezug nahmen; das älteste Beispiel dieser besonderen Kapitellform, das wir aus der Antike kennen (dargestellt in Abb. 9). Die Säule bildet hier eine

Abb. 21: Das Innere des Tempels von Bassai – nach der Vorstellung des 19. Jahrhunderts

Art Schranke zwischen dem Hauptraum der Cella und einem kleinen, dahinter gelegenen Bereich. In diesem Bereich stand die Statue des Apollon – vermutlich in der äußersten rechten Ecke – und schaute durch eine Tür an der äußersten linken Seite, die den Blick auf einen Berghang freigab, hinaus ins Freie. Ursprünglich war es wahrscheinlich die vier Meter hohe Statue des Apollon, die Pausanias in Megalopolis sah, wohin man sie gebracht hatte, um die Stadt zu schmücken. An ihrem Platz stellte man in Bassai – das läßt sich aus den spärlichen Überresten schließen – einen anderen Apollon auf, bei dem Füße, Hände und Kopf aus Marmor waren, der Rumpf jedoch aus einem Holzgestell bestand, das man hinter einem Gewand verbarg. Verglichen mit einer ganz aus Bronze oder Marmor gearbeiteten Statue war dies eine sehr viel billigere Alternative. Sie würde in ihrem Heiligtum auch eher unbehelligt bleiben von den Plünderern/Sammlern/Anbetern aus der Großen Stadt.

Die Details dieser Innenanlage sind absolut einzigartig. Die Architekten des Tempels haben in das standardisierte Grundmuster ganz ungewöhnliche Elemente eingeführt. Kein anderer Tempel stellt eine *Säule* in die Zentralposition, die die Aufmerksamkeit jedes Besuchers auf sich zieht. Kein anderer Tempel plaziert die Hauptkultstatue außerhalb der Zentralachse, zur Seitentür hinausschauend. Kein anderer Tempel hat einen Skulpturenfries, der den Innenraum entlangläuft. Das ganze Gebäude ist auch deshalb ungewöhnlich, weil es nach Norden blickt, während fast alle griechischen Tempel nach Osten ausgerichtet sind.

Was immer die besonderen Gründe für all diese Merkmale sein mögen, der wichtigste Punkt ist die Vielfalt der hier verwendeten Elemente, ohne daß dabei das zugrundeliegende traditionelle Muster verlorenginge. In dieser Beziehung ist der Tempel von Bassai charakteristisch für die Kultur der Antike. Man findet Ähnliches auch in anderen Bereichen der antiken Überlieferung: So wurden beispielsweise griechische und römische Verse immer nach den strengen Regeln des ›metrischen‹ Schemas verfaßt, das bestimmte Variationsmöglichkeiten für die Folge von ›langen‹ und ›kurzen‹

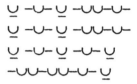

Abb. 22: Antike Verse können in schematisierter Form wiedergegeben werden. Das hier gezeigte Muster ›langer‹ und ›kurzer‹ Silben ist bekannt als »alkäische Strophe«, benannt nach dem lyrischen Dichter Alkaios, der als ihr Erfinder gilt. Dieses Versmaß und die »sapphische Strophe« hat Horaz in seinen Oden bevorzugt.

Silben vorschrieb, und zwar über die gesamte Länge des Gedichtes hinweg, selbst wenn es Tausende von Zeilen umfaßte (vgl. Abb. 22). Genau zu verfolgen, wie die klassischen Dichter den vorgegebenen Rahmen nutzten, wie die metrischen Regeln Differenz integrierten, indem sie Innovationen möglich und Originalität erkennbar machten und dennoch zugleich ein allgemeines Muster der Versbildung etablierten, dem jeder Schriftsteller entsprach – all das nachzuvollziehen, macht nicht zuletzt den Reiz einer heutigen Lektüre dieser Dichtung aus.

Doch es wird Zeit, uns – im Lichte des eben Gesagten – wieder dem Fries zuzuwenden. Paradoxerweise (angesichts der Tatsache, daß er ziemlich vollständig erhalten ist) wirft der Fries große Rekonstruktionsprobleme auf. Eine Folge der Bergung der 23 zwischen den Ruinen verstreuten Tafeln, ihrer Verpackung für den Transport sowie ihrer schließlichen Wiederzusammensetzung für die Präsentation in London, ist die, daß wir keine eindeutigen Hinweise auf ihre ursprüngliche Verteilung bzw. Reihenfolge im Tempel haben. Das Puzzle wird zudem noch dadurch kompliziert, daß jede Platte für sich gemeißelt wurde, fast ohne jede Überlappung mit irgendeiner anderen. Die Mehrzahl von ihnen stellt ein Knäuel von Körpern in angespannter Haltung dar. Das hat zur Folge, daß die genaue Anlage des Frieses, also die Reihenfolge der Platten in der ursprünglichen Anordnung, immer noch

Gegenstand heftiger Meinungsverschiedenheiten unter Archäologen ist. Wie bereits in Kapitel 1 bemerkt, gibt es für dieses
Puzzle bislang noch keine allgemein akzeptierte Lösung.

Es herrscht jedoch Einigkeit darüber, daß der Fries zwei verschiedene Erzählungen darstellt: eine Schlacht zwischen den Griechen – angeführt vom Heroen Herakles, einem der vielen Söhne
des Zeus – und den Amazonen, einem mythischen Volk von
Frauen, die ohne Männer lebten und kämpften; ferner den
Kampf zwischen dem mythischen Volk der Kentauren, halb
Mensch, halb Pferd, und einem griechischen Stamm, den Lapithen. Die Annahme liegt nahe, daß die beiden Erzählungen jeweils zwei der vier Seiten des gesamten Frieses eingenommen
haben, je eine Längs- und eine Querseite also. Doch niemand ist
imstande, sie ohne Probleme in dieses Arrangement einzupassen.
Eine der Sequenzen muß irgendwo, zumindest auf einer der
Seiten, in die andere übergehen; ein weiteres Rekonstruktions-
problem also.

Zwei Szenen auf zwei der Platten stechen jedoch deutlich
hervor (vgl. Abb. 23 und 24). Auf der einen richtet Apollon
seinen Bogen gegen einen Kentauren, während seine Zwillings-
schwester Artemis die Zügel ihres von Hirschen gezogenen Streit-
wagens hält. Auf der anderen schwingt Herakles, eingehüllt in
ein Löwenfell, seine Keule gegen eine Amazone, die sich vor dem
Schlag hinter ihren Schild duckt. Viele Interpreten haben geglaubt, die Szene mit Herakles könne gut als Mittelpunkt gedient
haben, während die anderen Figuren sich nach links oder rechts
ausrichteten. Außerdem fühlten sich viele Gelehrte an eine Szene
im Mittelpunkt des einen Parthenongiebels in Athen erinnert (der
ja angeblich vom gleichen Architekten entworfen worden war),
wo die Figuren der Göttin Athena und ihres Opponenten Posei-
don in ganz ähnlicher Weise voreinander zurückweichen. Dies
wäre dann also der eigentliche Brennpunkt der Komposition,
plaziert über dem korinthischen Kapitell, so daß der Blick des
Besuchers die Säule hinauf zur zentralen Konfiguration gelenkt
wurde. Wenn dem so ist, dann ›muß‹ das Paar Apollon und
Artemis über den Haupteingang gehören, wo es darauf wartet,

Abb. 23: Herakles im Kampf mit der Amazone: Fragment des Frieses von Bassai

Abb. 24: Apollon und Artemis treten in den Kampf ein: Fragment des Frieses von Bassai

unsere Blicke auf sich zu ziehen, wenn wir uns umwenden, um den Raum zu verlassen.

Diese Details der Rekonstruktion müssen uns nicht beunruhigen. Genausowenig wie die Einzelheiten der dargestellten Szenen, die die befremdlichen Titel »Amazonomachie« und »Lapithokentauromachie« tragen – die Griechen hatten, wie so oft, ein Wort dafür, wobei die monströsen Begriffe ihren monströsen

Bezügen entsprechen. Diese Bildergeschichten gehören jedoch zum absoluten Standardrepertoire antiker Kunst und Kultur; man begegnet ihnen, wo immer sich antike Tempelskulpturen finden. In Bassai rechtfertigen diese Geschichten den in Stein gesetzten Anspruch dieses Bergheiligtums, der weiten Welt der griechischen Kultur anzugehören, imstande, sich neben den stolzesten Marmormonumenten jeder beliebigen anderen Stadt zu behaupten. Die Bildwerke beglaubigen zugleich, das sollte man vielleicht hervorheben, die Funktion dieses Bauwerks als öffentliches Heiligtum – wie ja dieselben »klassischen« Merkmale auch die architektonischen ›Nachkommen‹ der griechischen Tempel auszeichnen: die Banken, Gerichtsgebäude, Museen und offiziellen Regierungssitze aller wichtigen Städte der modernen Welt. Säulen und Giebel voller Skulpturen im klassischen Stil signalisieren noch immer die öffentliche Bedeutung und Erhabenheit eines Gebäudes. Das British Museum beispielsweise beansprucht, ein zweiter Parthenon zu sein: seine Fassade stellt es als Tempel zur Schau, als Tempel der Altertumswissenschaft.

Die weite Verbreitung solcher Szenen wie der des Kampfes zwischen Griechen und Amazonen bzw. Lapithen und Kentauren verringert keineswegs deren Bedeutung. Ganz im Gegenteil: Je häufiger, nachdrücklicher und kreativer die Mythen dargestellt werden, desto zentraler die Rolle, die sie vermutlich innerhalb der klassischen Kultur gespielt haben. Die spezifische Bedeutung solcher bildlichen Darstellungen zu erforschen, stellt denn auch eine Herausforderung dar, die in den letzten Jahren einige der anregendsten Arbeiten in der Altertumswissenschaft hervorgebracht hat, und es lohnt sich, für einen Augenblick innezuhalten, um darüber nachzudenken, inwieweit diese Forschungen uns helfen könnten, das auf dem Bassai-Fries Dargestellte zu verstehen und zu interpretieren. Wir gestatten so der griechischen Kunst, uns nicht nur in die Welt der Mythen zu entführen, sondern weiter: zur Religion der Griechen, ihren Wertmustern und Ideologien.

Wir haben bereits die Vermutung geäußert, daß die eindrucksvolle Szene, die Herakles im Kampf mit einer kriegerischen Amazone zeigt, den zentralen Ehrenplatz über der korinthischen Säule einnahm. Wohin immer man in der antiken Welt blickt, überall begegnet einem Herakles. Am großen Zeus-Tempel in Olympia z. B. beschreiben die zwölf Marmor-Metopen – jeweils sechs an beiden Schmalseiten des Gebäudes – die zwölf »Arbeiten«, die Herakles im Kampf gegen immer fremdartigere Ungeheuer ausführen mußte. Doch auch in Rom spielte Hercules im nationalen Mythos, der die Ursprünge Roms festhielt, eine wichtige Rolle (vgl. Kap. 9). Die Gestalt des Herakles/Hercules war allgegenwärtig, weil er einige der Dinge repräsentierte, die Griechen wie Römer am meisten beschäftigten, beunruhigten, verwirrten, einigten und trennten. An seine Gestalt ließ sich, wenn man so sagen darf, leicht anknüpfen.

Herakles, im Kampf mit ›seiner‹ Amazone, bietet uns eine frontale Demonstration heroischer männlicher Nacktheit, unterstrichen durch die Keule als Waffe des Höhlenmenschen und das Löwenfell, das er anstelle einer Rüstung bzw. eines Schildes trägt. Seine Erscheinung ist kräftig und muskulös, sonst jedoch kaum von den anderen Männern zu unterscheiden, die mit ihren Helmen, Schwertern und wehenden Umhängen an seiner Seite gegen die Amazonen kämpfen. Die ›feindlichen‹ Soldaten sind erkennbar weiblich, ihre Körper sind, abgesehen von den Augenblicken der Niederlage, züchtig bedeckt mit Gewändern. Sie kämpfen jedoch wie ausgebildete Truppen, Infanterie und Kavallerie. Das männliche Heer ähnelt, abgesehen von der Nacktheit, den Truppen, die griechische Städte stets in Einsatzbereitschaft hielten. Doch geführt und inspiriert wird es durch den Supermann, der den ganzen Erdkreis durchzogen und Ungeheuer erschlagen hat, um zu beweisen, daß er der Sohn des Zeus ist.

Der Sieg, der hier freilich noch in der Schwebe ist, wird der Geschlechterdifferenz wieder zu ihrem Recht verhelfen. Er wird den männlichen Mut triumphieren lassen und diese *aliens* ihres monströsen Regiments entheben. Das Unrecht allerdings, das die Amazonen begehen oder begangen haben, wird nicht klar benannt. Einige Erzählungen besagen, sie seien in Griechenland eingefallen. Andererseits überfiel auch Herakles *ihr* wildes Reich, denn es war ihm als »Arbeit« aufgegeben, den Gürtel ihrer Königin zu rauben. Wie läßt sich begreifen, was bei der Niederlage der Amazonen auf dem Spiel steht? Warum müssen diese weiblichen Krieger besiegt werden?

Für sich genommen, kann man die Szene als Zurschaustellung männlicher Macht und Kontrolle über Frauen sehen: Männer trugen Gürtel, um ihre Schwerter in der Scheide zu haben, die Gürtel der Frauen waren dazu da, daß sie von Männern gelöst wurden, wegen der Sexualität also. Die mythische Darstellung zeigt uns Frauen, die die männliche Rolle des Kämpfers und Kriegers usurpiert haben, die sogar beanspruchen, eine Gesellschaft ohne Männer errichtet zu haben – er zeigt sie auf der Schwelle der Niederlage, kurz bevor sie den Kräften der männlichen griechischen Ordnung erlegen sind. Bekräftigt wird also die korrekte Verteilung der Geschlechterrollen, wie man sie von griechischen Männern und Frauen erwartete. Zugleich aber kann man den Kampf zwischen Griechen und Amazonen ganz unmittelbar mit jener anderen auf dem Fries dargestellten Erzählung verknüpfen. Dort sieht man, wie die als Gäste geladenen Kentauren auf einer Hochzeitsfeier die Braut in ihre Gewalt bringen und wie der Bräutigam Familie und Freunde zu ihrer Rettung anführen muß. Die Kentauren werden unmißverständlich für das von ihnen begangene Unrecht verurteilt: sie haben in barbarischer Weise zivilisierte Hochzeitsregeln gebrochen. Ihre Gegner hingegen erhalten höhere Unterstützung durch Artemis und Apollon, die Kinder des Zeus.

Man ist versucht, diese beiden Konfliktkonstellationen in enge Entsprechung zu stellen: die Vereinigung bewaffneter Frauen auf Pferden wiederholt und spiegelt sich in der monströs regelverletzenden Erscheinung der Kentauren, die halb Pferd, halb Mensch sind. Wenn dem so ist, dann besteht das »Verbrechen« der Amazonen nicht einfach in der Negation des für griechische Frauen vorgeschriebenen Rollenverhaltens. In der Übernahme der männlichen Kämpferrolle müssen die Amazonen als ebenso »unnatürlich«, als ebenso monströse Perversion der Natur betrachtet werden wie die monströsen Kentauren, deren Verhalten die fundamentalsten Regeln der menschlichen Gesellschaft angreift – die der Ehe. Die Niederlage der Kentauren und Amazonen kommt der Wiederherstellung der »natürlichen« Ordnung der griechischen Gesellschaft gleich. Der Fries führt vor, wenn man so will, daß die Amazonen das Falsche sind, das die Kentauren tun.

Der Tempel stellt die Geschlechterrollenverteilung und die Heiligkeit der gesellschaftlichen Institution der Ehe gleichermaßen unter göttlichen Schutz. Er bietet eine Ordnung gesellschaftlichen Funktionierens, die Götter und Menschen vereint: Der Mann muß danach streben, Herakles zu folgen und Männlichkeit zu erlangen, ebenso wie Herakles selbst kämpfen muß, um die Vaterschaft (des Zeus) unter Beweis zu stellen, die er mit seinem Bruder Apollon teilt, der mühelos, von Säulen abgeschirmt, seinen Tempel beherrscht. Den Besuchern von Bassai wurde ein Gesellschaftsvertrag eingeschärft, der die Rollenverteilung in Krieg und Ehe definierte und die Männer als Bändiger und Beherrscher der Frauen bestätigte. Und in der Abfolge der Darstellungen des Apollon (vom Leierspieler draußen, über die Kolossalstatue drinnen, bis zum todbringenden Bogenschützen, den man beim Hinausgehen sah) konnte man der göttlichen Macht auf Erden ansichtig werden – als rettender und als gewalttätiger gleichermaßen, vermittelt durch die beiden Künste des Krieges und der Musik.

Diese Art der Analyse beharrt darauf, daß wir uns sehr genau anschauen müssen, was die Skulpturen darstellen, daß es mehr zu sehen gibt als nur das konventionelle Repertoire mythischer Schlachten. Dabei kommt es nicht darauf an, Urteile über die Qualität des Frieses in seiner Eigenschaft als Kunstwerk zu fällen. Es handelt sich nicht um stilistische oder ästhetische Wertungen. Und dennoch: wenn man den bruchstückhaften Resten gegenübersteht, die wir in unserer Analyse stillschweigend zu ihrer ursprünglichen Form restauriert haben (wir haben uns nicht mit dem Hinweis aufgehalten, daß Herakles ein Bein fehlt und daß die gegnerische Amazone buchstäblich den Kopf verloren hat), wird man sich wohl fragen, inwieweit das, was man vor sich sieht, bewundernswürdig ist, und ob man es einem gefällt.

Lassen Sie uns gleich vorwegnehmen, daß der Anblick dieser Reliefs vom Augenblick ihrer Entdeckung an äußerst unterschiedliche Reaktionen hervorgerufen hat. Sie müssen sich nicht für blind oder banausisch halten, wenn sie Ihnen häßlich, roh und merkwürdig proportioniert erscheinen. Fauvel zum Beispiel scheint bei der Versteigerung der Skulpturen ganz froh gewesen zu sein, den Fries als zweitrangiges Objekt abschreiben zu können – gerade gut genug, damit die Briten ihr Geld dafür vergeudeten. Auch die Briten selbst standen den Vorzügen des Neuerwerbs zum Teil skeptisch gegenüber. Nur wenige Jahre nach ihrer Ankunft in England schrieb Edward Dodwell, ein anderer Reisender, der selbst in Bassai gewesen war: »Die Füße sind zu lang, die Beine kurz und stämmig, die Extremitäten sind lächerlich im Entwurf und mangelhaft in der Ausführung.« In seinem Pausanias-Kommentar stimmte Frazer diesem Befund voll und ganz zu: Er notierte die »schwerwiegenden Mängel« in der handwerklichen Ausführung und die »plumpen Körperhaltungen« der Figuren. Neuere Kritiker empfanden ähnlich: So kommentiert etwa ein gewichtiges Handbuch der griechischen Kunst den »merkwürdigen« Stil und die »grobe Ausführung«.

Immer wieder fand man jedoch auch Entschuldigungen für die bedauernswerten Marmorplatten. Meistens ähneln sie der, die der Maler Benjamin Hayden vorbrachte, als er zur Zeit ihrer Ankunft in England schrieb: »Die Marmorskulpturen aus Phigalia sind angekommen. Ich habe sie gesehen. Obwohl voller krasser Disproportionen sind sie herrlich komponiert und waren offensichtlich der – provinziell ausgeführte – Entwurf eines großen Genies.« Die zugrundeliegende Vorstellung besagt, der Fries habe durchaus seinen Anteil am Ruhmesglanz der griechischen Kultur, denn er zeige einen Schimmer der gleichen künstlerischen Brillanz, die wir in den großen Werken der athenischen Kunst bewundern (in den Meisterwerken des Phidias auf dem Parthenon beispielsweise); das Werk von Bassai sei jedoch durch die provinziellen Finger und Daumen jener unbedarften arkadischen Stümper, die es gemeißelt haben, um seine Wirkung gebracht worden. Pausanias kolportiert die stolze Behauptung, Bassai sei von keinem Geringeren als Iktinos, dem Architekten des Parthenon, entworfen worden. Sein Schweigen über den Fries macht es uns möglich, die mangelnde Umsetzung des Entwurfs den örtlichen Bauern anzulasten.

Es hat jedoch auch weniger ambivalente Bewunderer des Frieses gegeben – unter ihnen Cockerell, was kaum überrascht. Sie heben gewöhnlich die energetische Ausstrahlung der Skulpturen hervor: ihre aufgewühlte Gewalttätigkeit und die mutige, kompromißlose Darstellung der schieren Brutalität des Kampfes. Aber sie wenden auch zu Recht ein, daß wir der ursprünglichen Konzeption dieser Bildersymbolik schlechterdings nicht gerecht werden, wenn wir Fotografien und Zeichnungen in Büchern studieren oder uns diesen Reliefs auf Augenhöhe in den Räumlichkeiten des Museums nähern. Statt dessen sollten wir den beschränkten Raum des Apollontempels in Rechnung stellen und den steilen Winkel, aus dem der Fries, hoch oben über dem Besucher, betrachtet wurde. Was hätte passender oder eindrucksvoller sein können als diese Hochrelief-Figuren, die dort über dem Besucher gleichsam herandrängten, mit ihren grellen Farben und in wirrem Handgemenge begriffen, wobei das Licht der Fackeln seine langen, flackernden Schatten durch die Düsternis warf.

Die Altertumswissenschaft beinhaltet viele solcher schwierigen Ermessensfragen. Selbst heute ist es noch so, daß das Adjektiv »klassisch« (in seiner unterschiedslosen Verwendung für so ziemlich alles von Romanen bis hin zu Autos) normalerweise ein Synonym für Anerkennung und Bewunderung ist. Gleichzeitig gibt es eine große Debatte darüber, welche Werke der antiken Kunst und Literatur welchen Rang einnehmen sollen. Solche Urteile hängen stark von den Veränderungen unserer eigenen Kultur ab. Als sich beispielsweise zu Beginn des 20. Jahrhunderts die abstrakte Kunst besonderer Beliebtheit erfreute, stieg auch die Wertschätzung der frühen griechischen Bildhauerkunst aus dem 7. und 6. Jahrhundert v. Chr. mit ihren massiven, stilisierten und fast abstrakten Formen. In den letzten Jahren ist das witzig-respektlose Genie Ovids entdeckt worden, während man seine

Talente früher wegen ihrer eigenwilligen und hemmungslosen Frivolität mißbilligte. Die epischen Poeten, die auf Vergil folgten, hatte man wegen ihres effekthascherischen und theatralischen Habitus als Produkt einer dekadenten Epoche abgetan – inzwischen sprechen sie viele Leser an, sowohl wegen ihrer scharfen Verurteilung der Schrecken des Bürgerkrieges als auch wegen des politischen Mutes, dessen es bedurfte, um unter der repressiven Autokratie des römischen Kaiserreiches offen seine Meinung zu sagen.

Wie der Fall von Bassai zeigt, werden unsere Urteile auch dadurch beeinflußt, wie wir nicht nur die Gegenstände selbst, sondern auch ihren ursprünglichen Kontext und Wirkungszusammenhang rekonstruieren. Unser Urteil über den Fries wird anders ausfallen, wenn wir zunächst einmal die Wirkung in Betracht ziehen, die er innerhalb des Tempelganzen gehabt haben muß, ihn dann zur Funktion des Gebäudes in Beziehung setzen sowie zu den Gebräuchen und Wertvorstellungen derjenigen, die ihn gebaut, benutzt und besucht haben. Das gleiche gilt auch für Literatur und Kunst. Ein griechisches Theaterstück stellt einen Text dar, der in der Antike gelesen und studiert wurde, ebenso wie von der Renaissance an bis zum heutigen Tag; ursprünglich aber waren es Rollentexte, die im spezifischen Kontext des athenischen Theaters verfaßt und erstmals zur Aufführung gebracht wurden, und wir werden uns dem griechischen Drama anders nähern, sobald wir es in diesem Licht betrachten. Die sachlichen Probleme der Rekonstruktion und der historischen Darstellung sind untrennbar mit Fragen der Qualität und der Bewertung, wie auch mit unseren eigenen Moden und Vorlieben verbunden. Aufgabe der Altertumswissenschaft ist es, alle diese Aspekte im Auge zu behalten und sich kritisch mit ihnen auseinanderzusetzen.

8 Die größte Show der Welt

Am Beginn eines bedeutenden Buches über die Tragödien des attischen Dramatikers Sophokles wird der Tempel von Bassai inmitten seiner Landschaft evoziert:

Hoch oben auf einem Berghang in einer rauhen und einsamen Gegend Arkadiens steht ein abgelegener Tempel des Zeus Lykaios, des Wolfs-Zeus. Platon erwähnt eine Legende, nach der dort regelmäßig Menschen-opfer dargebracht wurden, während denen sich der Zelebrant, der das Fleisch verzehrte, in einen Wolf verwandelte. Diesem finsteren Bezirk gegenüber, auf der anderen Seite des Tales, an einer Stelle von wilder, trostloser Schönheit, errichtete eine kleine griechische Stadtgemeinde, an einem Platz bekannt als »Talgrund«, *Bassai*, einen kunstvollen Tempel für den zivilisiertesten ihrer Götter, Apollon Epikurios, den Helfer. Wenn sich der Besucher, wie es einst die Alten taten, von Phigalia her kommend diesem Tempel nähert, erlebt er eine eindrucksvolle visuelle Konfrontation von Zivilisation und Wildnis. Vor dem antiken Betrachter stand die geordnete Geometrie von Säulen und Giebeldreieck, die sich gegen die zerklüfteten, bis weit in die Ferne sich erstreckenden Berggipfel abzeichnete. Freistehend und unerwartet in dieser trostlosen Umgebung, erscheint der Tempel als ein ebenso eigenwilliges Beispiel reiner Form und menschlichen Gestaltungswillens wie eine attische Amphore oder der Rhythmus eines tragischen Chorliedes. Gleich hinter dem Tempel aber erhebt sich der Berg, auf dem ein grausamer und primitiver Kult gegen eines der wichtigsten Gesetze der Zivilisation, wie die Griechen sie defi-niert hatten, verstieß: gegen das Tabu des Kannibalismus.
(Ch. Segal, Tragedy and Civilization)

Wie wir im letzten Kapitel gesehen haben, setzte sich dieses Nebeneinander von Wildnis und Zivilisation im Inneren des Tempels fort. Dort veranschaulichte der Fries heroische Anstren-gung im Kampf gegen barbarische Wirrnis und Entweihung, zur

Verteidigung der Eheriten und der Geschlechterrollenverteilung, die die zivilisierte griechische Lebensweise definierten; im abgetrennten, hinteren Teil des Tempelraums aber stand die vom Licht der aufgehenden Sonne beleuchtete Kultstatue gelassen da und versprach den Verehrern des Apollon und allen geplagten Sterblichen ruhigen Beistand. Der Tempel von Bassai ist gleichsam der vollendete Ausdruck jener Spannung zwischen klassischer Harmonie und gewaltsamer Überschreitung bestehender Regeln, die die griechische Tragödie – nicht zuletzt die Stücke des Sophokles – durchzieht.

Die Konflikte und Zusammenstöße zwischen »Natur« und »Kultur« haben in modernen Untersuchungen zur klassischen Antike breiten Raum eingenommen. Das haben wir bereits in Kapitel 6 mit Blick auf Frazers *Goldenen Zweig* und seinen *Pausanias-Kommentar* erörtert und dabei festgestellt, wie sehr er darauf bedacht war, Spuren eines wilden Andersseins zu entdecken, die unter der glatten Oberfläche der Zivilisation lauerten. Frazer fand in ihnen einen Maßstab für den *Fortschritt der Zivilisation* (um das Motto zu zitieren, das – wie in einem klassischen Tempel – in den Giebel über dem Eingang zum British Museum gemeißelt ist); und zugleich bedeuteten sie ihm eine Warnung vor eitler Selbstgefälligkeit bei jener imperialen Mission, die das im 19. Jahrhundert gängige evolutionistische Schema der Menschheitsgeschichte vorsah: die heidnischen Untertanen aus ihrer ursprünglichen Zurückgebliebenheit zu erlösen. Unter der Oberfläche der zivilisatorischen Glanzleistungen der klassischen Antike nämlich ließen sich nach wie vor die verschiedensten »primitiven« Wesenszüge ausmachen.

Der Gegensatz zwischen Natur und Kultur zieht sich wie ein roter Faden durch die gesamte Wirkungsgeschichte der Antike, bis dahin, daß man das Klassische selbst als jene kühle, ruhige und reine Zurückgenommenheit definierte und festlegte, mit der Apollon den gesamten Kosmos durchwirkt habe – und die Kultur der Griechen im besonderen, sah man doch in ihnen die Urheber aller aufklärerischen Bestrebungen, die sich aus der modernen – von der Antike inspirierten – westlichen Tradition ableiten lassen.

Nach dem Zweiten Weltkrieg erhob E. R. Dodds, der während der 50er Jahre in Oxford Professor für Griechisch war, in seinem berühmten Buch *Die Griechen und das Irrationale* dagegen Einspruch. Es sei unvernünftig, den »antiken Griechen eine Immunität gegen ›primitive‹ Denkformen zuzuerkennen, die wir sonst in keiner unserer direkten Beobachtung zugänglichen Gesellschaft finden«. Sein Buch war außerordentlich einflußreich, denn es demonstrierte den Altertumswissenschaftlern, wie dicht die griechische Kultur und Literatur von Bildern der Wildheit, des Wahnsinns und der dionysischen Ekstase durchzogen war. Für Dodds handelte es sich dabei nicht einfach – wie bei Frazer – um primitive Relikte, die unter der klassischen Hülle verborgen lagen; für ihn waren diese primitiven Elemente vielmehr ein konstitutiver Bestandteil der klassischen Kultur.

Heutzutage sind wir bei der Betrachtung des Bassai-Frieses vielleicht eher zu begreifen geneigt, wie prekär der Sieg des Herakles über die Amazonen, wie kostspielig die Niederlage der Kentauren gegenüber den Lapithen wirklich ist. Weit entfernt davon zu beteuern, daß »die Griechen keine Wilden waren«, sehen wir nun die Korrespondenzen zwischen der heutigen Debatte über menschliche Inhumanität und ähnlichen Diskussionen in der antiken Kultur. Dem Schlimmsten, was Menschen einander antun können, ins Auge zu sehen, ist ein wichtiger Aspekt der griechischen Tragödien, die im Athen des 5. Jahrhunderts geschrieben und aufgeführt wurden und die zu den eindrucksvollsten und bewegendsten Werken zählen, die uns aus der Antike überliefert sind.

Bereits im 4. Jahrhundert waren die Stücke des Sophokles, zusammen mit denen des Aischylos und Euripides, Klassiker; seit dieser Zeit räumte man ihnen in den Lehrplänen für den Schulunterricht einen wichtigen Platz ein. Dies geschah sowohl in den weit voneinander entfernt liegenden griechischen Gemeinden von Makedonien bis Ägypten, von Syrien und der Türkei bis hin zur indischen Grenze, die ihre Kinder lehrten, »Griechen« zu sein, als auch bei der römischen Elite, die ihre Söhne anhielt, sich durch das Erlebnis griechischer Kulturleistungen zu »zivilisieren«. Die

Tragödien spielten eine Schlüsselrolle als Austragungsort heftiger Auseinandersetzungen über die Normen und Tabus, um deren Aufrechterhaltung die menschliche Gesellschaft und das menschliche Selbst kämpfen müssen – wenn nicht alles in Chaos und heilloser Zerstörung auseinanderbrechen soll. Die Macht der Texte, die Tiefe ihrer Ideen und ihre Darstellung reinen Schreckens schlagen das Publikum jedes beliebigen Theaters in Bann – das stellen gerade wieder die drei griechischen Tragödien unter Beweis, die gegenwärtig vor ausverkauften Häusern im Londoner West End aufgeführt werden, und das läßt sich auch in jedem Klassenzimmer unter Beweis stellen, anhand nahezu jedes Textes und jeder Übersetzung – egal, mit welcher Besetzung.

Tragödien sind eine seltsame Mischung aus Leidenschaft, Gewalt und wortreichen, stilisierten Debatten. Die Erzählungen, die in ihnen dramatisiert werden, handeln von grauenvollen Taten und furchtbaren Leiden. In Sophokles' Stücken über die Familie des Ödipus beispielsweise (*König Ödipus*, *Ödipus auf Kolonos*, *Antigone*) ist dieser zu der Erkenntnis verdammt, daß er – trotz all seiner Anstrengungen, dem auf ihm lastenden Fluch zu entkommen – seinen leiblichen Vater getötet, die eigene Mutter geehelicht und im Inzest Kinder gezeugt hat; er verflucht denjenigen, der die Pest über die Stadt Theben gebracht hat, um anschließend als Detektiv herauszufinden, daß er selbst der Verbrecher ist; seine Frau tötet sich selbst, er sticht sich die Augen aus – und er verflucht seine Brüder-Söhne, die später ihre Stadt in den Bürgerkrieg stürzen und einander im Kampf töten werden. Doch selbst danach gibt es noch Angehörige des Ödipus, die leiden und sterben müssen – füreinander und durch des anderen Hand. Wie die Handlung stets gleichsam die Schraube anzieht, bevor der heraufziehende Schrecken auf der Bühne explodiert, wechseln von einem tanzenden Chor gesungene Lieder – Lieder der Freude und der Furcht, des Lobes und der Wehklage – und Konfrontationen zwischen zwei oder drei der wichtigsten Charakterrollen einander ab. Diese Charaktere halten formvollendete Reden, um ihren Fall darzulegen; mit geheuchelter Demut schmieden sie finstere Komplotte; oder sie verwickeln einander in einen schnellfeuerartigen Schlagabtausch kürzester Reden und Gegenreden. Die poetische Sprache ist reich an Nuancen, und jedes Stück hat seine eigene Tonart, sei sie nun archaisch-primitiv, selbstironisch oder gelegentlich sogar lyrisch-romantisch.

Vor allem aber sind die Texte der Tragödie, wie bereits gegen Ende des letzten Kapitels bemerkt, das Produkt eines besonderen institutionellen Kontextes innerhalb der antiken Stadt Athen und müssen – bei all ihrer stets sich erneuernden Ausstrahlungskraft – als solche verstanden werden. Die der Handlung innewohnende Spannung zwischen Natur und Kultur kam auch bei der Einstudierung und Aufführung der Stücke zum Tragen. Diese Tragödien wurden nämlich erstmals für die Feste des Gottes Dionysos inszeniert, des schwer faßbaren Gottes des wilden Rausches und der Lösung aller Hemmungen. Bei dieser Gelegenheit, an festgelegten Tagen des staatlichen Kalenders, brachte man ihn in die Stadt und gab ihm Anteil am geregelten Leben der städtischen Gemeinschaft. Anders gesagt, die versammelten Bürger Athens saßen als Zuschauer im Theater des Dionysos am Fuß der Akropolis, unterhalb des Parthenon (vgl. Abb. 34, S. 266). Hier war der Gott der Wildheit – Sohn einer thebanischen Mutter, gezeugt von Zeus dem Allmächtigen – Herr der Szene, und die unglückliche Stadt des Ödipus – Theben, der alte Feind Athens – ging vor ihren Augen zugrunde.

Für die Zuschauer damals hatte der Besuch einer dramatischen Aufführung eine ganz andere Bedeutung als ein Theaterbesuch heute. Im Athen des ausgehenden 5. Jahrhunderts gehörte das Theater zu den wichtigsten Institutionen der städtischen Demokratie. Traditionelle religiöse Zeremonien – Prozessionen, Opfer und priesterliche Gebete – gingen den Aufführungen voraus und bereiteten sie vor. Dann folgte eine Reihe öffentlicher Vorstellungen zuvor ausgewählter Stücke, die speziell für dieses Fest konzipiert und geschrieben waren. Ihre Inszenierung wurde von den wohlhabenden Bürgern als obligatorische Spende für die Stadt finanziert. Das ganze Ereignis fand in Form eines Wettbewerbs statt, der zwischen den einzelnen Tragödienaufführungen ausgetragen wurde; als Lohn winkte ein Preis, der

von einer offiziell gewählten Jury von Preisrichtern verliehen
wurde.

Die Zuschauer saßen vom Sonnenaufgang an den ganzen Tag
hindurch da, um nachzudenken und sich zu konzentrieren, wie es
ihnen ihre Rolle als Bürger vorschrieb. Die weiblichen Rollen in
den Stücken wurden ausschließlich von Männern gespielt; auch
die Zuschauer waren wahrscheinlich alle Männer. Als solche
waren sie zugleich Mitglieder der demokratischen Volksver-
sammlung, deren Stimmen darüber entschieden, was Athen unternahm und wofür es einstand; sie stellten auch die durch Los
aus der Bürgerschaft bestimmten Geschworenen der großen Ge-
richtssitzungen. Zu den Zeremonien, die den Aufführungen vor-
ausgingen, gehörte die Vorstellung der Kriegswaisen, die auf
Kosten der Stadt aufgezogen wurden, und eine Vorführung des
Silbertributs, den Athen von seinen Alliierten oder Untertanen
eingezogen hatte und der in einer Kammer am Westende des
Parthenon aufbewahrt wurde. Die den Athenern dargebotene
Zurschaustellung der imperialistischen Rolle ihrer Stadt und ihrer kollektivistischen Ideologie verlieh den Aufführungen politische Relevanz. Soldaten und Richter, Wähler und Väter wohnten
dieser Selbstdarstellung der Stadt Athen bei. Im Drama führte die
demokratische Polis sich selbst vor.

Die Stücke überdauerten die Demokratie, die sie hervorgebracht hatte. Schon im 4. Jahrhundert waren sie zu Klassikern
avanciert; Theatertruppen gingen mit ihnen auf Tour durch die
griechischen Städte – in Sizilien und Süditalien, in Griechenland
und im östlichen Mittelmeerraum –, die in aufwendige, aus Stein
errichtete Theaterbauten im attischen Stil investiert hatten. Zu
diesem Zeitpunkt war die Unabhängigkeit dieser Städte bereits
vom nördlich gelegenen Makedonien bedroht, durch Philipp von
Makedonien und anschließend durch seinen Sohn Alexander den
Großen. Als Aristoteles (der Philosoph, der den jungen Alexander
unterrichtet hatte) seine Analyse der Tragödie verfaßte, die bis ins
20. Jahrhundert hinein das wichtigste dichtungstheoretische
Werk der westlichen Kultur geblieben ist, konnte er die Stücke
bereits formal-abstrakt interpretieren, indem er ihre politischen

Aspekte beiseite ließ und sie stattdessen als literarische und dramatische Gattung untersuchte. Zwischen Bühne und Publikum sah er eine dynamische Wechselwirkung: das Erzeugen von Schrecken und Mitleid, Bewunderung und Einfühlung. Dieses Herunterspielen der demokratischen Matrix, die die Tragödie hervorgebracht hatte, war die Voraussetzung dafür, daß sie auch fortan stets bewundert und aufgeführt wurde, und zwar in Gesellschaften, deren politisches System ein völlig anderes war.

Tatsächlich hat die Verehrung für die attische Kultur des 5. Jahrhunderts – für Tragödie und Parthenon – deren Verbindung mit der Demokratie durchweg in den Hintergrund gedrängt, denn die Demokratie selbst wurde erst in jüngerer Zeit zu einem allgemein anerkannten und positiven Konzept. Zuvor spiegelte die Altertumswissenschaft den Chor antiker Stimmen wider, die die attische Demokratie als ein gefährliches Experiment kollektiver Verantwortung ablehnten, das katastrophal gescheitert sei. Der scheinbar unerklärliche Sieg über die Perser, den die vereinten Streitkräfte der wichtigsten griechischen Städte errungen hatten, war eine stets von neuem fesselnde Geschichte, die durch die historische Erzählung Herodots lebendig blieb und bis auf den heutigen Tag als die »Glorie Griechenlands« gilt; Thukydides' eindrücklicher Bericht jedoch über die Unfähigkeit der attischen Demokratie, den sich in die Länge ziehenden »Peloponnesischen Krieg« gegen Sparta und das spartanische Bündnis zu gewinnen, hat vor allem den fatalen Abstieg in die Diktatur der Masse stigmatisiert, den spätere politische Theoretiker zum Erbübel aller demokratischen Systeme erklärt haben. Thukydides war selbst ein gescheiterter Athener (verbannt wegen Inkompetenz), seine »Geschichte« aber wandte sich gegen das demokratische Athen als ganzes; er denunzierte es als eine in Wahrheit »tyrannische Stadt«, die sich durch Erpressung ernährte, für das massenhafte Abschlachten anderer Griechen verantwortlich war, und, wenn es zweckdienlich war, zynischen Völkermord beging. Wie bereits in Kapitel 4 bemerkt, war die Demokratie für Thukydides kaum mehr als ein unbedachter Massenwahn, der sich als selbstmörderisch offenbarte, sobald ihre Führer die staatsmännische

Kunst über Bord warfen und zu demagogischen Ad-hoc-Lösungen Zuflucht nahmen. Seine Schrift jedoch verkörpert genau diese attische Kombination aus respektloser Intelligenz und analytischem Zugriff, durch die das gewagte Experiment dieser Stadt, die Macht dem Volke zu überlassen, überhaupt erst möglich geworden war.

Während des 4. Jahrhunderts erfuhr die griechische Sprache als Instrument analytischen, theoretischen Denkens eine bedeutende Entwicklung. Die Philosophen setzten bei ihrem Sturm auf die gesamte Skala philosophischer Fragen – über das Wesen der Wirklichkeit, der Wahrheit, der Psychologie, der Sterblichkeit, der Rhetorik, der Ethik und (nicht zuletzt) der Politik – die Sprache ein und bildeten sie weiter aus. Das Griechische, insbesondere die Sprache des philosophischen Diskurses, bot das am höchsten entwickelte kritische Instrumentarium, das während der gesamten Antike zur Verfügung stand. Seine Überlegenheit wurde selbst von den Römern anerkannt, die die griechische Welt zu einer Provinz ihres Weltreiches degradierten, und sie wirkt bis zum heutigen Tag – verstärkt vor allem seit dem 19. Jahrhundert. Mit Hilfe dieser diskursiven Sprache war es den Griechen möglich, in kosmopolitischer, universalisierender Argumentation zu erörtern, worin die Konstanten und die Unterschiede innerhalb des menschlichen Erfahrungsspektrums bestanden.

Vor Aristoteles hatte Platon philosophische Abhandlungen in Form dramatisierter Debatten verfaßt (heute gewöhnlich als »Dialoge« bezeichnet), die von seinem weltabgewandten Lehrer Sokrates geführt wurden. Platon schrieb im 4. Jahrhundert v. Chr., einige Jahre nach dem Tod des Sokrates. Die Dialoge spielen jedoch sämtlich in der Zeit, bevor die großen Tage der athenischen Demokratie des 5. Jahrhunderts zu Ende waren; und sie alle fußten auf dem schließlichen »Märtyrertod« des Sokrates, den man im Jahre 399 v. Chr. aus Gründen zum Tode verurteilte, die Platon als genau den Typ ungerechter Schuldzuweisung darstellt, der der Gehässigkeit und Verantwortungslosigkeit der Demokraten entspreche. (Unter Verwendung Platons und anderer Quellen dramatisiert Mary Renault in ihrem Roman *The Last of the Wine* die letzten Tage des Sokrates, des Peloponnesischen Krieges und der entwickelten attischen Demokratie.) Unermüdlich sondieren die Diskussionen auf schwindelerregendem Niveau jene grundlegenden, letzten Fragen, die dank der griechischen Philosophie in der westlichen Kultur bis heute kanonisch sind. Sie entführen den Leser aus der Welt der alltäglichen Erfahrung, indem sie die vollkommene und endgültige Wahrheit in den »wahrhaft seienden« Ideen erkennen, die wir – jenseits der bloßen Schemen, die die von uns bewohnte gewöhnliche Welt ausmachen – nur erahnen können.

Die Erwähnung Platons in der zu Beginn dieses Kapitels zitierten Textpassage bezieht sich auf dessen *Politeia*. Dieser lange Dialog in zehn Büchern umreißt – unter dem Deckmantel der Suche nach einer Definition der ›Gerechtigkeit‹ – den Plan einer idealen politischen Ordnung, in der eben jene Defekte behoben sind, die Gesellschaften wie die athenische in Mitleidenschaft ziehen – für Platon exemplarisch zu Tage getreten in der Verurteilung des Sokrates. Er zielt auf einen stabilen Staat, in dem kein Ruf nach gesellschaftlicher Veränderung soziale Unruhe provoziert. Platons Sokrates bringt den »Wolfs-Zeus« und den »Kannibalismus« dort ins Spiel, wo er mit gewohnter Ironie beschreibt, was geschieht, wenn die Massen einen Verfechter ihrer Sache küren. Sobald dieser Held es für nötig oder zweckdienlich hält, einen Mitbürger zu beseitigen, verwandelt er sich in einen Wolf im arkadischen Stil: in den sozialen, politischen Kannibalen, den nun alle Welt als »den Tyrannen« kennt.

Von Sokrates selbst ist keine Schrift erhalten geblieben, und wir wissen nicht, inwieweit die Beweisführung, die ihm in den Mund gelegt wird, reiner Platon ist oder ob irgend etwas davon auf Sokrates selbst zurückgeht. Jedenfalls aber ist dieser ruhelose Sokrates, als den ihn Platon zeigt – in bilderstürmerischer Ablehnung der Tradition und des status quo, unentwegt auf der Suche nach einer höheren Vision –, nur als Produkt dieser von ihm so heftig angegriffenen attischen Demokratie verständlich. Durch den Rückgriff auf die Gestalt des Sokrates und durch die zeitliche Situierung der Dialoge im 5. Jahrhundert weicht Platon zugleich einer direkten Stellungnahme zu den Zuständen seiner eigenen Zeit, des 4. Jahrhunderts, aus. So schafft er eine gefährliche Gemengelage zwischen anti-demokratischer, borniertem Reaktion und anti-traditionalistischer, freier Spekulation, die noch jeden, der Griechischunterricht oder eine humanistische Erziehung genossen hat, begeistert und geärgert hat. Denn Platon ist nicht zuletzt der beste Schriftsteller von allen westlichen Denkern.

Die Haltungen der modernen Welt gegenüber den politischen Systemen und Ideologien der Antike sind, wie nicht anders zu erwarten, keineswegs einfach und eindeutig. Im Grundzug jedoch ist beispielsweise die Opposition zwischen zwei Parteien, die sich »Demokraten« und »Republikaner« nennen, eine ausgesprochen moderne Adaption antiker Modelle: auf der einen Seite der attischen Demokratie – mit allen, wenn man so will, Exzessen des athenischen *mobs* (ein Begriff im englischen Jargon des späten 18. Jahrhunderts, der sich aus dem lateinischen *mobile vulgus*, »unbeständige Masse« herleitet); auf der anderen Seite des politischen Systems der römischen Republik, das zum Schlachtruf der revolutionären Massenbewegung gegen die Monarchie geworden ist, die Frankreich mit der Rebellion der nordamerikanischen Kolonien gegen die britische Krone verband. Denn es war das antike Rom und nicht Griechenland, das den Staatsmännern und politischen Theoretikern von der Renaissance bis ins 19. Jahrhundert hinein ihr wesentliches theoretisches Rüstzeug lieferte: Fünf Jahrhunderte hindurch war die lateinische Sprache die gemeinsame ›Währung‹ des Westens, eine allen gemeinsame Sprache von Regierung und Recht und ein Fundus gemeinsamer Bezugsgrößen, auf deren Vermittlung die Lehrpläne der Altertumswissenschaft ausgerichtet waren.

Die römische Geschichte läßt sich grob in vier Phasen einteilen. Die sagenumwobene ursprüngliche Monarchie verkam zu einer Tyrannenherrschaft, und der letzte König, Tarquinius der Stolze, wurde von Brutus dem Befreier gegen Ende des 6. Jahrhunderts v. Chr. vertrieben. Danach folgte die freie Republik, die ca. vier Jahrhunderte dauerte. Dabei handelte es sich um ein oligarchisches System, in dem die Angehörigen einer mehr oder weniger begrenzten Gruppe reicher oder aristokratischer Familien von der Bürgerschaft zu jährlichen Magistraten gewählt wurden. Sie arbeiteten unter der Leitung des »Senats«, einer Kammer ehemaliger Magistrate, die als streng hierarchisches, ständiges Beratungsgremium tagte. (Deshalb das Logo »*SPQR*«, das für den Senat und das Volk, *populus*, Roms steht). In einer Folge furchtbarer Bürgerkriege zwischen rivalisierenden Oberbefehlshabern und deren Armeen – wohl den ersten Weltkriegen in der Geschichte des Westens – brach die Republik schließlich im 1. Jahrhundert v. Chr. zusammen. Julius Caesar half mit, den einstigen Ehrentitel des *dictator* (die republikanische Bezeichnung für ein befristetes Führeramt in Krisenzeiten) für immer zu diskreditieren, indem er ihn annahm, um die Unrechtmäßigkeit seines Staatsstreiches zu vertuschen. Er wurde jedoch bald darauf durch eine Gruppe von Senatoren unter Führung eines zweiten Brutus ermordet. Diese selbsternannten »Tyrannenmörder« und »Befreier« wollten die Republik retten. Nach weiteren Kriegen zwischen Caesars rechter Hand Marc Anton und seinem Adoptivsohn Augustus etablierte dieser jedoch die Autokratie, die wir als römisches Kaiserreich kennen, nannte sich fortan *Caesar Augustus* und baute eine dynastische Zukunft für den Weltstaat auf.

Natürlich hat Augustus den Römern nicht offengelegt, worauf seine Absichten zielten. Er proklamierte die Wiederherstellung der Republik, mit allem was dazugehört, Wahlen und Ämtern für ein Jahr, und ernannte sich selbst zum ersten Bürger des Staates, zum »Ersten unter Gleichen«. Die Thronfolge nach Augustus bescherte dem Kaiserreich (der Reihe nach) einen Sadisten, einen Psychotiker, einen senilen Trottel und einen wahnsinnigen Psychopathen, und die römische Geschichte wurde zu einer weitgehend ununterbrochenen Folge schwerster Verfehlungen und spektakulärer Grausamkeiten. Das Schlagwort von der »Größe Roms« geht zurück auf ein schlechtes, längst vergessenes Gedicht des jungen Edgar Allan Poe, »An Helen« – geprägt als Pendant zur »Glorie Griechenlands«:

Von lange durchirrter Meere Gefahr
  dein klassisches Antlitz mich heimwärts wies,
Najade, dein hyazinthenes Haar,
  zu der Glorie, die Hellas hieß,
und der Größe, die Rom einst war.

Unter diesem Schlagwort lassen sich auch die glanzvollen Überreste jener verschwenderischen Großprojekte der verschiedenen Kaiser zusammenfassen, wie beispielsweise das Colosseum, das Pantheon, die Trajans-Säule u. ä. (vgl. Abb. 35, S. 266); allgemein bewundert wurde jedoch an der römischen Kultur die Anfangsphase der augusteischen Regentschaft. Damals, so glaubte man, war die Revolution gestoppt und der Friede durch ein starkes Regime wiederhergestellt worden, die klassischen Werke der Lateinischen Literatur wurden verfaßt (der Großteil der Dichtungen des Vergil und des Horaz sowie Livius' monumentale Geschichte Roms), während ein väterlicher Monarch mit einer wiederbelebten Aristokratie und einer dankbaren Bürgerschaft zusammenarbeitete.

Bis zum Ende des 18. Jahrhunderts hielten die meisten europäischen Eliten den augusteischen »Kompromiß« zwischen Monarchie und Republik für eine auf Machtausgleich bedachte, politische Ideallösung. Rom bot freilich noch andere Vorbilder, an denen man sich orientieren, von denen man sich aber auch abgrenzen konnte. Man las Tacitus, den großen Geschichtsschreiber der Kaiserzeit, und war gefesselt von seiner beißenden Schilderung der Schandtaten, die der inzestuöse Caligula, die nymphomane Messalina, der perverse Nero verübt hatten – ideales Material für die moderne Unterhaltungsindustrie, sei es auf der Bühne, in Groschenromanen oder auf Zelluloid. Man identifizierte sich mit Cicero, der der größte Redner und Prosaschriftsteller der Republik war, bis der caesaristische Alptraum seine Welt hinwegfegte und die Soldaten des Generals seinen Kopf und seine Schreibhand an die *rostra* nagelten – die Tribüne, von der aus er so viele Reden gehalten hatte ...

Der amerikanische Präsident Thomas Jefferson erklärte Tacitus darum zum »ersten und fraglos überzeugendsten Schriftsteller der Welt«. Und wie die französischen Revolutionäre wendeten die amerikanischen Gründerväter mit Hilfe des Livius den Blick zurück, weg von der Monarchie (wie geschickt auch immer sich diese unter Augustus zu tarnen vermochte), hin zu den Helden der frühen römischen Republik. George Washington beispielsweise nahm sich erklärtermaßen Cincinnatus zum Vorbild, der der Sage nach vom Pflug weg zum Konsul, zum höchsten Staatsbeamten, berufen worden war und dann nach Rettung des Staates unverzüglich zu seinem bescheidenen bäuerlichen Anwesen zurückkehrte, ohne auch nur einmal daran zu denken, an der errungenen Macht festzuhalten ... Die Altertumswissenschaft hat die Kurse der klassischen Vorbilder im Zuge ständiger Umwertung und Wiederaneignung steigen und fallen sehen: umstritten waren und sind ihre ursprüngliche Bedeutung wie auch die Funktionalisierungen, die sie erfahren haben.

Jefferson spricht aus, was seither als die vorherrschende Sicht gelten kann: »Dieselben politischen Parteien, die jetzt die Vereinigten Staaten in Unruhe versetzen, haben zu allen Zeiten existiert. Die Frage, ob die Macht des Volkes oder die der *aristoi* siegen sollte, haben in Staaten wie Griechenland und Rom für ständige Erschütterungen gesorgt – so wie sie jetzt jedes Volk spalten, das sich nicht von einem Despoten das Wort oder das Denken verbieten läßt.« Dabei ist zu bedenken, daß »Macht des Volkes« eine genaue Übersetzung sowohl der attischen *demokratia*, als auch der römischen *res publica* (wörtlich: »öffentlicher Gemeinbesitz«) ist. Die Formulierung moderner Politik anhand antiker Vorbilder hat jedoch sehr unterschiedliche Lesarten der Antike provoziert – wie auch unterschiedliche Formen politischer Manipulation. Sie reichen von den »Senatoren« auf dem »Capitol« von Washington (benannt nach dem höchsten Hügel Roms) bis zum Republikanismus der Marxisten und zum Faschismus Mussolinis, der in Italien eine neue augusteische Restauration für ein »imperiales Volk« verkündete. Der Faschismus wurde nach den *fasces* benannt, Rutenbündeln, die um ein Beil herum befestigt sind: Symbol für die dem Magistrat der Stadt Rom übertragene Macht, ungehorsame Bürger zu bestrafen und zu enthaupten. Jefferson wählte das gleiche Sinnbild eiserner Disziplin für den von George Washington und ihm gegründeten Staat Virginia.

Als Vorbild hat das kaiserliche Rom stetig an Charisma eingebüßt, und zwar zugunsten der athenischen Demokratie (bzw. eines stark geschönten Bildes von ihr); mit der Zeit sind jedoch die Entsprechungen zwischen der Kultur des römischen Kaiserreiches und unserer eigenen Situation augenfälliger geworden. Wie Athen hat sich auch die römische Republik ihre Form des Theaters zu schaffen gewußt. Aber die Römer wagten sich niemals an ein konkurrenzfähiges Modell und adaptierten in der Regel lieber griechische Texte, anstatt unmittelbar über die eigene Kultur zu schreiben. Typisch römische Spektakel hingegen waren der »Triumphzug«, bei dem die siegreichen Generäle ihre Gefangenen, ihre Kriegsbeute und ihre Truppen durch die Stadt paradieren ließen, hinauf zum Kapitol, um dem Gott Jupiter, »dem Besten und Größten«, zu danken, sowie mitreißender und überwältigender noch, die gewaltigen Gladiatoren »spiele«. Dieses Schauspiel, das Rom zur Selbstdarstellung sich selbst gegenüber diente, ist nur allzu bekannt; die Gladiatoren sind nicht nur ein Brennpunkt der populären Faszination durch die Antike geworden, sondern auch – als Kitschfiguren (niemand stirbt) – zu Namensgebern einer vom US-Fernsehen weltweit ausgestrahlten zeitgenössischen Spiel-Show avanciert. Doch schon die römischen Gladiatoren waren Klischeefiguren, Starathleten, die eine Kriegsfarce aufführten, hingemetzelt, um den Römern einen Feiertag zu verschaffen. Ist dies das Schicksal, daß jede post-imperiale Welt erwartet? Amüsieren wir uns zu Tode?

Wie einst den römischen Dichtern und Denkern bietet uns das Schreckgespenst der Selbsterkenntnis im Spiegel des kaiserlichen Rom Stoff zur Diskussion und zum Nachdenken. Heutzutage beschäftigt uns wohl vor allem der sprechende Kontrast, der zwischen dem bewußt staatsbürgerlichen Theater und der direkten Demokratie Athens einerseits und der Unterdrückung jeder Diskussion und Meinungsäußerung bei den römischen Paraden und Spektakeln andererseits besteht. Anstelle freier Wahlen bot man dem Publikum jährlich eine Runde »Brot und Spiele«, um so von Problemen, Argumenten pro und contra und Entscheidungen abzulenken. Im nächsten Kapitel werden wir nicht die Welt in Augenschein nehmen, die der platonische Intellektuelle namens ›Sokrates‹ erdacht hat, sondern ein arkadisches ›Anderswo‹ – wie es erstmals während der Frühphase von Augustus' Aufstieg zur Macht imaginiert worden ist. Solange man sich mit der Antike beschäftigt hat, hat dieser Ort mehr Raum zum Nachdenken, Beobachten und Zuhören gewährt, ist er stets ruhiger gewesen als jedes attische Theater und sicherlich weniger brutalisiert als die Arena der römischen Metropole.

Das Sprichwort sagt, alle Wege führten nach Rom. Aber Rom ist auch der Ort, an dem die Reise nach Griechenland beginnt; von Rom aus nämlich sehnt sich der Geist fortzureisen, hin zu jenem Vorposten kultureller Ordnung inmitten ungezähmter Natur: »hoch oben auf einem Berghang in einer rauhen und einsamen Gegend *Arkadiens* …«. Die Altertumswissenschaft bereist diese Route immer wieder, darüber spekulierend und nachdenkend, an welchem Ende denn nun eigentlich ›die größte Show der Welt‹ zu finden sei.

9 Stell dir vor, daß ...

Arkadien, an dessen äußerstem Rand Bassai lag, war eine Bergregion im Süden Griechenlands. Die Territorien berühmter Städte der Antike berührten seine Grenzen: im Süden Sparta, eher ein bewaffnetes Heerlager als eine Stadt – »spartanisch« ganz im heutigen Sinn des Wortes; im Westen Olympia mit seinem großen Zeustempel, wo alle vier Jahre die glänzendsten Athletenwettkämpfe ganz Griechenlands ausgetragen wurden – Vorläufer unserer olympischen Spiele; im Norden und Osten die betriebsamen Handelsstädte Argos und Korinth sowie etwas weiter entfernt Athen. Umgekehrt war Arkadien für die Griechen eine Region der Wildnis und der ungezähmten Natur, Heimat des Ziegengottes Pan – halb Mensch, halb Tier von Gestalt. Der Mythos erzählt, daß kein Lebewesen, sei es Mädchen, Nymphe oder Tier, vor seinen erotischen Nachstellungen sicher sein konnte. Für die Künstler gehörte er zum ekstatischen Gefolge des Dionysos.

Herodot, der Historiker des Kampfes zwischen dem griechischen David und dem persischen Goliath, berichtet von einem Boten, der von den Athenern nach Sparta geschickt worden war, um Hilfe gegen die Invasion der persischen Horden zu erbitten. Auf seinem Weg durch Arkadien traf er auf Pan. Die Spartaner waren nicht in der Lage, rechtzeitig Hilfe zu schicken, doch Pan stand den Athenern bei und trieb die Feinde in panische Flucht. Zum Dank erhielt er einen Tempel unterhalb der Akropolis von Athen. Alljährlich wurde seiner Hilfe mit Opfern und einem Fackellauf gedacht.

Eine spätere Version der Geschichte ließ denselben Boten mit der Nachricht vom Sieg über die Perser von Marathon nach Athen laufen, wo er vor Erschöpfung tot zusammenbrach. An diese Heldentat erinnert noch heute der »Marathon«-Lauf als Disziplin unserer olympischen Spiele – auch wenn er den heutigen Wettkämpfer nicht mehr das Leben kosten soll.

Die vom Gott Pan erfundenen »Panflöten« machten Arkadien zur Heimat von Gesang und Musik. Polybios, der in griechischer Sprache für griechische Leser einen Bericht über den kometenhaften Aufstieg Roms zur Weltmacht verfaßt hat (vgl. Kap. 4), war ein Arkadier, geboren in Megalopolis. Er erzählt uns, das Land sei so öde und karg, daß seine Bewohner ihr hartes Leben allein durch Lieder ertragen konnten.

In Rom hingegen sollten andere Vorstellungen von Arkadien Einfluß gewinnen. Vor seiner *Aeneis* verfaßte Vergil eine Sammlung kürzerer »Hirtengedichte«, die sogenannten *Eklogen* oder *Bukolika*. In diesen Gedichten schuf er eine imaginäre Landschaft, jenseits der historischen Welt der Städte, der Politik und des Krieges. Hier saßen Hirten ungestört, wie seit ewigen Zeiten, unter schattigen Bäumen, die ihnen Schutz boten vor den sengenden Strahlen der Mittagssonne; sie wetteiferten mit ihren Liedern oder klagten über ihr Unglück in der Liebe, während ihre Herde Wasser trank und von der Hitze ausruhte. Diese idyllische Szenerie nannte man »Arkadien«.

Mit seinem italischen Arkadien schuf Vergil eine Sphäre ganz eigener Art, in der die Phantasie aus Raum und Zeit in die ursprüngliche Welt des Gesangs entfliehen konnte. Arkadien wurde der Ort, an dem der Geist frei wandeln konnte, und immer sind Dichter und Musiker seither zu ihm zurückgekehrt, in Erinnerung an eine Gemeinschaft, in der die Gesangeskunst mehr galt als Status und weltlicher Besitz. Und doch hat Vergil diese idyllische Hirtenwelt schon als eine bedrohte Welt gezeichnet, bedroht durch den katastrophischen Niederschlag der ›realen‹ gesellschaftlichen Machtkämpfe. Die Stadt und ihre Kriegswirren warfen ihre Schatten auf Leben und Lieder der Hirten und Bauern. Den einen stand willkürlich verhängte Verbannung und Exil

bevor, den anderen ebenso willkürliche Schonung oder gar Beloh-
nung. Eins wie das andere war Resultat der Entscheidung Roms;
es lag ganz außerhalb des Horizonts der arkadischen Sänger.
Vergils Bild zeigt die Unschuld der Poesie *und* das bedrohliche
Vordringen der Kräfte, die der Zerstörung dieser fragilen Welt
dienten.

Auch der mit Vergil befreundete Horaz hat Pan und seine
arkadische Heimat in einer berühmten Ode besungen; hier hat
der Mythos jedoch eine ganz andere Färbung. Das Gedicht ist an
eine gewisse Tyndaris gerichtet, an eine der vielen Frauen, die das
Verlangen des Dichters geweckt haben. Der Möchtegern-Ver-
führer erzählt ihr, sein italienisches Landgut in den Bergen nahe
bei Rom stehe unter der Obhut des Pan (der hier unter seinem
römischen Namen Faunus erscheint): er komme zu seinem
Schutze geradewegs aus den arkadischen Bergen herüber. Zu
diesem Landgut solle sie kommen, lädt sie der Dichter ein, und
lockt sie mit dem Gedanken an den Schutz des Pan und an den
süßen Ton seiner Flöte, der in den Tälern widerklinge; er verspricht ihr alle Reichtümer des Landlebens und ein aufmerksames
Ohr für ihren Gesang, sowie ein Glas Wein, in aller Unschuld im
Schatten genossen, wo sie sich ganz sorglos fühlen kann, wo kein
leidenschaftlich eifersüchtiger Liebhaber sie überfallen und ihr
die Kleider zerreißen werde, so sie es nicht verdient habe ...

Auch wenn es nicht ausdrücklich gesagt wird, die Versicherun-
gen des Dichters lassen klar genug durchblicken, daß der Schutz
des Horaz seinen Preis hat. Wie keine Nymphe vor Pan sicher
sein kann, so kann keine Frau sicher sein vor der ›Pansnatur‹, die
in jedem Mann lauert. Mit anderen Worten, Tyndaris sollte so
klug sein, den Avancen des Horaz nachzugeben, bevor er (gleich
Pan) zu Mitteln des Schreckens, der Gewalt und der Überwälti-
gung Zuflucht nehmen werde. Hier wird Arkadien als Ort der
Verführung und als verführerische Phantasie inszeniert. Die mythische Welt jenseits der Städte ist zum Spielplatz von Männer-
träumen geworden, in denen die Natur elementare Instinkte zu
entbinden droht.

Auch die erotischen Inhalte antiker Texte sind Gegenstand der

Altertumswissenschaft, seien sie nun in kunstvolle Gedichte ver-
packt, in Form roher Graffiti an die Wände geschmiert oder auf
einen schmutzigen Tontopf gepinselt. In den Erzählungen und
Phantasien der antiken Welt trifft man auf die verschiedensten
Formen sexueller Beziehungen, sowohl zwischen den Geschlechtern als auch innerhalb des einen oder anderen Geschlechts. Es
handelt sich nicht nur um die heterosexuelle Lust der Männer mit
den ihnen zur Verfügung stehenden Frauen. Im Schutz der Altertumswissenschaft hat man sich jahrhundertelang gerade auch
mit abweichenden und unterdrückten Formen der Sexualität aus-
einandergesetzt (und Vorläufer entdeckt). Die Schriften und die
Kunstwerke der Antike boten die Möglichkeit, sich mit lesbischer
Liebe zu beschäftigen, die man mit den Frauen der griechischen
Insel Lesbos – berühmt geworden durch die Dichterin Sappho –
in Verbindung brachte; ebenso konnte man erbeben angesichts
der entwaffnend schönen, verführerischen Bisexualität eines
Hermaphroditen oder erschauern im Gedanken an die Priester
der Kybele, die verpflichtet waren, sich ihre Genitalien zu ver-
stümmeln, um so ihrer Göttin besser zu dienen. Aber auch
Keuschheit, Zölibat und den Schutz töchterlicher Jungfräulich-
keit sah man in den moralischen Verhaltensnormen der Antike so
fest verankert wie in den strengsten Vorschriften der Puritaner.

Die antike Überlieferung speist nicht nur das Imaginations-
repertoire unserer kulturellen Tradition mit einer Flut von Bildern. Sie stellt uns auch eine Vielzahl von Lebensformen und
Verhaltensweisen vor Augen – Verhaltensweisen, die sich von den
uns vertrauten zwar so weit unterscheiden, daß sie den Wunsch,
sie genauer zu verstehen wecken, und die doch zugleich so ähnlich sind, daß sie unsere Sinne reizen und uns aus unseren ge-
wohnten Sicherheiten bringen. Wer die Gedichte der Sappho liest,
die die Liebe zwischen Frauen feiern, kann nicht umhin, die
üblichen »Normen« sexuellen Verhaltens zu hinterfragen, und
zwar antike *und* moderne. Selbst die Erzählungen über das »idyllische« Arkadien kann man kaum lesen, ohne daß sich der Vergleich mit heutigen Tatbeschreibungen von Verführung, Verge-
waltigung und sexueller Gewalt aufdrängt.

Andere Bilder Arkadiens haben andere Assoziationsräume eröffnet. Eines der Meisterwerke, das die Renaissance der Antike hervorgebracht hat, ist der Hirtenroman *Arcadia*, verfaßt im frühen 16. Jahrhundert von dem italienischen Dichter Jacopo Sannazaro. Sein Ruhm verbreitete sich rasch an den Höfen Europas, denn er entsprach in unvergleichlicher Weise den heimlichen Phantasien von Herzögen und Prinzessinnen, die sich so gern als Hirten und Schäferinnen dachten. *Dieses* Lied Arkadiens, mit seinen bezaubernden Nymphen und seinen schönen jungen Liebhabern, ertönte als der liebeskranke Gesang des jugendlichen Helden und Dichters Sincero, der von dem ihm durch Geburt zustehenden gesellschaftlichen Rang ausgeschlossen war und nun als Verbannter in sehnsüchtig-süßen Melodien seufzte. Ein Opernheld und ein Traumwandler, steigerte der unglückliche Liebhaber sich in die Rolle eines zweiten Orpheus, jenes mythischen Musikers, der noch nach dem Tod seiner geliebten Eurydike die Bäume zum Tanzen und die Felsen zum Zuhören zu bewegen vermochte. Hier fanden Sannazaros Leser eine elegante Rhetorik der Liebe, salbungsvolle Trostreden und einen imaginären Raum, in dem die Poesie den höchsten Rang einnahm. Das war der Ort, an dem man sich vor Liebe verzehren konnte.

Zu den Werken, die unmittelbar auf dieses Bild Arkadiens reagieren, gehören die »Eklogen« des elisabethanischen Edelmanns Sir Philip Sidney. *Sein* Arkadien, eine Phantasielandschaft, die bereits durch Schmerz, Kummer und Verlust gebrochen ist, knüpft an die Ängste an, die die Gedichte Vergils überschatteten. Es ist ein Paradies, das bereits verlassen und verdorben ist, das durch Musik nicht mehr zu heilen ist, ein Arkadien, das Idyll und Alptraum gleichermaßen ist – unfähig, der ihm innewohnenden Zerrüttung zu entkommen. Sidneys Arkadien besitzt eine emotionale Kraft, die sich als stärker erwies als das anmutig-gefällige Bild, das Sannazaro entworfen hatte.

Wie so oft vorher und nachher entnahmen schöpferische Künstler die Anregung zu ihren Entwürfen aus Texten der Antike. Dabei betonen sie sehr unterschiedliche Elemente des ›Originals‹, sie setzen neue Akzente und geben dem Ganzen ihre persönliche Note. Beide, Sannazaro und Sidney, knüpfen an Vergil an und ahmen ihn nach, beide schaffen jedoch zugleich etwas ganz Eigenes, etwas, das in sich ›originell‹ und anders ist. Zugleich vermitteln sie uns damit aber auch einen neuen Verständnishorizont der klassischen Texte, auf die sie sich beziehen. Jede neue Lektüre und jede ›Nachahmung‹ verleiht dem Text Vergils neue Bedeutung – eine Bedeutung, die dem Werk zwar immer schon innewohnte, aber so lange unerkannt blieb, bis der Blick eines anderen Dichters sie uns sehen lehrte. Sannazaro und Sidney lassen Töne und Anklänge in den Werken Vergils für uns vernehmbar werden, die ohne sie verloren wären.

Auch in diesem Sinne zeigt sich, daß man die Gegenstände der Altertumswissenschaft nicht als einmal festgelegte Größen aus einer 2000 Jahre zurückliegenden Vergangenheit begreifen kann. Das Assoziationsnetz, das die Werke der bildenden Kunst und der Literatur geschaffen haben, erweitert sich kontinuierlich durch die veränderten und neuen Bedeutungen, die im Verlauf dieser 2000 Jahre aus der Vielzahl von Reaktionen und Neubearbeitungen in der großen Gemeinde der Leser entstehen.

Paradoxerweise hätten die frühen, »arkadischen« Dichtungen Vergils in Rom wohl kaum den Status klassischer Texte erlangt, hätte ihr Autor nicht danach sein großes Nationalepos geschrieben. In seiner *Aeneis* wendet sich Vergil an das Rom des Kaisers Augustus, der von 31 v. Chr. bis zu seinem Tod 14 n. Chr. regiert hat (als der Senat ihn unverzüglich zum Gott erklärte). Dieses Rom war eine Welt der revolutionären Veränderung, ausgelöst durch die Jahre des Bürgerkriegs; man gewöhnte sich soeben an den Gedanken, daß das alte politische System der Republik unwiderruflich zusammengebrochen war und die Zukunft Roms im Zeichen kaiserlicher Alleinherrschaft stand. Die maßgebliche politische Macht lag von nun an nicht mehr bei den gewählten Beamten oder den alten aristokratischen Familien, die sich seit unvordenklichen Zeiten in die Kontrolle des Staates geteilt hatten, sondern bei einem einzelnen Herrscher und seiner Dynastie.

An diese Welt wendet sich Vergil und erzählt noch einmal die wohlbekannte Geschichte von den Ursprüngen Roms aus den

Wurzeln der griechischen Mythologie: eine Schar trojanischer Flüchtlinge, die die griechische Eroberung ihrer Vaterstadt überlebt hat, gründet, nach einer endlosen Reihe von Abenteuern und Unglücksfällen zu Land und zu Meer, die Stadt Rom. In der Dichtung Vergils werden die späteren Schicksale der Ewigen Stadt, die Triumphe und Katastrophen der nachfolgenden Jahrhunderte präfiguriert in der Schilderung der Reise von Troja nach Rom und der Kämpfe, die mit der Gründung der Stadt verbunden waren. Vor allem aber schildert das Gedicht den Gründungsheros Aeneas als Stammvater und Vorbild des Kaisers Augustus.

Aeneas steht im Mittelpunkt einer großen mythischen Erzählung über eben die Welt der Städte, der Politik und des Krieges, die Vergil aus seiner arkadischen Dichtung auszuklammern versucht hatte. Als Zeitpunkt, an dem er Aeneas nach seiner Landung in Italien den Ort des zukünftigen Rom betreten läßt, wählt Vergil genau den Tag, an dem schon sehr viel früher ein anderer Besucher dort gewesen war. Hercules nämlich hatte dort wie üblich ein Ungeheuer besiegt und ein Heiligtum gegründet (den sog. »Großen Altar«, *ara maxima*), vor dem fortan immer wiederkehrende Dankesrituale vollzogen wurden. Natürlich wußten die Zeitgenossen Vergils, daß an eben diesem Tag Augustus nach Rom zurückgekehrt war, um die Niederlage des Marc Anton (und seiner Geliebten, der ägyptischen Königin Kleopatra) zu feiern und seinen endgültigen Sieg, durch den er die Kontrolle über die gesamte römische Welt erlangt hatte. So verknüpft Vergil Hercules, Aeneas und Augustus in einem politischen Gründungsmythos der römischen Führungsmacht, der klassisch geworden ist.

Aber auch in der *Aeneis* unterstreicht Vergil, daß Arkadien in der Vorstellungswelt Roms bleibende Bedeutung besitzt. Willkommen geheißen und über die sieben Hügel geführt, auf denen einst Rom erbaut werden soll, wird Aeneas nämlich durch den König Euander; dieser aber hat sich hier am Ort des zukünftigen Rom niedergelassen, weil er aus seinem Heimatland fliehen mußte: aus Arkadien. An den Anfängen der Ewigen Stadt finden wir nicht nur trojanisches Blut, sondern auch arkadische Einwanderer, die sich am gleichen Ort bereits niedergelassen hatten. Sie repräsentieren das »Arkadien«, das immer auch in Rom präsent bleiben wird. Zu all der kriegerischen Stärke, die Aeneas und seinen Nachkommen verliehen ist, zu dem Auftrag an die Römer, immerfort für die gute Sache zu kämpfen, gehörte als unverzichtbarer Teil auch der Auftrag (so legt Vergil es nahe), die verwundbare, ›arkadische‹ Unschuld von Haus und Heimat, Stadt und Bürgern, zu schützen: das »innere Arkadien« eben.

Vergils Rom-Mythos hat sehr unterschiedliche Aneignungen und Lesarten hervorgerufen. Unter Mussolini haben die Faschisten sich seiner für ihre Propaganda bedient, während andererseits Hermann Broch in seinem großen Anti-Nazi-Roman, *Der Tod des Vergil*, den Dichter bedauern läßt, das Epos überhaupt geschrieben zu haben. Unter Qualen der Reue befürchtet er, seine Dichtung habe nur als Werkzeug autokratischer Repression gedient, und wünscht ihre Verbrennung. Er glaubt, die Welt befinde sich an einem entscheidenden Wendepunkt, der durch sein Epos verdunkelt werde. Vergil, wir erinnern uns an Kapitel 6, war für Dante eine *anima naturaliter christiana*, eine »eigentlich christliche Seele«. Den Wendepunkt, den er verspürt, soll der Leser – mit Broch – als Vorahnung des Christentums verstehen, das mehr als eine Generation nach dem Tod Vergils im Jahre 19 v. Chr. in Erscheinung trat. So faßte das Christentum Fuß im Herzen einer paganen Welt, die noch nicht begriff, daß eine Revolution begonnen hatte, in deren Folge die römische Weltherrschaft einst überwunden werden sollte und die der westlichen Kultur das Zeitraster vermittelte, nach dem die Ereignisse der Geschichte in solche »vor« und »nach Christus« eingeteilt wurden. Jesus ist schließlich, das sollten wir nicht vergessen, der berühmteste aller römischen Provinzbewohner.

In der Geburt Jesu haben Roman und Film einen Hauptanreiz gefunden, sich mit der römischen Welt zu beschäftigen. Der Konflikt zwischen Christentum und römischem Heidentum ist von zentraler Bedeutung für das populäre, massenmedial vermittelte Bild der Antike. Ein gutes Beispiel für die Macht und Langlebigkeit dieses Themas ist das Filmepos *Ben-Hur*, seinerzeit ein enormer Publikumserfolg (am bekanntesten wohl in der Fassung von 1959, mit Charlton Heston und der Szene mit dem halsbrecherischen Wagenrennen; vgl. Abb. 25). Das Drehbuch fußt auf dem 1880 veröffentlichten gleichnamigen Roman mit dem Untertitel »Eine Geschichte um Christus«. Der Roman erzählt die Lebensgeschichte Jesu weitgehend aus der Perspektive eines Juden, Judah Ben-Hur, der sich schließlich zum Christentum bekehrt. In den Bearbeitungen für Bühne und Film (vor der spektakulären Fassung mit Charlton Heston gab es verschiedene andere Verfilmungen) wurde die Romanhandlung jedoch zunehmend auf den Konflikt zwischen der weltlichen Macht des römischen Staates und der aufkommenden subversiven Bewegung der Christen fokussiert, die ihre aufrührerische Botschaft aus dem Hinterland der Provinz Judaea in alle Zentren des römischen Reiches trug. Der Film bot ein fesselndes Szenario, in dem das Publikum sowohl eine Parabel über das Problem der Macht in der Moderne finden konnte, als auch (jedenfalls in der Version von 1959) gewaltige epische Szenen, in denen von spannenden

Abb. 25: Ben-Hur auf der Bühne: Plakat für »Klaw and Erlanger's stupendous production« (1901)

Wagenrennen zu sadistischen Hinrichtungsszenen, von wüsten Orgien zu Gladiatorengemetzel, von Akten demütiger Frömmigkeit zu Szenen grausamer Verfolgung die Sensationen und der Nervenkitzel einer Kultur durchlebt werden konnten, die der unsrigen bedrohlich ähnlich und zugleich auch sehr fremd war.

Die Antike kann zu denken geben – und sie kann auch Spaß machen. Immer wieder greift man zu Zwecken der Unterhaltung und auch der Erziehung auf die griechische und römische Kultur zurück: um Orientierungen für die Gegenwart zu finden und auch, um die Phantasie spielen zu lassen. Die Romane von Mary Renault etwa, *The King must die* oder *The Bull from the Sea* siedeln im prähistorischen, mythischen Kreta eine Art Gegenwelt an und zeigen eine Gesellschaft, die frei von den Hemmungen der unsrigen (vor allem den sexuellen) funktioniert. Kleopatras aller Art, auf Papier, auf der Bühne, auf Zelluloid, von Colette Colbert bis Elizabeth Taylor, haben dem Westen nachhaltig wirksame Bilder von orientalischer Verführungskraft und Perversion vermittelt, gekoppelt an die beruhigende Botschaft, daß Kleopatras Macht über den ihr erlegenen Marc Anton zuletzt durch ihren Tod wieder zunichte wird – die Geschichte endet immer mit der Restauration der richtigen politischen Ordnung und der Bestätigung männlicher Überlegenheit. In den Asterix-Comics hingegen wird den Mächtigen die Gegenrechung aufgemacht, wenn die hinterletzten Bewohner des hinterletzten Winkels von Gallien auf wunderbare Weise die Legionen Caesars besiegen, sich über den tumben Verstand und die schwächliche Körperkraft seiner Offiziere und Soldaten lustig machen und am Schluß zurückkehren in ihr ›arkadisches‹ Dorf, um dort ohne Ende (der Mythos lügt) weiter zu feiern, zu schmausen und zu trinken.

Antike Themen und Stoffe werden uns von den verschiedenen Medien in einem eher unstrukturierten Sammelsurium präsentiert. Damit bieten sich, wie in der Überlieferung der Antike überhaupt, die verschiedensten Anknüpfungspunkte und Reaktionsmöglichkeiten. Wir können uns z.B. dafür entscheiden, das Wesen des römischen Imperialismus zu untersuchen, die von ihm ausgehende Unterminierung nationaler Freiheiten sowie den

Funktionszusammenhang seiner militärischen Aggressivität; wir können uns aber auch (und zu gleicher Zeit) über die Späße der Freiheitshelden in den Comics amüsieren, die den tumben Eroberertypen die eine oder andere verdiente Lektion erteilen. Wir können uns über das Image des tugendhaften Römers lustig machen oder uns für die respektlosen Liebesgedichte Catulls mit ihrer Leidenschaftlichkeit und all ihrem launigen Einfallsreichtum begeistern – aber wir werden kaum bestreiten, daß wir bei der Beschäftigung mit Ethik, Epistemologie oder politischer Theorie nicht ohne Platon, Aristoteles und Augustin auskommen. Selbst die pagan-antike Parole »Die Christen zu den Löwen« hat ihren Weg ins Repertoire der modernen Spielfeld-Witze gefunden (»*Christians: 0, Lions: 250* – in einem ganz knappen Spiel«), während uns zugleich die Leiden der von den Römern verfolgten christlichen Märtyrer noch immer sehr lebendig vor Augen stehen.

Die Altertumswissenschaft beschäftigt sich mit dem Gesamtbild bestimmter Kulturen und mit der ganzen Bandbreite unserer Reaktionen und Antworten auf sie. Sie beschäftigt sich genauso mit Gegenständen, die als frivol, unfein oder unernst gelten, wie mit solchen, durch die man sich belehren lassen oder bilden kann. Oft ist ja, wie wir zu zeigen versucht haben, ein und derselbe Sachverhalt oder Gegenstand der antiken Überlieferung beides zugleich: unernst *und* bildend, frivol *und* belehrend – je nachdem, welche Fragen wir stellen oder wie wir unsere Antworten formulieren.

Die ganze Bandbreite der Reaktionen meint nicht nur Reaktionen, die durch die Antike selbst ausgelöst werden, sondern auch durch die Art und Weise der Beschäftigung mit ihr: je nachdem, wie das Wissen über sie im Unterricht vermittelt wird, welche erzieherischen Werte ihr zugesprochen werden, welche Traditionen wissenschaftlicher Forschung sich ausgebildet haben. Auch diese Reaktionen teilen sich in Bewunderung und ironische Distanzierung, Belustigung oder sogar Spott; auch hier spielen Phantasie und Erfindung ihren Part – ja sogar, wie wir sehen werden, poetische Kreativität. Die Altertumswissenschaft, und insbesondere die Vermittlung der griechischen und lateinischen Sprache, ist eng verknüpft mit den verschiedensten Vorstellungen über Erziehung, Schulwesen und Kultur überhaupt.

Die Schulen alter Art waren bekanntlich darauf ausgerichtet, Kinder der wohlhabenden Schichten in lateinischer Grammatik zu drillen. Vor hundert Jahren wurde an der Mehrzahl der öffentlichen Schulen Großbritanniens kaum etwas anderes unterrichtet als Latein und Griechisch. Die Begründung dafür lag nicht so sehr in der Anregung und der Faszination, die einem Schüler vermittelt werden konnten, der diese Sprachen flüssig lesen konnte, sondern im Erwerb logisch-rationaler Denkgewohnheiten, die man durch sorgfältiges Lernen der grammatischen Regeln einzuprägen hoffte. Es hat sich während des viktorianischen Zeitalters eine fast industrielle Produktion von Schulbüchern entwickelt (einige davon sind noch heute in Benutzung), die die subtileren Gesichtspunkte dieser Regeln verdeutlichen, die Elemente der Grammatik beschreiben und erklären sollten: Gerundium und Gerundiv, *amo-amas-amat*, den Ablativus absolutus, die indirekte Rede, das Supinum von *confiteri*, den Konditionalsatz in der *oratio obliqua*, die μι-Verben, die Dritte-Person-Singular im Konjunktiv Plusquamperfekt Passiv der vierten Konjugation (vgl. Abb. 26).

Heute glauben nur noch Extremisten daran, daß das Erlernen von Grammatikregeln irgendeinen positiven Effekt auf das logische Denkvermögen der Schüler hat. Aber noch immer diskutiert man darüber, wie man Griechisch und Latein am besten (und am unterhaltsamsten) unterrichten sollte. Es gibt inzwischen ein reiches Angebot unterschiedlicher Methoden – aber das gehört nicht mehr zu unserem Thema. Uns geht es darum, zu zeigen, daß der Unterricht der alten Sprachen zu keiner Zeit, nicht einmal im viktorianischen Zeitalter, eine so geschlossene, feststehende und unumstrittene Angelegenheit gewesen ist, wie man vielleicht meinen könnte. Er hat immer unterschiedliche Reaktionen hervorgerufen und diese sollten als Teil der Altertumswissenschaft begriffen werden.

Eine Spielart z. B. zeigt Nigel Molesworth, die Comic-Figur

Als ich ihn nach dem Supinum
von confiteri fragte, hatte der
Dummkopf keine Ahnung.

Abb. 26: Bekenntnisse eines Lateinlehrers?

von Geoffrey Willans und Ronald Searle (vgl. Abb. 27). In *How
to be Topp,* einer Nummer von Molesworths Satiren auf die
skool, gibt es eine Seite mit Bildern über das »Privatleben des
Gerundiums«, eine grammatikalische Form des Lateinischen, die
hier sehr witzig als exotisches Tier gezeichnet ist, das sich willig
von Benjamin Hall Kennedy, dem Verfasser der meistbenutzten
lateinischen Schulgrammatik, führen läßt. Die Zeichnung sieht so
aus, als würde ein seltenes, vom Aussterben bedrohtes Wesen in
Sicherheit gebracht, oder als würde ein merkwürdiges Monster
für den Zirkus eingefangen – oder beides. Jedenfalls haben wir
hier ein schönes Beispiel dafür, daß es von Anfang an, seit lateinische Grammatikregeln Schülerhirnen – ob sie es wollten oder
nicht – eingepaukt wurden, eine Gegenkultur der heimlichen
Vergeltung gegeben hat, in Form von Comics und Graffiti, die

Kennedy entdeckt das Gerundium und bringt es in die
Gefangenschaft zurück

*Abb. 27: Stures Auswendiglernen lateinischer Grammatikregeln wurde
als gerund grind (»Gerundiumbüffeln«) verspottet; der Witz liegt
zum Teil darin, daß das Gerundium, eine substantivierte Verbform, in
lateinischen Texten nur sehr selten vorkommt, dafür aber eine Star-Rolle
in Schulgrammatiken wie der von B.H. Kennedy spielt.*

unter den Schulbänken zirkulierten. Diese einfallsreiche Gegenkultur gehört genauso zum Fach wie die Grammatik selbst.

Aber es geht nicht nur um die Witze und Reaktionen, mit
denen sich Schüler schadlos zu halten suchten. Auch Leute, die
dem Studium der Altertumswissenschaft leidenschaftlich ergeben
waren, haben den Stellenwert und den Vorrang engstirnigen
Grammatikunterrichts in Frage gestellt. Der Dichter Louis Mac-
Neice etwa war Altertumswissenschaftler von Profession, be-
freundet mit E.R. Dodds und eine Zeitlang auch sein Kollege. Er
hatte in den 20er Jahren im Marlborough College Latein und
Griechisch gelernt, war dann zum Studium ans Merton College
nach Oxford gegangen und hat anschließend an den Universitäten von Birmingham und London unterrichtet. In seinem

autobiographischen Gedicht »Autumn Journal« spottet er über
die Form, in der er selbst die Sprachen gelernt hatte, und über die
damit verbundene, eigentümliche Mischung aus Prestige, künstlicher Stilisierung und sturem Auswendiglernen:

> *Which things being so*, as we said when we studied
> the classics, I ought to be glad
> That I studied the classics at Marlborough and Merton,
> not everyone here having had
> the privilege of learning a language
> that is inconvertibly dead,
> and of carting a toy-box of hallmarked marmoreal phrases
> around in his head.

> Wie die Dinge nun einmal liegen – so sagten wir, als wir die alten
> Sprachen studierten – kann ich froh sein,
> daß ich die alten Sprachen in Marlborough und Merton studierte;
> nicht jedermann hatte die Chance,
> eine Sprache zu lernen, die unbestreitbar tot ist,
> und das Glück, eine große Spielzeugschachtel
> in seinem Kopfe herumzutragen,
> voll marmorner, mit Gütesiegel versehener Phrasen.

Diese Kritik am humanistischen Unterricht kommt nicht von
außen. Sie ist Teil der internen Diskussion über die angemessene
Vermittlung des Fachs – und sie ist eine Darstellung der Sache
selbst aus der Feder eines bedeutenden Dichters des 20. Jahrhunderts. Als solche kann sie uns verdeutlichen, warum zu den
Aufgaben der Altertumswissenschaft auch die Beschäftigung mit
der Geschichte des Faches gehören muß.

10 »Et in Arcadia Ego«

In der Mitte von Vergils ›arkadischen‹ *Eklogen* steht ein Gedicht, in dem zwei Hirten im Wechsel Lieder zu Ehren des toten Daphnis singen, des archetypischen, mythischen Sängers, von dem sie ihre Inspiration beziehen. Das zweite dieser Lieder, das die zweite Hälfte des Gedichts einnimmt, erhebt Daphnis zu den Sternen, er überschreitet die Schwelle des Olymp und tritt ein in die Gemeinschaft der Götter. Ein neues Zeitalter des Friedens beginnt für die ewig dankbaren Landbewohner. Das Lied verspricht, sein Lob zu singen bis ans Ende der Zeiten. Der erste Sänger beweint den grausamen Tod des jungen Daphnis, erinnert sich seiner Lehren und beklagt die Verödung des Landes. Sein Trauergesang endet, in der Mitte des Gedichts, mit der Errichtung eines Grabmals und einem darauf anzubringenden Epitaph. Dieses kleine Gedicht ist als Lied im Lied des Hirten eingeschrieben in das Lied-Gedicht des Vergil:

DAPHNIS EGO IN SILVIS HINC USQUE AD SIDERA NOTUS
FORMOSI PECORIS CUSTOS, FORMOSIOR IPSE.
ICH, DAPHNIS, IN DEN WÄLDERN HOCHBERÜHMT VON HIER BIS ZU
STERNEN,
HIRT EINER SCHÖNEN HERDE, UND SELBER SCHÖNER NOCH.

Im Rom des frühen 17. Jahrhunderts ließ sich ein Humanist und Kardinal, der spätere Papst Clemens IX., von diesem so stolzen und zarten Epitaph inspirieren; er ahmte die einprägsame Unvollständigkeit seiner grammatischen Struktur nach in dem sprichwörtlich gewordenen Vers, der als Titel über diesem Kapitel steht: ET IN ARCADIA EGO (die Wortfolge bedeutet in wörtlicher Übersetzung: »Auch/Sogar in Arkadien Ich«). Dieser Vers hat seither die Kulturgeschichte des Abendlands hindurch die Phantasie von Dichtern und Malern beschäftigt. Seine Geschichte handelt von Tod und Paradies, wie wir sehen werden. Er ist eine klassische Chiffre für unser Ein- und auch Ausgeschlossensein im Bezug auf die Welt der Vergangenheit. Zugleich ist er eine Chiffre für das Ein- und auch Ausgeschlossensein auch der klassischen Antike im Bezug auf die arkadische Welt, die sie selbst verdrängt und vergessen hatte und an die sich wiedererinnerte, als sie so gut wie verloren war. Ja, unsere Leser sollen darüber rätseln, was diese lateinischen Worte als Überschrift unseres letzten Kapitels zu bedeuten haben.

1786 verließ der Klassizist und Gelehrte Johann Wolfgang von Goethe, damals 37 Jahre alt, seine Stellung am Hof von Weimar und trat eine zweijährige Italienreise an. Sie bedeutete für ihn ein intensives Erweckungserlebnis und einen vehementen Ausbruch schriftstellerischer Energie. Die Erfahrungen dieser Reise und den Auftrieb, den er aus ihr für die Zeit nach seinem Italien-Aufenthalt gewonnen hatte, beschrieb er später in seiner *Italienischen Reise*, in der ein Abschnitt den Titel trägt »Auch ich in Arkadien« – eine deutsche Fassung des berühmten Verses also. Begeisterter Sammler klassischer Objekte und Erinnerungsstücke, der er inzwischen geworden war, richtete er Ströme sinnlicher *Römischer Elegien* an seine junge Geliebte Christiane, der er nach seiner Rückkehr begegnet war und die, passend genug, in einer Fabrik für künstliche Blumen arbeitete. Goethe spielte weiter die Rolle des verantwortungsvollen Staatsmanns, aber sein Herz war Welten entfernt von den sich ablösenden Wellen der Revolutions- und Gegenrevolutionskriege und den Fürstenhöfen Mitteleuropas. Zeit seines langen Lebens hörte er nicht auf, den romantischen Philhellenismus zu beflügeln, der junge Leute die Landschaft Griechenlands und die Ruinen und Überreste der Antike wiederentdecken und darüber außer sich gerieten ließ – unter ihnen auch Byron und Cockerell und seine Freunde. Nicht zuletzt in dieser Kapitelüberschrift bringt Goethe seine romantisch-

Abb. 28: Auch ein Arkadien: die Jeunesse dorée vergangener Zeiten

nostalgische Verbundenheit mit der Welt des klassischen Altertums zum Ausdruck.

Eine jüngere Spielart dieser Nostalgie tritt im Typus des gedankenlosen jungen Lebemanns in Erscheinung, der sich die Hörner abstößt und sich später in sentimentaler Sehnsucht seiner verlorenen Jugend erinnert. Auch dieser Gefühlskomplex ist dem 20. Jahrhundert in der lapidaren Formel des Kardinals vermittelt worden; so z. B. in Evelyn Waughs Roman *Brideshead revisited*, in dem junge Oxford-Schnösel in ihren Zimmern mit einem Totenschädel herumalbern, auf dessen Stirn geschrieben steht ET IN ARCADIA EGO (zugleich der Titel von Buch 1 des Romans). Sie wollten sich über ein verstaubtes Klischee lustig machen, im Rückblick jedoch, den der Erzähler Charles Ryder in seinen mittleren Jahren anstellt, kehrt sich der unheimliche Satz gegen sie selbst, die in unbewußten Klischees gelebt haben. Sieht man den Kreis der jungen Leute um Lord Marchmains zweiten Sohn, Sebastian Flyte, im zeitgeschichtlichen Kontext des Romans, im Jahre 1945, am Ende des Zweiten Weltkriegs, dann wird deutlich, welche ›arkadische‹ Pointe darin liegt, wenn der Ästhet Anthony B-B-Blanche seinen Freunden verzweifelte Verse aus T.S. Eliots *The Waste Land* rezitiert. Alles ist an ihnen vorübergegangen (vgl. Abb. 28).

Einige der berühmtesten Interpretationen des *Et in Arcadia Ego* aber stammen aus der Malerei – am berühmtesten wohl Nicolas Poussins Gemälde *Die Arkadischen Hirten*, das der Kardinal selbst in Auftrag gegeben hatte (vgl. Abb. 29). Eine Schar junger Arkadier ist um einen Grabstein versammelt, versunken in

Abb. 29: Joshua Reynolds' Porträt von Mrs. Bouverie und Mrs. Crewe (vgl. Abb. 30) nimmt das Schema von Poussins »Arkadischen Hirten« (1638–40) auf, wo arkadische Gestalten sich um ein Grab gruppieren und die berühmte Inschrift zu entziffern suchen: ET IN ARCADIA EGO?

das Studium der Worte, die kaum lesbar auf dem Stein geschrieben stehen – sie scheinen, was sie sehen, einer majestäti-
schen weiblichen Gestalt zu zeigen, die neben ihnen steht. Zunächst aber wollen wir uns einem späteren Bild zuwenden, das
dieses besondere Genre in die englische Kunstszene eingeführt
hat: auf das Doppelporträt von Mrs. Bouverie und Mrs. Crewe,
das Sir Joshua Reynolds 1769 gemalt hat (vgl. Abb. 30).

Reynolds läßt eine der Damen fragend auf einen Grabstein
zeigen, dessen Inschrift die andere tief versunken studiert: *Et in
Arcadia Ego* auch hier. Es handelt sich um eines der ersten
Gemälde, die Reynolds als Präsident der Royal Academy gemalt
hat (diese Institution, 1768 soeben offiziell gegründet, entstand
auf seine Anregung hin und sollte der künstlerischen Bildung der
höheren Gesellschaft dienen). Man erzählte sich, Reynolds habe

*Abb. 30: Et in Arcadia Ego: Inschrift auf Reynolds' Porträt
von Mrs. Bouverie und Mrs. Crewe*

das Bild seinem Freund Dr. Samuel Johnson gezeigt (der 1770 erster Professor für antike Literatur an der Akademie wurde). Der reagierte irritiert: was sollte der »unsinnige« Satz »Ich bin in Arkadien« bedeuten? Des Künstlers scharfe Erwiderung: König Georg III. habe am vorhergehenden Tag das Bild gesehen und sofort verstanden: »Ja, ja«, habe er ausgerufen, »selbst in Arkadien ist der Tod.«

Diese Anekdote zeigt, daß die sprichwörtliche Wendung nicht nur grammatisch unvollständig war: auch ihre Bedeutung mußte ergänzt werden, sei es durch den, der sie zitierte, sei es von denen, die sie lasen oder hörten, oder auch durch beide im Verein. Einerseits gibt es die enthusiastisch-frohe Lesart, mit der Goethe stolz das »Ich« des Satzes auf sich selbst bezogen hat: er ergänzte in Gedanken ein fehlendes Verb in der ersten Person Singular und las den Satz in der Bedeutung »Auch ich war in Arkadien«, was soviel hieß wie »Auch ich bin im Paradies gewesen«. Diese Lesart entsprach romantischer Sehnsucht, in der die Erinnerungen an die Segnungen Arkadiens an die Stelle der trostlosen Gegenwart traten. Dr. Johnson andererseits vertrat die Position des gelehrten Kritikers, der, auf die Worte fixiert, blind für bildliche Bedeutungen ist (Dr. Johnson schuf immerhin das erste systematische Wörterbuch der englischen Sprache). Ihm waren die Assoziationsmomente verschlossen, aufgrund derer der König (dem übrigens ein quälendes Altern in seniler Demenz bestimmt war) sofort merkte, daß mit dem »Ich« in der Inschrift auf dem Bild noch etwas zu verknüpfen war.

Die Stimme kam, so der Gedanke des Königs, aus dem Grab; also mußte es der Tod sein, der da in der ersten Person sprach: »*Sogar im Paradies bin ich – vor dem Tod gibt es kein Entrinnen, auch nicht in Arkadien.*« Diese Auffassung entspricht dem Ort der Inschrift auf einem Grabstein und ergänzt lateinisch korrekt das fehlende *sum*, »ich bin«. Aber das Gemälde wollte uns nicht nur in diesem ersten, einfacheren Sinn ein weiteres Memento mori für unsere klassische Sammlung übermitteln; zumindest sollte der Betrachter auch Vergils *Eklogen* und den toten Daphnis als das *Ego* der Inschrift assoziieren. Wenn der tote Hirte sagt,

»Auch in Arkadien *war* ich«, sagt er: »Sogar in Arkadien, wo ich mein Leben verbrachte, fand ich den Tod und bin nun nicht mehr.« (Auch die Ergänzung von *fui*, »ich war«, ist lateinisch korrekt). Selbst der schönste aller Hirten, der wundervollste aller Sänger ist sterblich – und so müssen auch wir sterben.

Jede Lesart dieser vier scheinbar so einfachen lateinischen Worte ist problematisch. Und genau *das* sagt uns das Gemälde. Das von Poussin erdachte Szenario, von Reynolds beerbt, um der Antike in der britischen Kultur Respekt zu verschaffen und Interesse für sie zu wecken, umgibt das Sprichwort mit einer Vielzahl optischer Signale, die andeuten, daß der Text nichts ist, was wir für eindeutig und gegeben halten dürfen. Die eine der Reynoldsschen Damen bedarf der Hilfe der anderen, um die Zeichen auf der Oberfläche des Grabes zu verstehen; ihre Begleiterin versteht sie vielleicht nur zu gut, vielleicht auch hat sie ebensogroße Schwierigkeiten, vielleicht denkt sie noch darüber nach. Für welche Auffassung man sich auch entscheidet, die unterschiedliche Haltung der Figuren im Bild nötigt den Betrachter zu der Empfindung, daß sich zwischen ihn und die Aussage des Bildes die Schwierigkeit des Lesens schiebt.

Um das Bild zu begreifen, muß der Betrachter erkennen, daß es sich dabei um die *Inszenierung* der Formel *Et in Arcadia Ego* handelt. Um zu erfahren, um was für ein Grab es sich handelt, müssen die dargestellten Damen seine Inschrift lesen – sie müssen also etwas Latein können. Und sie müssen wissen, in welchem Genre sie sich befinden, denn hier spielen *sie* die Rollen der arkadischen Hirten, die bei Poussin der würdevollen weiblichen Betrachterin die Buchstaben auf *ihrem* Grabstein zeigen. In Arkadien vermuten wir wohl kaum literarisch gebildete Hirten; doch Arkadien ist für uns *der* Ort des vergilischen ›Anderswo‹, das wir, so gut wie Joshua Reynolds' vornehme Damen, aus unserer Lektüre der klassischen Texte kennen. Zu diesen Texten gehört, wie wir zu Beginn dieses Kapitels gesehen haben, die für das Grabmal des Daphnis gedichtete Inschrift.

Je mehr wir uns bewußt werden, daß Texte die Schnittstellen zwischen unserer Welt und derjenigen Arkadiens bilden, desto mehr merken wir auch, daß gerade die Texte, die uns von der toten Vergangenheit trennen, diese zugleich lebendig halten. Denken wir für einen Augenblick an die Forscher, die gemeinsam Entscheidendes geleistet haben, um dem 20. Jahrhundert die komplexen Bezüge des Bildgenres *Et in Arcadia Ego* zu verdeutlichen. Da ist einerseits (Sir) Anthony Blunt zu nennen, dessen eingehende Studie über Poussin uns all die Detailinformationen vermittelt hat, durch die wir uns die künstlerischen Vorstellungswelten vergegenwärtigen können, die sich im 17. Jahrhundert um Arkadien zentrierten – Blunt, der vielleicht *der* große Kunsthistoriker seiner Generation in England gewesen ist, Inspektor der königlichen Gemäldesammlung, und der dabei, wie wir inzwischen wissen, sorgsam seine Identität als Meister-Spion der Sowjetunion gehütet hat. Auf der anderen Seite stand Erwin Panofsky, der Kulturkritiker und hervorragende Kunsthistoriker, der in den 30er Jahren (ebenso wie Broch) als Emigrant aus Nazi-Deutschland in den Vereinigten Staaten politisches Asyl erhalten hatte. Einer seiner besten Aufsätze basiert auf Blunts Poussin-Forschungen aus der Vorkriegszeit und verfolgt die Traditionsgeschichte des *Et in Arcadia Ego* bis zu Vergil zurück.

Blunt erhielt seine humanistische Ausbildung wie sein Freund und Zeitgenosse, Louis MacNeice, im Marlborough College. Wir haben bereits gesehen, wie sarkastisch MacNeice sich über diesen lateinischen und griechischen Sprachunterricht geäußert hat; die gleiche Respektlosigkeit bewegte ihn dazu, nach einem Schulbesuch im British Museum in seinem Tagebuch zu notieren, sie seien im Bassai-Raum gewesen und hätten die »*Phrig*aleischen« Stücke gesehen [Wortspiel mit *to frig*: »masturbieren«]. In seinen Dichtungen sind antike Themen in großem Umfang präsent, wie auch solche der Kunstgeschichte, die er ähnlich wie sein Mitschüler Blunt bis ins Alter weiterverfolgt hat. Er spricht genau die Fragen an, die uns in diesem Kapitel beschäftigt haben, wenn er etwa in seinem Gedicht »Pindar ist tot« die Stimme dieses kompliziertesten aller griechischen Dichter übertönt sieht vom groben Lärm des modernen Lebens: »Wanderer sind auf den Straßen unterwegs / – Pindar ist tot – / Die Benzinpumpen machen ein

Riesengeschäft ...«; oder wenn er in seinem zuckersüßen »Poussin« des Malers »Wolken, golden wie Tee« beschreibt oder in der »Ekloge eines Weidenzauns«, in der der Tod zu zwei verblüfften Hirten spricht: »Hier ist kein Durchgang, ihr Hirten, lest das hölzerne Schild, / Euer Weg ist eine Sackgasse, dies Land hier gehört mir ...«

So sehr MacNeice seine humanistische Erziehung ablehnt, so sehr lehnt er zugleich eine Gegenwart ab, in der diese Erziehung keine Rolle mehr spielt; seine Dichtung insistiert, im vollen Bewußtsein dieses Widerspruchs, auf der Verurteilung der Gegenwart als barbarisch und häßlich, allein deshalb, weil in ihr das klassische Erbe keinen Ort mehr hat. Für den Dichter ist die moderne Kultur ein Abfallhaufen aus antiken Ruinen, Bruchstücken und wirrem Durcheinander. Er weiß, daß er gewissermaßen programmiert ist, das so zu sehen; er erkennt auch, daß das für alle Gebildeten der westlichen Kultur gilt, die wissen, daß nur der Hintergrund ihrer kulturellen Vergangenheit ihnen den Rahmen gibt, innerhalb dessen sie sich erkennen und verorten können. Implizit steckt die gleiche Lektion schon in dem puren Reichtum an Gelehrsamkeit, den Blunt und Panofsky in ihre Forschungen über das *Et in Arcadia Ego* investiert haben.

Auch Panofsky hat eine humanistische Ausbildung genossen, und zwar in einer deutschen Tradition, die in noch ehrwürdigerem Ansehen stand als diejenige, in der Blunt und MacNeice unterrichtet worden sind. Den damals verbreiteten Typ des Gymnasiallehrers hat er sehr schön porträtiert als »mit mancherlei Defekten begabt, bald wichtigtuerisch, bald gehemmt, meist ohne jeden Gedanken an seine äußere Erscheinung und von gesegneter Unwissenheit in allen Fragen der Jugendpsychologie«. Alles was er über seinen Lateinlehrer sagen kann, ist, daß er ein Spezialist ersten Ranges für Cicero-Reden war; der Griechischlehrer war ein »liebenswerter Pedant«. Zur Entschuldigung für ein falsch gesetztes Komma in einem Platon-Text, den die 15jährigen Schüler zu übersetzen hatten, erklärt er der Klasse: »Es ist mein Fehler gewesen, und das, obwohl ich vor zwanzig Jahren einen Aufsatz über genau dieses Komma geschrieben habe; nun müssen wir die

Übersetzung leider von vorn anfangen.« Diese Geschichte blieb Panofsky in lebendiger Erinnerung; in gewisser Weise ist sie zugleich typisch für ihn selbst. Sie zeigt, daß man genau hinschauen muß, um die Spreu bornierter Pedanterie vom Weizen der Liebe zum exakten Wissen trennen zu können und um zu entscheiden, wo man selbst steht. In einem allgemeineren Sinn zeigt sie auch, daß Lehrer ihren Schülern immer die eigene Art des Lernens vermitteln, gleichgültig, ob die Schüler sich entscheiden, dieses Modell zu übernehmen, abzuwandeln oder abzulehnen. Was man als Schüler lernt – das lernen wir von Panofsky –, ist die *Methode* der Wissensaneignung. Blunt, Mac-Neice und Panofsky waren sich, jeder auf seine Art, sehr bewußt, daß ihre Vertrautheit mit der antiken Welt von vielfältiger und lebendiger Bedeutung für ihr späteres Denken und Arbeiten war.

Altertumswissenschaft ist keine tote Sache, wie ›tot‹ auch immer man die alten Sprachen oder gar die Kulturen selbst, die diese Sprachen sprachen, nennen mag. Die westliche Kultur beruht so weitgehend auf der jahrhundertelangen Beschäftigung mit der Überlieferung der Antike, daß man wohl sagen kann, alles, was wir sagen, sehen oder denken, ist *irgendwie* mit dieser Überlieferung verknüpft. Et in Arcadia Ego ist also, wie Sie wohl schon vermutet haben, ein Motto, das Sie nun selbst für sich ergänzen und zu sich in Beziehung setzen müssen. Vielleicht sehen Sie es als düstere Botschaft, vielleicht als Trost; vielleicht liegt ein Glücksversprechen darin, wenn Sie die Worte sagen und ernst meinen können, oder es reizt Sie, weiter nachzudenken über die Präsenz der Vergangenheit in der Gegenwart oder auch über die Vergangenheit des Gegenwärtigen. Wir hoffen, Ihnen auf diesen Seiten einen Eindruck vermittelt zu haben, wie schwierig es wäre, wollte die westliche Kultur – Kunst, Literatur, Geschichtsschreibung, Philosophie und was sonst zu unserem kulturellen Besitz zu rechnen ist – etwas für unser Leben bedeuten, ohne zumindest eine kleine Einführung in die Altertumswissenschaft.

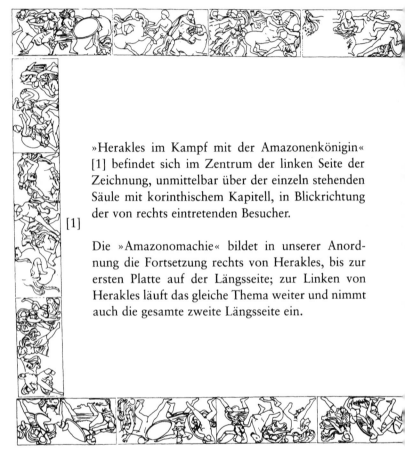

»Herakles im Kampf mit der Amazonenkönigin«
[1] befindet sich im Zentrum der linken Seite der
Zeichnung, unmittelbar über der einzeln stehenden
Säule mit korinthischem Kapitell, in Blickrichtung
der von rechts eintretenden Besucher.

Die »Amazonomachie« bildet in unserer Anordnung die Fortsetzung rechts von Herakles, bis zur
ersten Platte auf der Längsseite; zur Linken von
Herakles läuft das gleiche Thema weiter und nimmt
auch die gesamte zweite Längsseite ein.

Abb. 31: Der Fries des Apollontempels von Bassai

*Die Abbildung gibt Umrißzeichnungen der Skulpturen, die die
Oberwände des Hauptraums im Innern des Apollontempels von
Bassai säumten. Die Anordnung entspricht derjenigen im Bassai-Raum des British Museum. Kap. 7 gibt eine Erklärung der
dargestellten Szenen.*

Die »Lapithokentauromachie« bedeckt den Rest der Längsseite rechts von Herakles, sowie den größten Teil der rechten Schmalseite, die sich über dem Eingang befand und beim Verlassen des Tempels im Blick der Besucher lag.

»Apollon und Artemis« [2] fahren am Ende der rechten Schmalseite auf den Schauplatz, als ob sie uns signalisieren wollten, daß wir mit der Betrachtung des Frieses an der unteren Längsseite von rechts nach links beginnen sollen. Zugleich trennen sie hier die beiden Szenen, die an der gegenüberliegenden Ecke oben links einfach zusammenstoßen. Wenn Apollon so in seinem eigenen Tempel ›in die Ecke gestellt‹ wirkt, muß man daran denken, daß unterhalb des Frieses, auf der gegenüberliegenden Seite des Tempelinneren, hinter der aus Säulen gebildeten Schranke, seine hochaufragende Statue sichtbar wurde.   [2]

Die Zeichnung stammt aus Brian C. Madigan, The Temple of Apollo Bassitas, Bd. 2, Princeton 1992; seine Anordnung der 23 Stücke (in Zusammenarbeit mit Frederick A. Cooper) ist allerdings eine andere: sie wurde 1991 im Rahmen einer besonderen Tagung des Museums vorgeführt und diskutiert.

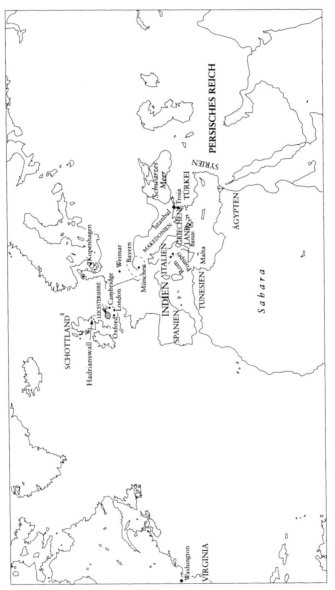

Abb. 32: Die klassische Antike

Abb. 33: Griechenland

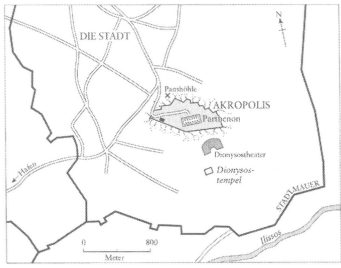

Abb. 34: Athen und die Akropolis

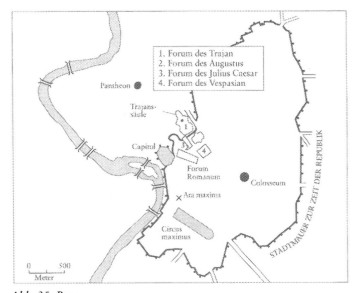

Abb. 35: Rom

Zeitlinien

ca. 800–500 v.Chr.	**Frühes Griechenland**
ca. 800–700	Homer, *Ilias* und *Odyssee*
	Bau des ersten Zeustempels in Olympia
ca. 776	erste Olympische Spiele
ca. 600–550	Sappho und Alkaios, Lyrik
ca. 500–300 v.Chr.	**Klassisches Griechenland**
ca. 500–31 v.Chr.	**Römische Republik**
ca. 500–450	Kriege zwischen Griechen und Persern
490	Sieg der Griechen über die Perser in der Schlacht von Marathon
ca. 450–400	Periode der radikalen Demokratie in Athen
	Tragödien von Aischylos, Sophokles und Euripides
	Herodot, *Historien*
	Bau des Parthenon auf der Akropolis von Athen
	Demokrit, philosophische Werke
ca. 430–400	Peloponnesischer Krieg zwischen Athen und Sparta
	Thukydides, *Geschichte des Peloponnesischen Krieges*
	Aristophanes, *Komödien*
	Bau des Tempels für Apollon Epikurios in Bassai
399	Tod des Sokrates
ca. 380–350	Platons philosophische *Dialoge* in der Akademie

ca. 335–322	Aristoteles, philosophische Werke
336–323	Das Reich Alexanders des Großen von Makedonien reicht von Griechenland bis Indien
ca. 320–270	Menander, *Komödien*
	Epikur, philosophische Werke
ca. 200–150	Römische Eroberung Griechenlands
	Plautus, *Komödien*
	Polybios, *Geschichte Roms*
ca. 60–55	Catull, Liebesgedichte
	Lukrez, *Über die Natur der Dinge*
44	Der Diktator Caesar wird ermordet
43	Ermordung Ciceros
ca. 40–35	Gallus, *Elegien*
	Vergil, *Eklogen*
	Varro, *Von der Landwirtschaft*
31 v.Chr.–14 n.Chr.	**Regierungszeit des Augustus**
31 v.Chr.-ca. 500 n.Chr.	**Römische Kaiserzeit**
31	Oktavians Sieg über Antonius und Kleopatra
ca. 31–17 n.Chr.	Livius, *Römische Geschichte*
27–23	Prinzipat des Augustus: ›Wiederherstellung‹ der Republik
23	Horaz, *Oden*
ca. 20	Vitruv, *Von der Baukunst*
19	Tod Vergils, Veröffentlichung seiner unvollendeten *Aeneis*
ca. 12	Horaz, *Episteln*, Buch II
ca. 1–17 n.Chr.	Ovid, *Metamorphosen* und *Fasten*
100–120	Tacitus, Historische Werke
	Juvenal, *Satiren*
122–128	Bau des Hadrianswalls
ca. 160	Pausanias, *Beschreibung Griechenlands*

ca. 500–600	Zusammenbruch des Weströmischen Reichs
ca. 1300–1600	Renaissance
ca. 1300–1315	Dante Alighieri, *Göttliche Komödie*
1502	Jacopo Sannazaro, *Arcadia*
1592	Sir Philip Sidney, *Arcadia*
1599	Shakespeare, *Julius Caesar* (Erstaufführung)

17. Jahrhundert

1600–1669	Papst Clemens IX. (Regierungszeit 1667–69)
1638–1640	Nicolas Poussin, *Et in Arcadia Ego* (1. Fassung 1628/29)

18. Jahrhundert

1748	Wiederentdeckung von Pompeji
1753	Gründung des British Museum
1765	Wiederentdeckung von Bassai durch Joachim Bocher
1768	Joshua Reynolds gründet die *Royal Academy*
1769	Reynolds, *Mrs. Bouverie and Mrs. Crewe*
1770	Dr. Johnson Professor an der Royal Academy
1775–1783	Unabhängigkeitskrieg Nordamerikas
1783	Unabhängigkeit der Vereinigten Staaten von Amerika durch England anerkannt
1786–1788	Goethes italienische Reisen
1789	Französische Revolution
1795	Goethes *Römische Elegien*
ca. 1750–1820	George Washington, Thomas Jefferson und die Gründerväter schaffen die »Vereinigten Staaten von Amerika«

19. Jahrhundert

ca. 1800–1829	Napoleonische Kriege, Griechische Frei-heitskriege gegen die Türken
	Keats' Dichtungen
	Byrons Dichtungen
1806	Edward Dodwell besucht Bassai
1811	Ausgrabung der Skulpturen des Aphaia-Tempels auf Aigina; Transport nach München
	Transport der Parthenon-Skulpturen ins British Museum
1811–1815	C.R. Cockerell und seine Freunde graben den Tempel von Bassai aus
	Der Bassai-Fries wird ins British Museum gebracht (Begrüßung durch Benjamin Haydon)
1816–1817	Goethe, *Italiänische Reise* (zweibändige Ausgabe)
1816–1830	Bau der Glyptothek in München durch Kronprinz Ludwig, später Ludwig I. von Bayern (Architekt: Leo von Klenze)
1829	Edgar Allan Poe, *To Helen*
1847	B.H. Kennedy, *The Child's Latin Primer* (1. Auflage)
1848	Thomas de Quincey, *Modern Greece*
	Edward Lear besucht Bassai
1859	Edward Lears *The Temple of Apollo at Bassai* wird im Fitzwilliam-Museum, Cambridge, aufgehängt
1840–1880	Politische Schriften von Karl Marx
ca. 1870–1880	Heinrich Schliemanns Ausgrabungen; Entdeckung von Troja und Mykene
1872	Friedrich Nietzsche, *Die Geburt der Tragödie aus dem Geiste der Musik*
1880	(General) Lew(is) Wallace, *Ben-Hur. A Tale of the Christ*

1890	J. G. Frazer besucht Bassai
1898	Frazer, *Pausanias*
1896–1909	Lewis Farnell, *Cults of the Greek States*
ca. 1897–1939	Psychoanalytische Schriften von Sigmund Freud

20. Jahrhundert

1910–15	J. G. Frazer, *The Golden Bough* (zwölfbändige Ausgabe)
1922–1943	Faschistisches Regime Mussolinis in Italien
1929	J. G. Frazer, *Fasti*
1933	Erwin Panofsky emigriert in die USA
	H. D. Kitto, *In the Mountains of Greece*
1934	Claudette Colbert, *Cleopatra*
	Robert Graves, *I, Claudius* und *Claudius, the God*
1936	Erwin Panofskys Essay *Et in Arcadia Ego*
1938	Anthony Blunts Essay über Poussin, *Et in Arcadia Ego*
ca. 1925–1960	Louis MacNeice, Dichtungen
	T. S. Eliot, *The Waste Land*
1945	Hermann Broch, *Der Tod des Vergil*
	Evelyn Waugh, *Brideshead Revisited*
1951	E. R. Dodds, *The Greeks and the Irrational*
1954	Geoffrey Willans/Ronald Searle, *How to be Topp*
1956	Mary Renault, *The Last of the Wine*
1958	Willans/Searle, *Down with Skool!*
	Mary Renault, *The King Must Die*
1959	Ben-Hur (mit Charlton Heston)
1962	Elizabeth Taylor als *Kleopatra*
	Mary Renault, *The Bull from the Sea*
1964	R. Goszinny/A. Uderzo, *Asterix the Gladiator*
1972	Simon Raven, *Come Like Shadows*
	Wiedereröffnung der Münchner Glyptothek

1980	Umberto Eco, *Il nome della rosa*
1981	Charles Segal, *Tragedy and Civilization*
1987	Zeltüberdachung des Apollontempels von Bassai
1991	Diskussion der neuen Anordnung des Bassai-Frieses durch Frederick A. Cooper und Brian C. Madigan während einer Tagung im British Museum
1995	*Classics: A Very Short Introduction*

Bücher zum Thema

Literatur zu Paul Bahn, Kleine Einführung
in die Archäologie
Mit Ergänzungen zur deutschsprachigen Ausgabe
von Stefan Brenne

Zwei Zeitschriften unterrichten Sie in verständlicher Weise über aktuelle Forschungen, Grabungen und die neu erscheinende Literatur: Die ANTIKE WELT (zweimonatlich) und die eher vor- und frühgeschichtlich orientierte ARCHÄOLOGIE IN DEUTSCHLAND (vierteljährlich).

Archäologie. Forschung und Informationen 21 (Berlin 1977). *Hochrangige Autoren äußern sich zur Bedeutung und Geschichte der Archäologie in Mittelmeerraum und Übersee.*

Bahn, P.G., Gräber, Särge und Mumien. Spektakuläre Entdeckungen in der Archäologie. Augsburg o.J.

Ders. (Hg.), The Collins Dictionary of Archaeology. Glasgow/Denver 1992. *Nachschlagewerk mit Tausenden von Begriffen, Fachjargon inbegriffen.*

Ders. (Hg.), The Cambridge Illustrated History of Archaeology. Cambridge 1996. *Zur weltweiten Geschichte und Entwicklung des Fachs.*

Ders., Die hundert bedeutendsten Funde der Welt. München 1997. Zuerst engl.: The Story of Archaeology: 100 Great Discoveries. New York/London 1995. *Reich illustrierter Band, der die ›greatest hits‹ der Archäologie vorstellt und etwas von der Vielfalt und Vielseitigkeit des Faches vermittelt.*

Biel, J. und Klonk, D. (Hg.), Handbuch der Grabungstechnik.

Stuttgart 1994 ff. *Das künftige Handbuch für Ausgrabungen in Deutschland zu Gesetzen, Vorschriften, Methoden der Grabung, Dokumentation, Fundbearbeitung und Restaurierung, das in mehreren Lieferungen erscheint.*

Christ, K., Antike Numismatik. 3. Aufl. Darmstadt 1991.

Courbin, P., What is Archaeology? An essay on the nature of archaeological research. Chicago 1998. *Eine detaillierte Kritik der »New Archaelogy«.*

Eggers, H. J., Einführung in die Vorgeschichte. München 1986. *Ein Klassiker unter den allgemeinen Einführungen.*

Fagan, B. M., Archäologie. Abenteuer und Forschung. Gütersloh 1988. *Eine sehr anschauliche und gut illustrierte Einführung anhand von Beispielen aus aller Welt.*

Ders. (Hg.), The Oxford Companion to Archaeology. Oxford/ New York 1996.

Fehring, G. P., Einführung in die Archäologie des Mittelalters. 2. Aufl. Darmstadt 1992.

Fritz, V., Einführung in die Biblische Archäologie. 2. Aufl. Darmstadt 1993.

Gersbach, E., Ausgrabung heute. 2. Aufl. Darmstadt 1989.

Gorys, A., Wörterbuch Archäologie. München 1997. *Sehr allgemeine und lückenhafte Einführung mit Kurzbiographien von Archäologen und einem Lexikon der klassischen Ausgrabungsstätten (auf der Grundlage von E. Gorys, »Kleines Handbuch der Archäologie«, München 1981).*

Graichen, G./Siebler, M. (Hg.), Schliemanns Erben. Entschlüsseln Archäologen unsere Zukunft? Mainz 1996. *Bedeutung der Altertumswissenschaften und Fallbeispiele aus aller Welt.*

Green, E. L. (1984) (Hg.), Ethics and Values in Archaeology (New York).

Horn, H. G./Kier, H./Kunow, J. und Trier, B., Was ist ein Bodendenkmal? – Archäologie und Recht. Mainz 1991. *Auseinandersetzung mit der Gesetzgebung zur Bodendenkmalpflege und Fallbeispiele in Nordrhein-Westfalen.*

Hornung, E., Einführung in die Ägyptologie. 4. Aufl. Darmstadt 1993.

Hrouda, B. (Hg.), Methoden der Archäologie. Eine Einführung in ihre naturwissenschaftlichen Techniken. München 1978. *Ein Handbuch mit sehr uneinheitlichem wissenschaftlichem Anspruch und deshalb nur bedingt benutzbar.*

Jankuhn, H., Einführung in die Siedlungsarchäologie. Berlin/New York 1977.

Maier, F. G., Neue Wege in die alte Welt. Methoden der modernen Archäologie. Hamburg 1977. *Ein weit verbreitetes Handbuch, das aber sachliche Fehler aufweist.*

McIntosh, J., Archäologie. Wie Altertumsforscher die faszinierenden Überreste alter Kulturen finden, bergen und untersuchen. Hildesheim 1995. Zuerst engl.: The Archaeologist's Handbook. London 1986.

Methoden der Geschichtswissenschaft und der Archäologie. München 1974. *Theoretische Abhandlungen zu grundlegenden Fragen der altertumswissenschaftlichen Quelleninterpretation.*

Meyer, E., Einführung in die lateinische Epigraphik. 3. Aufl. Darmstadt 1991.

Mommsen, H., Archäometrie. Neuere naturwissenschaftliche Methoden und Erfolge in der Archäologie. Stuttgart 1986. *Verständliches Lehrbuch zu Materialuntersuchungen und Datierung.*

Müller-Karpe, H. Einführung in die Vorgeschichte. München 1975. *Mit Geschichte der Wissenschaft, systematischer Gliederung der Quellengruppen und Chronologie.*

Niemeyer, H. G., Einführung in die Archäologie. 4. Aufl. Darmstadt 1995.

Pfiffig, A. J., Einführung in die Etruskologie. 4. Aufl. Darmstadt 1991.

Renfrew, C./Bahn, P. G., Archaeology: Theories, Methods and Practise, 2. Aufl. London/New York 1996. *Umfangreiches Lehrbuch, das sämtliche Hauptaspekte des Faches behandelt; detailliert und dennoch gut lesbar; umfangreiche Hinweise zu weiterer Lektüre.*

Riederer, Josef, Kunstwerke chemisch betrachtet. Materialien, Analysen, Altersbestimmung Berlin/Heidelberg/New York 1981.

Ders., Echt und falsch. Schätze der Vergangenheit im Museums-labor. Berlin/Heidelberg/New York 1994.

Scarre, C. (Hg.), Weltatlas der Archäologie. München 1990. Zuerst engl.: Past Worlds. The Time Atlas of Archaeology. London 1988. *Bester archäologischer Atlas mitsamt Lexikon.*

Schweingruber, F.H., Der Jahrring. Standort, Methodik, Zeit und Klima in der Dendrochronologie. Bern 1983. *Zur Datierung mit Hilfe der Jahresringe von Bäumen.*

Literatur und Nachweise zu Mary Beard/John Henderson, Kleine Einführung in die Altertumswissenschaft

*Mit Ergänzungen zur deutschsprachigen Ausgabe
von Barbara von Reibnitz*

Vorwort

FÜHRER GLYPTOTHEK: *Glyptothek München. Griechische und römische Skulpturen.* Ein Führer von Dieter Ohly, München 8. Aufl. 1997; AIGINETEN: Raimund Wünsche, Ludwigs Skulpturenerwerbungen für die Glyptothek, in: Klaus Vierneisel und Gottlieb Leinz (Hg.), *Glyptothek München 1830–1980*, Katalog Glyptothek München 1980, 49–62, 66–72; Hans Walter, *Aegina. Die archäologische Geschichte einer griechischen Insel*, München 1993; LEO VON KLENZE: *Ein griechischer Traum. Leo von Klenze der Archäologe*, Katalog Glyptothek München 1986; DEUTSCHE ›ENTDECKUNG‹ GRIECHENLANDS: Catherina Philippa Bracken, *Antikenjagd in Griechenland 1800–1830*, München 1977 (zuerst engl. 1975); Suzanne L. Marchand, *Archaeology and Philhellenism in Germany, 1750–1970*, Princeton 1996.

Kapitel 1

Literatur: BRITISH MUSEUM: Ian Jenkins, *Archeologists and Aesthetes: In the Sculpture Galleries of the British Museum 1800–1939*, London 1992; Lucilla Burn, The British Museum Book of Greek and Roman Art, London 1991; HINTERLASSENSCHAFT: Graeme W. Clarke (Hg.), *Rediscovering Hellenism*, Cambridge 1989; Carol G. Thomas (Hg.), *Paths from Ancient Greece*, Leiden 1988.

Kapitel 2

Nachweise: Thomas De Quincey, »Modern Greece«, in: *Collected Works*, 2. Aufl. Edinburgh 1863, Bd. 13, 288; John Keats, *Gedichte und Briefe*, übertragen und hrsg. von H. W. Häusermann, Zürich 1950, S. 150; Lord Byron, Don Juan, 11. Gesang, Strophe 60, in: *Sämtliche Werke*, übertragen von Otto Gildemeister und Alexander Neidhardt, bearb. von Siegfried Schmitz, München 1977–78, Bd. 2, S. 374; Lord Byron, Childe Harolds

Pilgerfahrt, 2. Gesang, Strophe 11, in: *Sämtliche Werke*, a.a.O., Bd. 1, S. 46; Horaz, Episteln II.1, v. 156.
Literatur: WIEDERENTDECKUNG: Fani-Maria Tsigakou, *The Rediscovery of Greece. Travellers and Painters of the Romantic Era*, London 1981; Catherina Philippa Bracken, *Antikenjagd in Griechenland 1800–1830*, München 1977 (zuerst engl. 1975); Roland und Françoise Etienne, *Griechenland und die Wiederentdeckung der Antike*, Ravensburg 1995; Claude Moatti, *Rom: Wiederentdeckung einer antiken Stadt*, Ravensburg 1995; Robert Etienne, *Pompeji*, Stuttgart 5. Aufl. 1998; Ders., *Pompeji, die eingeäscherte Stadt*, Ravensburg 1995; KEATS: Martin Aske, *Keats and Hellenism*, Cambridge 1985.

Kapitel 3:
Nachweise: H.D.F. Kitto, *In the Mountains of Greece*, London 1933, 60, 92; Simon Raven, *Come Like Shadows*, London 1972, 180–83; REISEFÜHRER: *Essential Mainland Greece*, Basingstoke 1994; *Thomas Cook‹s Travellers‹ Mainland Greece, including Athens*, Basingstoke 1995; *Visitor‹s Guide. Greece*, Ashbourne 1994; *Greece. The Rough Guide*, London 1995; P.C. Bol, W.-D. Niemeier und R. Strasser, *Griechenland. Ein Führer zu den antiken Stätten*, Stuttgart 1998; VERGIL: »varium et mutabile semper femina«: *Aeneis*, Buch VI, v. 569.
Literatur: TOURISMUS: Robert Eisner, *Travelers to an Antique Land. The History and Literature of Travel to Greece*, Michigan 1991; Helen Angelomatis-Tsougarakis, *The Eve of the Greek Revival. British Travellers' Perceptions of Early Nineteenth-Century Greece*, London 1990; Friedrich Karl Dörner (Hg.), *Vom Bosporus zum Ararat*, Mainz 1991; S. Zinovieff, Hunters and Hunted: Kamaki and the Ambiguities of Predation in a Greek Town, in: Peter Loizos und Evthumios Papataxiarchis (Hgg.), *Contested Identities: Gender and Kinship in Modern Greece*, Princeton 1993; Lambert Schneider und Christoph Höcker, *Die Akropolis von Athen. Antikes Heiligtum und modernes Reiseziel*, Köln 1979; DAS ANDERE: Edith Hall, *Inventing the Barbarian*, Oxford 1989; MULTIKULTURALISMUS: G. Karl Galinsky, *Classi-*

cal and Modern Interactions, Texas 1993; GENDER: David M.
Halperin, John J. Winkler, Froma I. Zeitlin (Hgg.), *Before Se-
xuality. The Construction of Erotic Experience in the Ancient
Greek World*, Princeton 1990; Amy Richlin (Hg.), Pornography
and Representation in Greece and Rome, Oxford 1992; Robert
Aldrich, *The Seduction of the Mediterranean. Writing, Art and
Homosexual Fantasy*, London 1993; Nancy S. Rabinowitz und
Amy Richlin (Hgg.), *Feminist Theory and the Classics*, London
1993; M.H. Dettenhofer (Hg.), *Reine Männersache? Frauen in
Männerdomänen der antiken Welt*, Köln 1994; John J. Winkler,
*Der gefesselte Eros. Sexualität und Geschlechterverhältnis im
antiken Griechenland*. Marburg 1994.

Kapitel 4
Nachweise: PAUSANIAS ÜBER BASSAI: *Beschreibung Griechen-
lands*, Buch VIII, Kap. 41, §§7–8; Kommentar: in J.G. Frazer,
Pausanias' Description of Greece, London 1898, IV, 393–405;
BESCHREIBUNG DER GROSSEN PEST: Thukydides, *Geschichte des
Peloponnesischen Kriegs*, Buch II, Kap. 47–54; Lukrez, *Von der
Natur der Dinge*, BuchVI, Verse 1138–1286; GALLUS-FRAGMENT:
zum Papyrus von Qasr Ibrîm, 78-3-11/1 vgl. R.D. Anderson,
Peter J. Parsons und Robin G.M. Nisbet, Elegiacs by Gallus from
Qasr Ibrîm, in: *Journal of Roman Studies* 69, 1979, 125–55;
Juvenal, *Satiren* II, Verse 8–13; Robert Graves, *Ich, Claudius,
Kaiser und Gott*, München 1952; Umberto Eco, *Der Name der
Rose*, München 1982.
Literatur: PAUSANIAS: Jas Elsner, *Art and the Roman Viewer*,
Cambridge 1995, Kap. 4; TEXTÜBERLIEFERUNG: L.D. Reynolds
und N.G. Wilson, *Scribes and Scholars. A Guide to the Trans-
mission of Greek and Latin Literature*, Oxford 1991; H. Hunger,
O. Stegmüller, H. Erbse u.a. (Hgg.), *Die Textüberlieferung der
antiken Literatur und der Bibel*, München 1975; SCHLIEMANN:
William M. Calder III und David A. Traill, *The Heinrich Schliemann Controversy*, Detroit 1986. William M. Calder III und
Justus Cobet, *Heinrich Schliemann nach hundert Jahren*. Frank-
furt/M. 1990; Justus Cobet, Heinrich Schliemann. *Archäologe
und Abenteurer*. München 1997.

Kapitel 5:
Nachweise: Transportkosten: M.I. Finley, *Die antike Wirtschaft*, München 1993, 148; Varro, »instrumenti genus vocale«: *Von der Landwirtschaft*, Buch I, Kap. 17, § 1; Sklaven, Anteil an der Bevölkerung: Paul Cartledge, *Die Griechen und wir*, Stuttgart/Weimar 1998, 126f. (zuerst engl. 1993); P.A. Brunt, *Italian Manpower*, Oxford 1971, 124ff.; Sklaverei: Keith Bradley, *Slavery and Society at Rome*, Cambridge 1994; Werner Eck und Johannes Heinrichs (Hg.), *Sklaven und Freigelassene in der Gesellschaft der römischen Kaiserzeit*, Darmstadt 1992 [Quellen mit Übers.]; Sklavenhalsband: CIL XV 7182; Handwerker: Alison Burford, *Künstler und Handwerker in Griechenland und Rom*, Mainz 1985 (zuerst engl. 1972); Gebietsprospektion: Susan E. Alcock, *Graecia Capta*, Cambridge 1993; Archäologie: Ian Morris (Hg.), *Classical Greece. Ancient Histories and Modern Archaeologies*, Cambridge 1994.

Kapitel 6:
Nachweise: Tacitus, England als ›scapula‹: *Agricola*, Kap. 10, § 3, ed. R.M. Ogilvie und I.A. Richmond, Oxford 1967, 168–70; Vergil, Aeneas und der goldene Zweig: Buch VI, Verse 146–47.
Literatur: Textausgaben: E.J. Kennedy, *The Classical Text*, Berkeley 1974; Klassische Philologie: Rudolf Pfeiffer, *Die Klassische Philologie von Petrarca bis Mommsen*, München 1982; Ada Hentschke und Ulrich Muhlack, *Einführung in die Geschichte der Klassischen Philologie*, Darmstadt 1972; Gerhard Jäger, *Einführung in die klassische Philologie*, München ³1990; Ernst-Richard Schwinge (Hg.), *Die Wissenschaften vom Altertum am Ende des 2. Jahrtausends n. Chr.*, Stuttgart/Leipzig 1995; Shakespeare: Charles und Michelle Martindale, *Shakespeare and the Uses of Antiquity*, London 1994; Renaissance: Isabel Rivers, *Classical and Christian Ideas in English Renaissance Poetry*, London 1994; August Buck, *Die Rezeption der Antike in den romanischen Literaturen der Renaissance*, Berlin 1976; Graeco-germania. *Griechischstudien deutscher Humanisten, Katalog*

Wolfenbüttel, Weinheim 1989; P.O. Kristeller, *Humanismus und Renaissance*, 2 Bde, München 1974–76; J.G. FRAZER: Robert Fraser, *The Making of the »Golden Bough«: The Origins and Growth of an Argument*, Basingstoke 1990; FREUD: Jean Starobinski, *Psychoanalyse und Literatur*, Frankfurt/M. 1990 (zuerst französ. 1973), bes. 110–143 (Hamlet und Oedipus); Michael Worbs, *Nervenkunst. Literatur und Psychoanalyse im Wien der Jahrhundertwende*, Frankfurt/M. 1983; MARX: George E. McCarthy (Hg.), *Dialectics and Decadence. Echoes of Antiquity in Marx and Nietzsche*, London 1994; Panajotis Kondylis, *Marx und die griechische Antike*, Heidelberg 1987.

Kapitel 7:
Nachweise: REAKTIONEN AUF DEN FRIES: Edward Dodwell, *A Classical and Topographical Tour through Greece*, London 1819, 387; M. Robertson, *A History of Greek Art*, Cambridge 1975; Benjamin Robert Haydon, zit. bei J.G. Frazer, *Pausanias' Description of Greece*, London 1898, IV, 401.
Literatur: BASSAI: Charles R. Cockerell, *The Temples of Jupiter Panhellenius at Aegina, and of Apollo Epicurius at Bassae near Phigaleia in Arcadia*, London 1860; TEMPEL UND RELIGION: Louise Bruit Zaidman und Pauline Schmitt Pantel, *Die Religion der Griechen: Kult und Mythos*, München 1994; Jan N. Bremmer, *Götter, Mythen und Heiligtümer im antiken Griechenland*. Darmstadt 1996; Pat E. Easterling und John V. Muir (Hgg.), *Greek Religion and Society*, Cambridge 1985; Ken Dowden, *Religion and the Romans*, Bristol 1992; MYTHOS: Richard L. Gordon (Hg.), *Myth, Religion and Society*, Cambridge 1981; Richard Buxton, *Imaginary Greece*, Cambridge 1994; Fritz Graf, *Griechische Mythologie*, München/Zürich 1983; Herfried Münkler, *Odysseus und Kassandra. Politik im Mythos*, Frankfurt/M. 1990; J.-P. Vernant, *Mortals and Immortals*, Princeton 1991; Ders., *Mythos und Religion im alten Griechenland*. Frankfurt/M. 1995; Paul Veyne, *Glaubten die Griechen an ihre Mythen?* Frankfurt/M. 1987 (zuerst französ. 1983); KUNST: Robert M. Cook, *Greek Art*, Harmondsworth 1972; Heiner Knell, *Mythos*

und Polis. Bildprogramme griechischer Bauskulptur, Darmstadt 1998; Paul Zanker, *Augustus und die Macht der Bilder,* München 3. Aufl. 1997.

Kapitel 8:

Nachweise: CHARLES SEGAL, BESCHREIBUNG VON BASSAI, in: *Tragedy and Civilization. An Interpretation of Sophocles,* Harvard 1981, 1; E. R. Dodds, *Die Griechen und das Irrationale,* Darmstadt 1970, X; ARISTOTELES' ANALYSE DER TRAGÖDIE: *Poetik;* Thukydides, *Geschichte des Peloponnesischen Krieges,* Buch 2, Kap. 63 und 62; Mary Renault, *The Last of the Wine,* London 1956; PLATONS SOKRATES ÜBER DEN TYRANNEN: Platon, *Politeia,* Buch VIII, p. 565d; Edgar Allan Poe, An Helen, in: *Das gesamte Werk in zehn Bänden.* Hrsg. v. K. Schumann und H. D. Müller, Bd. 9: Gedichte, Dramen, Essays I, 83; TOD CICEROS: Plutarch, *Cicero* 49.

Literatur: GRIECHEN UND ›WILDE‹: Wilfried Nippel, *Griechen, Barbaren und ›Wilde‹,* Frankfurt/M. 1990; Renate Schlesier, *Kulte, Mythen und Gelehrte. Anthropologie der Antike seit 1800,* Frankfurt/M. 1994; Paul Cartledge, *Die Griechen und wir.* Stuttgart/Weimar 1998; THOMAS JEFFERSON UND GEORGE WASHINGTON: vgl. Carl J. Richard, *The Founders and the Classics. Greece, Rome and the American Enlightenment,* Harvard 1994, 54, 71ff.; TRAGÖDIE: Simon Goldhill, *Reading Greek Tragedy,* Cambridge 1986; Christian Meier, *Die politische Kunst der griechischen Tragödie,* München 1988; Hellmut Flashar, *Inszenierung der Antike – das griechische Drama auf der Bühne der Neuzeit,* München 1991; SOKRATES: Barry S. Gower und Michael C. Stokes (Hgg.), *Socratic Questions. The Philosophy of Socrates and its Significance,* London 1992; Andreas Patzer (Hg.), *Der historische Sokrates,* Darmstadt 1987; Günther Figal, *Sokrates,* München 1995; ARISTOTELES: G. E. R. Lloyd, *Aristotle: The Growth and Structure of his Thought,* Cambridge 1969; Jonathan Barnes, *Aristoteles. Eine Einführung,* Stuttgart 1992; GESCHICHTE: Paul Cartledge, *Die Griechen und wir,* Stuttgart/Weimar 1998; Fergus Millar und Erich Segal (Hgg.), *Caesar Augu-*

stus. Seven Aspects, Oxford 1984; Jochen Bleicken, *Augustus*, München 1998; M. Fuhrmann, *Cicero und die römische Republik*, 3. Aufl. Zürich/München 1991; GLADIATOREN: Carlin A. Barton, *The Sorrows of the Ancient Romans. The Gladiator and the Monster*, Princeton 1993; Paul Veyne, *Brot und Spiele. Gesellschaftliche Macht und politische Herrschaft in der Antike*, Frankfurt/M. 1988; FASCHISMUS: Alec Scobie, *Hitler's State Architecture: The Impact of Classical Antiquity*, Pennsylvania 1990; AMERICA: Havelock, Plato and the American Constitution, in: *Harvard Studies in Classical Philology* 93, 1990, 1 ff.

Kapitel 9:

Nachweise: Herodot über Pan als Beistand für die Athener, *Historien*, Buch VI, Kap. 105–106; Lukians spätere Version der gleichen Geschichte mit den Details über Marathon, *Über ein Versehen in der Begrüssung (Pro lapsu)* § 3; Polybios, *Geschichte*, IV, Kap. 20–21; Louis MacNeice, An Eclogue for Christmas, in: *Collected Works*, ed. E. R. Dodds, London 1966, 33; Horaz, Pan und seine arkadischen Refugien: *Oden*, Buch I, 17; Jacopo Sannazaro, Arcadia, in: *Opere volgari*, hg. v. A. Mauro, Bari 1961; Sir Philip Sidney, *Arcadia der Gräffin von Pembrock: Vom Herrn Grafen und Rittern Herrn Philippsen von Sydney*, übers. v. Martin Opitz, Frankfurt 1643, ND Hildesheim 1971; Hermann Broch, *Der Tod des Vergil* (1945), Frankfurt/M. 1975; Lew Wallace, *Ben-Hur*, München 1993 (zuerst amerik. 1880); Mary Renault, *The King Must Die*, London 1958, *Der Stier aus dem Meer*, München 1997 (zuerst engl. 1962); Geoffrey Villans und Ronald Searle, *Down with Skool!*, London 1958, *How to be Topp*, London 1954; Louis MacNeice, Autumn Journal, XIII, in: *Collected Poems*, a. o., 125.
Literatur: OLYMPISCHE SPIELE: M. I. Finley und H. W. Pleket, *Die olympischen Spiele der Antike*, Tübingen 1976 (zuerst engl. 1976); Karl-Wilhelm Weeber, *Die unheiligen Spiele – das antike Olympia zwischen Legende und Wirklichkeit*, Zürich 1991; PAN: Philippe Borgeaud, *The Cult of Pan in Ancient Greece*, Chicago 1988; P. Merivale, *Pan the Goat-God. His Myth in modern*

Times, Cambridge 1969; ARKADIEN: T. G. Rosenmeyer, *The Green Cabinet. Theokritus and the European Pastoral Lyric,* California 1969; RÖMISCHE EROTIK: Hildegard Cancik-Lindemaier, Aubrey Beardsley, Mädchen und Satyr. Eine Bildbetrachtung als Präludium zur Untersuchung der gesellschaftlichen Bedingungen der römischen Erotik, in: L. Hieber und R. W. Müller (Hgg.), *Gegenwart der Antike,* Frankfurt/M. 1982, 17–28; VERGIL: Paul Alpers, *The Singer of the Eclogues. A Study of Virgilian Pastoral,* Berkeley 1979; Viktor Pöschl, *Die Dichtkunst Vergils,* Wiesbaden 1950, 2. Aufl. 1977; SPÄTANTIKE: Gillian Clark, *Women in Late Antiquity. Pagan and Christian Lifestyles,* Oxford 1993; FILME UND DREHBUCHVORLAGEN: D. Mayer, *Playing Out the Empire. Ben-Hur and Other Toga Plays and Films,* Oxford 1994; Kenneth MacKinnon, *Greek Tragedy into Film,* London 1986; Mary Hamer, *Signs of Cleopatra: History, Politics, Representation,* London 1993; BILDUNG UND ERZIEHUNG: Christopher Stray, *Culture and Discipline: The Transformation of Classics in England 1830–1960,* Oxford 1996; SCHULGRAMMATIK: Eduard Bornemann, *Kurzgefaßte Lateinische Sprachlehre,* Frankfurt/M. 1983 (Nachdruck der 12. Aufl. 1968); MACNEICE: Jon Stallworthy, *Louis MacNeice,* London 1995.

Kapitel 10:

Nachweise: Vergil, Epitaph für Daphnis, *Eklogen* V, vv. 43–44; J. W. von Goethe, *Römische Elegien* (1795); *Italienische Reise* (1816–17): vgl. Humphrey Trevelyan, *Goethe und die Griechen,* Hamburg 1949 (zuerst engl. 1941); Evelyn Waugh, *Wiedersehen mit Brideshead. Die heiligen und profanen Erinnerungen des Hauptmanns Charles Ryder,* 9. Aufl. Berlin 1998 (zuerst engl. 1945); T. S. Eliot, *Das wüste Land,* engl. u. deutsch, Leipzig 1990 (zuerst engl. 1940); Nicolas Poussin, ›Et Ego in Arcadia‹, Abb. 91 und 92 bei Erwin Panofsky, ›Et in Arcadia Ego‹: Poussin und die Tradition des Elegischen, in: ders., *Sinn und Deutung in der bildenden Kunst,* Köln 1975, 351-377 (zuerst engl. 1936); Reynolds, Johnson und Georg III.: C. R. Leslie und Tom Taylor, *Life and Times of Sir Joshua Reynolds,* London 1865, wiedererzählt bei Erwin Panofsky, a. o.; Anthony Blunt, Poussin's ›Et in Arcadia Ego‹, in: *Art Bulletin* 20, 1938, 96 ff.; Louis MacNeice, »Pindar is dead«, »Poussin«, »Eclogue by a five-barred gate (Death and Two Shepherds)«, in: *Collected Poems*, a. o., 79, 4, 37.

Literatur: ARKADIEN: B. Snell, Arkadien, die Entdeckung einer geistigen Landschaft, in: Ders., *Die Entdeckung des Geistes. Studien zur Entstehung des europäischen Denkens bei den Griechen*, Hamburg 1946, 4. Aufl. 1975, 257–274; N. Wokart, In Arcadia nemo, in: ders., *Ent-Täuschungen. Philosophische Signaturen des 20. Jahrhunderts*, Stuttgart/Weimar 1991, 89–102; (NEO-)KLASSIZISMUS: Hugh Honour, Neo-Classicism, Harmondsworth 1967; Wolfgang Schadewaldt, Goethes Beschäftigung mit der Antike, in: ders., *Goethestudien*, Zürich 1963, 23–126; Adolf Max Vogt, *Karl Friedrich Schinkel, Blick in Griechenlands Blüte. Ein Hoffnungsbild für ›Spree-Athen‹*, Frankfurt/ M. 1985; HIRTENDICHTUNG: William Empson, *Some Versions of Pastoral*, London 1950; Bernd Effe und Gerhard Binder, *Die antike Bukolik. Eine Einführung*, Zürich 1989; ALTERTUMSWISSENSCHAFTLER: E. R. Dodds, *Missing Persons. An Autobiography*, Oxford 1977; K. J. Dover, *Marginal Comment*, London 1994; Renate Schlesier, *Kulte, Mythen und Gelehrte. Anthropologie der Antike seit 1800*, Frankfurt/M. 1994.

Bildquellen

Die Illustrationen in der *Kleinen Einführung in die Archäologie* stammen von Bill Tidy und Simon James (S. 79/80).

Abbildungen in der *Kleinen Einführung in die Altertumswissenschaft*: Abb. 1 (S. 118): Neue Pinakothek München; Abb. 2 (S. 119): Glyptothek München; Abb. 3 (S. 122 f.): Staatliche Antikensammlungen und Glyptothek München (Foto: Koppermann); Abb. 4 (S. 126): British Museum; Abb. 5 (S. 134): Porträt Byron von Thomas Philips, 1835: National Portrait Gallery, London; Abb. 6 (S. 134): Porträt Cockerell von J. D. Ingres, 1817; Abb. 7 (S. 134): L. Dupré, Voyage à Athènes et Constantinople (Paris 1825); Abb. 8 (S. 137): Karl Vogel von Vogelstein, Ölgemälde von ca. 1839: C.Ph. Bracken, Antikenjagd in Griechenland (München 1977); Abb. 9 (S. 140 f.): C. R. Cockerell, The Temple of Jupiter Panhellenius at Aegina and of Apollo Epicurius at Bassae near Phigaleia in Arcadia (London 1860); Abb. 10 (S. 145): O. M. von Stackelberg, Der Apollontempel zu Bassae in Arkadien und die daselbst ausgegrabenen Bildwerke (Rom 1826); Abb. 11 (S. 153): Museum of Classical Archaeology, Cambridge; Abb. 12 (S. 153): I. Jenkins; Abb. 13 (S. 163): Fitzwilliam Museum, Cambridge; Abb. 14 (S. 171): Egypt Exploration Society; Abb. 17 (S. 187): aus S.E. Alcock, Graecia Capta. The Landscapes of Roman Greece (Cambridge 1993), nach N. J. G. Pounds, An Historical Geography of Europe, 450 BC-AD 1330 (Cambridge 1973); Abb. 18 (S. 192): aus D. L. Page (ed.), Aeschyli Tragoediae (Oxford 1972); Abb. 21 (S. 210): wie Abb. 9; Abb. 23 (S. 214): British Museum (BM 541); Abb. 24 (S. 214): British Museum (BM 523); Abb. 25 (S. 245): Wheeler Opera House; Abb. 26 (S. 249): G. Willans/ R. Searle, Down with Skool! (Pavillion Books: London 1958); Abb. 27 (S. 250): G. Willans/R. Searle, How to be Topp (Hodder ans Stoughton: London 1954); Abb. 28 (S. 254): Quentin Blake, Umschlagabb. von E. Waugh, Brideshead Revisited (Harmondsworth 1951); Abb. 30 (S. 256): Fitzwilliam Museum, Cambridge

Register

zu Bahn, Archäologie

287

Register

zu Beard/Henderson, Altertumswissenschaft

Printed in the United States
By Bookmasters